记忆文理

厚重而轻灵的文化烙印

回眸学校的发展变迁，
巡看大学精神的薪火承传，
领略一所新建本科院校厚重而鲜明的大学文化。

夏明宇　陈挚◎编著

记忆文理、走进文理、制度文理、求索文理，构成自成体系、具有特色的校本文化品牌。

这既是对重庆文理学院文化建设的深度梳理，又将开辟文理学院对外展示的崭新窗口，更将成为文理学子健康成长的引路航灯。

“文化文理”系列丛书

丛书主编　刘灿国

西南交通大学出版社

·成　都·

图书在版编目（CIP）数据

记忆文理：厚重而轻灵的文化烙印 / 夏明宇，陈挚编著. —成都：西南交通大学出版社，2011.10
（“文化文理”系列丛书）
ISBN 978-7-5643-1409-5

Ⅰ. ①记… Ⅱ. ①夏… ②陈… Ⅲ. ①重庆文理学院—校史 Ⅳ. ①G649.287.19

中国版本图书馆 CIP 数据核字（2011）第 185702 号

“文化文理”系列丛书
记忆文理
——厚重而轻灵的文化烙印
夏明宇　陈　挚　编著

责任编辑	邹　蕊
特邀编辑	吴明建
封面设计	墨创文化
出版发行	西南交通大学出版社 （成都二环路北一段 111 号）
发行部电话	028-87600564　028-87600533
邮政编码	610031
网　　址	http: //press.swjtu.edu.cn
印　　刷	成都蜀通印务有限责任公司
成品尺寸	146 mm×208 mm
印　　张	10.125
字　　数	260 千字
版　　次	2011 年 10 月第 1 版
印　　次	2011 年 10 月第 1 次
书　　号	ISBN 978-7-5643-1409-5
定　　价	25.00 元

图书如有印装质量问题　本社负责退换

“文化文理”丛书总序

有一种观点认为，不少的人虽然读完了大学，却还没有进入大学的“门”。因为，他们只是完成了相关的学业，经历了相应的学制，但没有真正了解就读的学校，未能领悟大学及大学文化的真谛。

不少专家对大学之“大”的内涵作过精辟的阐释，包括大楼、大树、大师、大爱、大学问、大气魄、大境界，等等。他们一致认为，大学之“大”，不在于“面子”上的“大”，而在于精神气质和文化内涵的“大”，大学最关键的是要有精神——大学精神。胡锦涛总书记在清华大学庆祝建校100周年大会上，将文化传承创新作为大学的重要使命。这既是对大学三大职能（人才培养、科学研究、社会服务）的拓展与深化，也是对大学文化、大学精神在人才培养与推动社会创新发展中的作用的重提与强化。

众所周知，大学是文化批判、选择、传承、创新的园地。一所大学就是一个文化场，吸引社会各界的广泛关注，甚至深刻地影响所在地区的经济、文化、生活，等等。同时，大学的文化场也作用于大学本身，濡染教师，熏陶学生，使师生的理解力、审美力、判断力在校园氛围中交互作用，不断得到提升。这种独特的文化场，就是我们通常所说的大学文化。

正是在这个意义上，我们说，大学离不开文化，文化也离不开大学。一所大学应当有自己独特的风格，有自己鲜明的个性，有一种激励人们不断前行的精神魅力。具体的大学文化，包含一所大学在历史的积淀中逐步形成的校风、教风、学风，是一所大学具有个性特色的文化传统，成为有别于他校的文化特征，并存在于大学人的潜意识之中，打上了学校的“文化烙印”。这就像名酒的香型定位一样，一闻便知其品牌。这便是大学文化的稳定性，它使得大学校园文化具有特殊的教育功能，陶冶、教化身处其中的每一个人，潜移默化地影响着一批又一批、一代又一代莘莘学子。所谓大学是“大染缸”“大熔炉”“泡菜坛”等，都是指大学精神、文化对人的潜移默化的教育和熏陶作用，是“随风潜入夜，润物细无声”的化人境界。

如今，中国高等院校普遍都较为重视校园文化建设。但据我所知，还有一些高校缺乏大气磅礴的校园文化，还有一些高校没有形成独具个性的校园文化，更多的高校未能将校园文化建设与人才培养有机融合起来。而在这些方面，重庆文理学院已有诸多值得肯定的地方。从草创初建到合校升本再到跨越发展，几代文理学人身负历史的重任，脚踩时代的步伐，用辛勤耕耘的汗水哺育了无数芬芳的桃李和参天的栋梁。35 年来，多少有识之士际会风云，励精图治；多少学者呕心沥血，教书育人；多少学子笃学躬行，奋发成才。这一切，都是挥之不去的真实存在，都是值得大书特书的文化因子。回眸学校的发展变迁，巡看大学精神的薪火承传，既让我们认识到文理文化具有历史传统与现代创新的双重要素，更让我们领略了一所新建本科院校厚重而鲜明的大学文化。

如今，重庆文理学院在继承的基础上，已经积淀了涵盖精神文化、制度文化、行为文化、物质文化等文化建设在内的丰厚内容，建构了一套全方位的大学校园文化系统；形成了内蕴深厚、广受赞誉的“进德修业，博文达理”的校训精神，凝练了新颖独特的“教育即服务，学生即顾客，质量即生命”的教育理念，铸造了“物质环境人文化，精神理念实物化”的新校区文化建设系统，形成了将简单的招式做到极致的“校领导与大学生在线交流”“周末文化广场”等文化品牌；坚持将校园文化建设与教育教学改革结合、将传统经典文化与校园环境建设融合，把校园文化建设作为建构大学精神和文化氛围、陶冶学生精神气质、创新人才培养模式的重要而不可或缺的精神财富。

文化是一种精神期待，优秀的学校文化就是卓越的学校品牌。在重庆文理学院建校35周年之际，一批文理学人潜心于校园文化的挖掘与提炼，注重将大学精神与文化育人紧密结合，精心策划了颇具品味的“文化文理”丛书，从记忆文理、走进文理、制度文理、求索文理四大视角，构建自成体系、具有特色的校本文化品牌。在我看来，这项工作既是对重庆文理学院文化建设的一次深度梳理，又将开辟文理学院对外展示的崭新窗口，更将成为文理学子健康成长的引路航灯。

作为重庆高等教育事业的管理者和服务者，我愿意将这套丛书推荐给更多的高校、更广大的学子。祝重庆文理学院日新月异，愿文理学子在“进德修业”中“博文达理”！

（中共重庆市委教育工委书记、市教委副主任、教授）

2011年9月

目录

上 篇 文理前身的久远记忆

下 篇 文理现世的深切回眸

上篇

文理前身的久远记忆

第一章

春在青山绿水间

这儿曾经是一片荒山，杂草丛生，乱石峥嵘；

这儿曾经是一湾死水，风平浪静，波澜不兴……

因为有了人，这儿才开始有了记忆；

因为有了人，这里的一切才变得神奇；

因为有了人，这一片地道的穷山恶水，才渐渐沾染了生命的灵气，变成了一片青山绿水……

卫星湖的源头

一

“我们都喝过卫星湖的水，少的几年，多的已经喝了几十年，卫星湖是重庆文理学院人当之无愧的母亲湖——探寻母亲湖的源头，了解母亲湖的历史，既是一件有意义的事，也是我们文理学院新闻专业学子应尽的责任……”

这段话，是夏明宇老师给我们这次卫星湖探源活动作的动员报告。夏老师这般认真地说着的时候，我们已经下了 501 路公交车，正走在星湖校区的香樟路上。满目桃红柳绿，遍地姹紫嫣红，卫星湖水烟波浩渺。听着看着，我们一个个心潮起伏，心中便装满了意义与责任，脚下好像都生出风来了……

出了音乐学院琴房外面的学校后门，卫星湖水依然浩荡，然而校园内那些经过人工修剪的桃红柳绿，却变成了自然、粗犷的山水田园风光：港汊、松冈、山羊、水牛、农舍、庄稼——偏巧我们几个同学都是北方人，一时间真是大饱眼福！乍见在港汊中游泳的水牛，培培惊呼了一声“水怪”，王玉辉则干脆说像是“鳄鱼”；乍闻松林中喑哑的鸟叫，孟磊就随口念道：

红酥手，黄縢酒，两个黄鹂鸣翠柳；

长亭外，古道边，一行白鹭上青天。

还真被她“缺牙巴咬虱子”咬准了——夏老师说，这些在湖边小松林里起起落落的大鸟，正是逐水草而居的白鹭。

一路有说有笑地迤逦而行，不觉间已从校门外走出老远，待又绕过一个大的港汊时，路旁接连出现了几处荒颓的农家，有的只剩下断壁残墙，有的乍看房舍还完整，细看才发现已没了门窗。夏老师说，这里的人都拖家带口地进城务工去了，"你们看，不是连门前的土地和道路都荒芜了么？"果然，由于没人住，道路已经变得非常不好走，开始还可以从荒草中找路，后来便只有在杂树丛生的山壁上攀爬。这时候，夏老师和我们最担心的人就是刘智同学了——刘智前天在校内把脚扭伤了，夏老师说留他在星湖校区采访，他却坚决要一路同行。他说："要去哟……去了也许会后悔一会儿，不去却肯定要后悔一辈子！"

刘智也真是超常发挥，居然就稳稳地跟定大家，路再难走也没有落下半步。

翻过那道难走的小山坡，面前柳暗花明，道路、楼宇、音乐、人声，几行翠柏倒映在湖水里，使山更青黛，水更幽深……

"好哇——"我们一齐欢呼起来。

可是，问题又来了：我们只顾高兴，却没有注意到有一道围墙横挡在面前，从湖边一直挡到了半山腰上，围墙上面还加着铁丝网。夏老师说，这儿原是个国防科研单位，后来听说搬走了，不知道现在还算不算禁区。他又说，如果能够绕过围墙，站到前面那个小山坡上，就可以看到卫星湖的源头了，但现在既然绕不过去，我们就不能硬闯……

这时已经是正午 12 点，夏老师看出我们都人困马乏了，便说不如先撤回星湖校区，然后另找时间从对岸到卫星湖的源头去。他又说："现在大家走靠山的捷径，看嘛，山腰上有人家，说不定我们会另有收获呢！"

靠山的一面路果然好走，并且果然还住着人家，大狗小狗欢蹦着迎接我们，鸡鸭鹅齐声奏起交响乐，夏老师一马当先地跨进院坝，叫住了一位六七十岁的老爷爷：

“老人家，吃晌午饭没有啊？”

“嘿嘿，还早呢！”

老人家瘦高瘦高的身板还挺直，他告诉我们，如果是坐船旅游呢，船开到这前面不远就得打回转了，但如果真要找到卫星湖的源头，就还真的得走对岸，坐车到石龟寺再往前几里路。他还告诉我们，卫星湖本来叫做卫星水库，是 1958 年“大跃进”“放卫星”的时候动工兴建的，“当时，永川县卫星水库、上游水库、关门山水库几个大水库同时上马，我们临江区几个公社几十个大队的人都来修卫星水库——热闹是热闹，就是苦得很——那是灾荒年辰，烂泥巴担了下来没得粮食吃呀！”

“后来就好了。政府搞包产到户，庄稼各人做，又办了你们师专恁大所学堂——卫星湖这个名字，也主要是你们的老师和同学喊出来的……”

老爷爷手里还端着半盅生米，为了不耽误他做午饭，我们尽管听得津津有味，也只好匆匆告辞了。探到了卫星湖的历史源头，走上印有车辙的林间机耕道，归路自然就好走得多，半小时左右就望见亲爱的星湖校区了。

“哇——”我们又一齐欢呼起来，同时就笑着“质问”夏老师，今天是不是一开始就留下了现在这一手。夏老师有点“高深莫测”地笑了笑说：“凡事都要有计划——隔天我们也要先计划好了再重新去探源。”

二

第一次沿湖跋涉探源之后，我们又到星湖校区去搞了几次采访，听一些老老师和师母讲了不少的故事，其中的一些故事，是关于原来的师兄师姐们的，有的还很动人，让人听了都有些自愧不如的感觉。

夏老师告诉我们，关于卫星湖探源的活动，其实早就不是我们的首创了—— 早在原来师专时代，师兄师姐们就作了若干次勇敢的探索，其中最勇敢最壮烈的一次，是1987年的暮春时节，一方面是为尧茂书漂流长江的壮举所激励，一方面是因班上同学杨军不幸在湖中淹死而愤慨，原重庆师专中文系1984级学生饶君发起了逆游寻源—— 征服卫星湖活动。出于对安全等方面的考虑，学校对这次活动不但没有给予大力支持，反而进行了多方的劝阻。尽管如此，就在他们那个班级里，还是有十多个同学报了名，七八位同学下了水。那是一个多么激动人心的场面啊—— 烟波浩渺的卫星湖面上，星星点点地闪烁着几个“浪里白条”，岸上呐喊加油声不断—— 特别是当时那些女同学，像景仰英雄一样地景仰他们，哇啦哇啦地在岸上喊着，一个个把嗓子都快喊哑了……

结果，十多里长的卫星湖，只有包括发起者饶君在内的三个人游到了终点—— 在当时不少的师生心目中，他们成了真正的英雄。

而学校师长之对于学生，无异于父母之对于子女，虽然在事前并不同意他们去涉险，于事件进行中还是派出救生船跟在后面保护了他们；对于饶君这个“不听话”的始作俑者，事后也没有给予任何处分—— 嘴里狠狠地批评几句，心头也承认他有意志、有毅力、有一股不屈不挠的拼搏精神。

夏老师说，这事对于饶君本人，更成了一笔或许将终生拥有的精神财富。事过十年之后的1997年，他带队到石柱县西沱镇“三下乡”时，已经当了镇长的饶君还明白无误地告诉他，自己直到十年后还清楚地记得，那次逆游卫星湖，从水库大堤下水到从源头上岸，耗时共三小时零二十九分钟……

夏老师的讲述，让我们听得出了神，听完也半天都做声不得，眼前却老是晃动着老师所描述的饶君师兄：大专毕业时还不到20岁，细高细高的身材，略微鼓起的眼睛，一笑那脸上就会显出几分顽皮的挑战意味……

是啊，这世间上的事情，原来都总是一分为二的，一方面，学校关心学生的生命安全，不放心让学生去冒险；另一方面，逆游卫星湖这种近似珠峰攀登、长江漂流那样的冒险，其精神又谁都会景仰——无论如何，我们都应当永远记住这人和这事：饶君，原重庆师专中文系1984级学生，重庆文理学院逆水而上纵游卫星湖第一人，耗时共三小时零二十九分……

卫星湖的纵深到底是多长，饶君他们当初每小时到底游几里？带着这些问题，我们越发想快些去探寻卫星湖的地理源头，彻底丈量一下这母亲湖了。

三

饶君校友曾经喊着“征服卫星湖”的口号逆游过卫星湖。那么，卫星湖真正的源头到底在哪里，这源头到底会是个什么样子呢？4月18日，伴着蒙蒙细雨，我们终于踏上了寻找卫星湖真正源头的征途。

或许是天公怕我们打扰那桃源深处的寂静吧，这天一早，便淅淅沥沥地下着小雨，意欲阻挠我们的寻源之旅。然而我们的心情是如此迫切，以至于师生一行七人早早就整装待发了，丝毫没有在意阴沉沉的天气。9点钟，501路公交车刚刚驶到双竹公寓门口，我们便看见了那辆老师预约好的灰色面包车，这辆车将带领我们走近那神秘的卫星湖之源……此时，天渐渐放晴，一路上的景色都是那样的美，夹道的树林和湖泊的港汊，星星点点的野花以及成群的鸡鸭，远离了世俗的繁杂，这里的一切都是静谧的。或是有感而发吧，有同学竟随口吟咏道：“水光潋滟晴方好，山色空蒙雨亦奇。”当年东坡居士用来赞美西湖美景的句子用在此时，竟也是恰当非常。

车大概走了二十几分钟的路程，我们便来到了石龟寺，这里可能已是车辆可以到达的距卫星湖源头最近的地方了，两岸的山峦已经快合并到一起，中间有一道新筑的长堤则把两岸彻底地连接了起来，堤下有涵洞流水，堤面是路，过人也行车。但这路到对岸不再往上走，而是横起爬坡上黄瓜山，到“桃花源”和已经并归南大街的原黄瓜山镇等地去了。夏老师说，由于当时石龟寺尚未修复，这个地方尚不为人知，但饶君他们当初逆游卫星湖很可能就是游到这个地方—— 因为再往上越发地面窄水浅，不能行船了，游泳也不是那么舒服，不少人就把这里当作卫星湖的源头了——

“我们呢，我们还要不要往上走啊？”

“要啊——”我们异口同声地喊着，“我们一定要看到真正的卫星湖之源！”

但是接下来的路确实很难走—— 由于下过雨，本来就狭窄崎岖的路上更添了泥泞，让人不知从何下脚。一是路实在难走，二是对于前路不甚了解，大家于是有些退缩了，可就这么放弃又着实不甘心。正进退两难时，刘智咬咬牙，说了句：“我去探路！”便只身冲到了最前面，然而只爬过一个小坡，他便释然地笑了，挥着手臂向我们喊道：“快来啊，前边有路！”于是，我们纷纷冲了上去，似乎预感到经历了这“山重水复”，我们定会寻得那“柳暗花明”!

然而，我们似乎得意得早了些，前边的路时好时坏，稍不留神便会滑倒。夏老师刚刚叮嘱我们小心，便听到后面“哎呀”一声！原来是李文静率先坐了个“土飞机”！大家赶忙搀起她，确定她没有受伤后，便哄的一声笑了出来，文静红着小脸简单整理了一下衣服，便又急匆匆地跟着大家一起往前赶。

接下来的路似乎比先前又难走了许多，到处都是坑坑洼洼的，一不留神就会踩空，一条小路狭窄得一个人站在上面都显得有些拥挤。有了前边的经历，我们丝毫不敢怠慢，一步一步踏踏实实地向前挪着。突然间，大家看到在不远处几个农民正在耕作，便赶忙上前打探前边还有路没有，他们一边耕着地一边友好地告诉我们：有路！而且已经离卫星湖源头不远了。

我们信心倍增，果然，转过一个田坎再翻过一个坡，眼前的一切都豁然开朗！然而同时，我们也惊呆了，因为映入我们眼帘的竟然是如此美丽的一幅山水画卷：苍翠的青山环绕四周，山脚下几处农舍隐约可见，农舍前面是一片低洼的开阔地，几个农民在田间忙碌，两头水牛逍遥地晃着头和尾巴走来走去——卫星湖已经荡然无存，只有一条小溪汩汩地流着，这条小溪，便是卫星湖真正的源头，我们终于成功了！这小溪小到什么地步呢？我们可以一步就迈过对岸去，丝毫不用担心会打湿鞋袜。由于路途实在泥泞，此时的我们都已经有些狼狈不堪了：沾满黄泥的鞋子，满是泥巴的裤腿，以及被汗水浸湿的衣服，毕竟几里的山路不是很容易走的。于是，我们决定暂作修整，简单地清洗一下再上路，从对岸绕回石龟寺去。

卫星湖寻源之旅到此似乎可以胜利结束了，然而就在这时，状况再次出现——洗完手脚后，培培才发现她的手机不翼而飞了！大家心急火燎地帮她寻找，一遍遍地拨打她的号码，希望通过铃声来找到手机的下落，可培培沮丧地告诉我们手机是设置了振动的，我们听不到它的回应。万般无奈之下，夏老师决定让王玉辉陪着培培原路返回，碰碰运气，看能否寻回那失落的手机。目送培培和王玉辉走远，我们五人继续前行，对岸的路要好走很多，我们很快便回到了石龟寺的停车之处。不多时，培培和王玉辉也回来了，看着他们沮丧的神情，大家知道那手机怕是丢失定了。

卫星湖纵向到底有多长？开车的吴师傅告诉我们，从水库大堤到石龟寺约 6 公里，因为天雨路滑才走了 20 分钟；再加上下车后走的几里路，一共恐怕是七八公里吧。

从星湖之源返回水库大堤，我们又突击走访了设在大堤下面的卫星湖水库管理所，得到关于卫星湖的官方表述是：卫星湖及其周边景观区域幅员 12 平方公里，湖长 8 公里，水面 1 500 亩（一亩约为 666.67 平方米），湖湾交错，有自然形成的多个半岛和全岛……

（原载《重庆文理学院报》2010 年 4 月 10 日至 5 月 10 日。作者：孟磊、王玉辉、曹培培、尹丛丛）

重庆文理学院星湖校区一景

桃花岛的传说

在重庆，在四川，在全国的许多许多地方，大凡知道重庆文理学院的人，少有不知道桃花岛的。甚而至于，人们根据自己的美好愿望或合理想象，把桃花岛传说得有些神乎其神，让那些不知究竟的人，在心里更加神往……

有人说，桃花岛上果真有过黄药师那样的大侠，常常在晨曦中教徒弟练剑，发一道功能够吹倒卫星湖对岸的几棵劲松，拍一拍手能够使周围的群山一齐发抖……

也有人说，桃花岛又名情人岛，特别是每当桃花盛开的时候，携手上岛的情人们更是多得数不胜数，岛上也当真成就了好些对类似黄蓉、郭靖那样的神仙伴侣，当然，也有因美梦难圆而双双殉情的……

其实，桃花岛不过就是重庆文理学院星湖校区卫星湖上的一个小岛，它因盛开桃花而得名。传说中教徒弟练剑的神仙大侠，其实是重庆文理学院体育学院的武术教师；传说中那些在岛上喜结良缘的神仙伴侣，其实也不是什么黄蓉、郭靖等，而只是现重庆文理学院或者原重庆师专的莘莘学子，他们在求学的路上从相识、相知到相爱，教室、操场、琴房、画室……学校的每一个角落都曾经印满他们的足迹，桃花岛不过是他们相伴晨读或者相偎私语的一站而已。

至于“殉情”，倒似乎有一次，但事情不是发生在桃花岛，而是离桃花岛几百米开外的卫星湖面上—— 即将毕业的一对儿划翻了小船落到水里，待救起来时已没了气息—— 学校曾为此十分强调学生游湖要注意安全。而究竟是“不慎”还是“殉情”，倒成了只有他俩在另一个世界才能够说清楚的秘密。

其实，桃花岛原本并不出名，1977 年重庆文理学院前身的前身江津地区五七大学创办时，她还只是一个于杂草丛中长了“毛桃子”的几株树的荒岛，人们上岛去还得摇小船。1978 年学校后勤部门开始架设上岛的小桥，用石头和水泥砌出桥墩，两块预制板搭作桥面，面上再用一层薄薄的水泥抹平——也从那时起，师生们开始把它称作“桃花岛”，开始在岛上拓荒、种树、读书、谈情，后来镶嵌到岛上的“桃花岛”三个大字，是已故的原江津地区五七大学——江津师专——重庆师专中文系教师朱祖禹先生的杰作。到了 20 世纪 80 年代初，刚刚创刊不久的师专校报，曾经刊发了一篇题为《月下吟》的散文，文章是一个曾在这儿求学的落魄文人卖的“劝世文”，谈了他于一个夏天的月夜在桃花岛上的所见所闻和心中所感，劝学子珍惜大好时光努力学习。这篇文章不但在当时的校内产生了一定影响，还相继为《重庆日报》转载和四川省广播电台广播，对于桃花岛开始为社会所知悉，也起到了一定的助推作用。

当然，桃花岛为社会所知悉，更多的是得益于历届学子的口口相传和历次文人雅士的来访。王利器、公木等大师和金钟鸣、盛中国等在当时就颇负盛名的表演艺术家都曾经在岛上驻足，一位于 20 世纪 80 年代中期莅校讲学的美国女教师，甚至赞叹说她虽然去过慕尼黑、威尼斯和雅典等很多地方，但这些地方似乎都没有“你们的”卫星湖、桃花岛这么美丽……

再后来，具体说是 20 世纪 90 年代初，岛上的桃花在师生们的精心培育下越开越艳了，社会各界群众的生活质量也日益提高，“旅游”这个词火爆起来，由于当时永川还没有多少好玩的去处，每到阳春三月春暖花开时，人们就从四面八方涌向重庆师专、涌向桃花岛。每逢周末，踏上桃花岛的群众一天就达到近两万人次。开放的重庆师专虽然热情好客，但鉴于游人过多已经影响到师生员工的正常生活和工作学习，游客安全和环境卫生等颇成问题，只得采取收门票的办法来控制游客数量。尽管如此，花开时节的重庆师专依旧游人如织，人们在学校工作人员的导引下列队游览桃花岛，一队接一队川流不息。为了确保游客安全，学校就在这时翻修了上岛的小桥并设了护栏，还用护堤把整个桃花岛都围了一圈。至于现在矗立在岛中心的亭子等，则是直到90年代末，学校为“升本建院”打造“校园十景”时才动工兴建的。虽然其时永川已经开放了茶山竹海，又兴建了野生动物世界等新的胜景，游客分流了，桃花岛已不似从前那样特别的拥挤，然而她每到春三月时的那份儿热闹光景，却一直保持到了学校办学重心早已转移到红河校区的现在。有一段时间，就连永川到学校星湖校区的公交车，都干脆换上了“永川——桃花岛”的路线牌，重庆市有关著名景区的天气预报，也直接加入了卫星湖桃花岛……

相关权威人士指出，桃花岛之所以人气旺盛并经久不衰，一是因为它的风光实在秀美，二是由于拥有它的重庆师专——重庆文理学院，一直有着良好的办学声誉——从某种意义上讲，人们是冲着学校来的。特别是从原重庆师专毕业的数万校友，简直就把卫星湖、桃花岛当成了母校的象征，有时候大老远地驱车回来，就是为了看上一眼他们心中的那块圣地——卫星湖、桃花岛……

（原载《重庆文理学院报》2010年5月25日第4版。作者：夏明宇、孟磊、刘智）

北山上的书院

每当听到这几个字时，我的眼前立即呈现出一片蓊郁葱绿的樟林，晨曦朗照，景色旖旎，我似乎还在呼吸着清新的空气，陶醉在这意境中，因而引出很多遐想，悠扬的歌声、琅琅的读书声萦绕耳际，同窗促膝谈心，互相砥砺的情景闪现脑海，老师的谆谆教导记忆犹新……在人生的征途中，香樟地是我永远值得怀念的地方！

——节引自高勇《香樟地——我成长的摇篮》(作者系重庆文理学院文传学院副教授，原永川地区教师进修学院中文班学生)

翻开重庆文理学院沉甸甸的校史，品味文理人艰难的创业历程，这里留下的不仅是卫星湖畔无数“老黄瓜”辛勤耕耘的足迹，还有北山历代文人学子孜孜不倦的身影。原渝州教育学院作为重庆文理学院的重要源头之一，在重庆文理学院悠久的历史进程中始终摇曳生姿，闪烁着智慧与勤奋的光辉。

在永川古城的北面，有一座形似犀牛的北山。相传此山多桂树，四时青秀，每当秋天月夜，浓郁丹桂，花色灿灿，树影珊珊，芬芳四溢，妩媚迷人，因而得名“桂山秋月”。原渝州教育学院就坐落在这块充满灵气、极具文化背景的土地上。今天，当我们再次走近这片充满迷人色彩的土地时，那“桂山秋月”的风韵，高大林立的古樟，参天耸立的黄桷，悠扬宛转的鸟鸣，更加让人充满遐想，不得不赞叹这块土地上深蕴的灵气。

进入原渝州教育学院即后来的渝西学院—— 重庆文理学院北

山校区，山青树绿，花繁叶茂，环境优美，永川满城风光尽收眼底。校园依山而建，楼舍鳞次栉比，各类文化小品镶嵌其间，彰显人文与自然的完美融合。校区虽然幽静，却也并不平静，许多难忘的历史都曾在这里翻开。

北山古为昌州八景之“桂山秋月”，深厚的文化底蕴使它成为永川最早的文化教育发祥地。桂山书院、锦云书院、达用学堂皆起源于此。其中又数桂山书院的历史最为悠久，其创建可以追溯到清朝时期。据史书记载：清康熙五十八年（1719 年），时任知县的沈镛筹资买地，在北山创办桂山书院，这是永川境内最早的书院（道光《重庆府志》）；清乾隆二十六年（1761 年），时任知县的彭时捷将绫锦山古庙院遗址扩入书院，并更名为锦云书院（嘉庆《四川通志》卷一〇四六职官志）；光绪三十一年（1905 年），始建为达用学堂。民国十九年（1930 年），建北山公园，内有荷花池、小桥假山、八角亭、德教祠、杜公亭、真武寺，设有茶园和图书馆。北山公园后被一个国民党军官买下，沦落成为其私人别墅。抗日战争时期，由于战乱，建筑物遭到不同程度的损坏。据学院图书馆封富书记介绍，原渝州教育学院（曾经名为永川地区教师进修学院）于 1972 年建校，当时校舍仅有大小平房十一幢，楼房一幢，总面积仅一千四百多平方米，且大都年久失修，破烂不堪。仅有两幢砖木结构平房教室四间，但也是 20 世纪 50 年代所建。在这样艰苦的条件下，师生们还是克服重重难关，屡创佳绩，使书院的历史发扬光大……

（原载《重庆文理学院报》2010 年 7 月 10 日第 4 版。作者：王玉辉、孟磊）

五七大学的第一台拖拉机

三十年前，没有一条公路直接通到学校的星湖校区；而如今，501路公交车连着学校的两个校区。三十年前，唯一可以进入学校的道路便是翻越黄瓜山；而如今，只要你想去，随时都可以坐车走平坦的大马路到星湖校区。当初，在未买到拖拉机前，全校师生的生活物资得用人到二十公里外的永川城中挑运，采购员苏星寿因而被誉为学校的“第一台拖拉机”。

实际上，学校的建成在很大程度上是与我校历史上这“第一台拖拉机”密不可分的。正是因为有了这种不用烧油的“拖拉机”，在那个偏僻的“夹皮沟”里，在那个没有公路没有车的年代，人们却建造了一所世外桃源似的学校。

建校之初一片荒芜，杂草丛生，没有一个可以容身的住处，一切都需要大家来创造。建筑的材料、生活必需品等都需要从山外的永川城区弄进来。从永川翻过黄瓜山到学校有二十多公里，最初每天必需的粮食、蔬菜都是通过人力翻过黄瓜山挑运回来，平时进城也都需要步行翻过崎岖不平的山路。这样尽管解决了最初建校的生活问题，但是建筑材料的缺乏却严重影响了建校的进度。

1977年下半年，人们终于在上级支持下，筹集资金买了一辆丰—35拖拉机，主要用于交通运输和农机班教学。石灰、沙子、煤炭等都通过这辆拖拉机从二十公里外的永川城区拉进学校来，大大节省了时间和人力物力。这辆拖拉机作为当时唯一的“现代化机械”发挥了非常重要的作用，为保证学校按时开学奠定了良好的基础。闲暇的时候，这辆拖拉机便会静静地停在固定的地方，因为农机班学生上实践课的时候，拖拉机无疑是最好的教具……

1978年暑假期间，拖拉机因长期担负繁重的运输工作，设备陈旧老化，发动机超过最大疲劳强度，机械零部件磨损严重，导致设备无法正常运转。司机开着拖拉机，载着76级学生李培福、杨明鲁二人去永川汽修厂，崎岖不平的石子路上，老旧的拖拉机缓慢地颠簸着前进。天色渐渐黑了下来，原本蜿蜒曲折的小路逐渐开始变得模糊。借着手电筒微弱的光亮，一行三人跌跌撞撞，终于在半夜将拖拉机送抵汽修厂。

在十多天的时间里，他们一直呆在汽修厂，把这台宝贝拖拉机几乎所有的机械零件都拆卸了下来。生锈的就用磨砂纸等打磨，将润滑机油送到各相对运动件的摩擦表面等，每一个需要维修的地方都没有放过，终于使重新展示在大家眼前的拖拉机改头换面，焕然一新。

然而，维修好后的这台拖拉机还是逐渐失去了运输功能，很少再承担学校繁重的运输工作，于是“退居二线”，完全成了农机班的教学实践用机，只是偶尔才会载一下人。

1980年，上级部门分配给我校前身江津师专一辆卡车和一辆吉普车，而拖拉机则不再做任何的运输工作。1983年，拖拉机被报废了——它终于彻底完成了自己的使命。

（原载《渝西青年》“记忆文理”专刊第1期第2版。作者：尹丛丛、李文静）

沁人心脾的瓜山甘泉

在星湖校区，顺着学生活动中心楼前的马路往西，随时可见三三两两的学生朋友，嘻嘻哈哈地结伴而行。若问他们意欲何往，都会笑云“去杉树湾取瓜矿”；不少到星湖校区上课的老师，也总爱随身带上两只塑料桶儿，若问他们作何大用，也都会说“上完课带点儿瓜矿回去”……

何为“瓜矿”——瓜山矿泉水的简称也——如果你寻踪跟去杉树湾，便会见到路旁有一口水泥封顶的大井，那水龙头里放出来的水，冬季微温，夏季冰凉，掬一捧入口甘甜无比，再喝上几口便全身都舒坦……

“喝吧，尽管放心喝！”如果你还带着几分犹豫，那些常驻星湖的学生朋友，便会十分老到地告诉你：“喝了保证不会拉肚子！”

“哦——瓜矿真好！”你释然了。但你在由衷赞叹之余，若想再问问这“瓜矿”从何来，莫说学生朋友会一无所知，便是有些老师也难以说出一二三。要想弄清楚这个问题，还得去请教那些资深的“老黄瓜山人”。

已经退休在家的学校原工会副主席游祥国就是一位这样的“老黄瓜”。他说，“瓜矿”的发掘，始于1986年，在那之前，用电机抽起卫星湖水经水厂加工，就成了全校师生饮用水的唯一水源。由于受“一切向钱看”风气的影响，当时管理水库的地方部门，竟把卫星湖水面出租给别人养鱼，养鱼户向湖中投放猪、牛粪便等作饲料，使卫星湖水质大受污染。为了确保师生健康，学校一面向上反映并与地方部门严正交涉，一面责成工会牵头搞“清泉工程”—— 在学校背靠的黄瓜山麓，寻找可供饮用的优质水源……

游祥国说，在探索中他们发现，恰好在当时新建成的杉树湾宿舍附近，就有一股从山上下来的“沁水”（指从岩层缝隙渗出的水），在路边形成了一汪小小的清泉，进校卖菜的农民过往时总爱掬起水解渴，都说它清凉爽口且味道甘甜。化学系教师取水化验，也认为这水好：含有一定量的铁元素，大肠杆菌含量则远低于未经污染时的卫星湖水，直接取来饮用对人体没有任何负面影响，于是就在此施工建井，形成了最初的“瓜矿”。

游祥国又说，最初的“瓜矿”水量有限，不能解决师生饮用的根本问题。他们自知任重道远，又经过满山遍野的四处寻找，终于在原附中背后的山坡上发现了一处水量较大、水质亦好的“沁水”，于是赶快在那里修起了蓄水池等储水设备。再后来，他们又在星湖校区原四号楼、九号楼（旁边即原“师母街”）等处发现水源，水质均比未经污染之前的卫星湖水好出许多。至此，当时全校师生的饮水问题便基本解决了……

游祥国还说，星湖校区的“瓜矿”是人们通常说的“沁水”却并非地下水，地下水矿物质含量较多，对人体健康有一定影响，而“瓜矿”则是黄瓜山顶上的地表水汇聚后通过岩石缝隙“沁”下来的暗水，经过多层“天然过滤”，使得水质清冽甘甜，常饮有益于身体健康。

曾经相继担任过学校办公室和采供中心副主任的李培福也说，当年，他们曾经作过一次试验：用塑料桶把“瓜矿”和自来水（即经过水厂加工的卫星湖水）各装满一桶，存放半个月之后，装自来水的水桶桶壁附着了一层杂质，用手触摸有明显的滑腻感；而装“瓜矿”的水桶桶壁却干净如初，水质仍旧甘甜如昔。

现在，尽管卫星湖水早已净化，作为永川城区百姓的饮用水源之一受到政府保护了，学校水厂还多次被评为优秀水厂，师生们仍旧更爱喝“瓜矿”里的水；尽管多数教职工已经搬迁到红河校区，但仍旧喜欢从星湖校区带回“瓜矿”；夏季天旱，甚至有不少双竹镇和学校周边农民进校来取水……

吃水不忘开井人，今天我们在饮用清冽甘甜的“瓜矿”的同时，也还应当记住那段开掘“瓜矿”的历史。

（原载《重庆文理学院报》2010年6月10日第4版。作者：夏明宇、曹培培、刘智）

一位同学正在汲取“瓜矿”

瓜山之麓的第一个光明之夜

时常走在校园的夜间，顺着路灯的斑驳投影缓步而行，看着教室中明亮的灯下，总有一些同学埋头苦读，有时墙上会留下些许光影，与其陪伴着，映衬出一种静谧，一种祥和。

诸如此类温馨的场景，在三十多年前是无法想象的。那是学校前身江津地区五七大学的初建阶段，这个黄瓜山下的“夹皮沟”还没有电，更没有因电而派生的电影、电视等。那时师生夜晚的学习生活照明全靠着几盏昏暗的马灯（煤油灯的一种，有风罩），灯光微弱而模糊，远看就像萤火虫在闪。不要说是看书学习，就是想在灯下看清楚同学的脸也有困难，如果遇上煤油也短缺的时候，便只能几个人吹一吹牛，摆摆龙门阵，然后就各自“拜访周公”，等待天明。有时还会闹出一些笑话来，诸如上厕所前还是健步如飞，回来时便步履蹒跚了，不用问，一定是摸黑时摔了跟头（那时的厕所都在宿舍外）；有些不坚强的女生还真哭了鼻子：“像啥子学校嘛，硬是上个厕所都这么艰难！”

看着这种情况，学校领导也是心急如焚，虽说是刚建校，经费紧张，条件艰苦，但也总得让师生的正常生活、学习得到保障呀，请不起电工，就自己动手干。1977 年 4 月底 5 月初，学校组织首届农电班学生开始与电较上了劲儿。当时学校地处中共江津地委党校和永川县委党校（现在的星湖校区西区是原地委党校，校外公寓对面是原县委党校）中间，两家党校都是有电的，又恰逢大办教育的好时机，大家更是有责任和义务帮助学校通电。根据实际情况，学校决定从地委党校接过来 220 伏（仅能保证宿舍、教室、食堂三个地方的普通照明）的低压线路。“五一”和“五四”是两个大节日，而他们这两个节日却过得好辛苦，架设电杆，牵拉电线，跟头摔了不少，手被磨破了皮，没人吭声。试验中时常被几根电线弄得手忙脚乱，不时因接错线而导致短路也没人气馁。但就是这样生涩的技术，笨拙的手法，却也硬是将电接通了！

1977 年 5 月 5 日晚上，一个难忘的夜晚，历时一周的接拉电线工程顺利完工，尽管只有短短的几百米，却倾尽了有关师生的汗水与努力。这天晚上，天色暗下来时，已不再有平日的黑暗和荧光闪烁，取而代之的是一片光明，有电了！全校师生雀跃起来，笑啊，跳啊，发自肺腑地呼喊，叮叮咚咚地敲响面盆，伴着新至的灯光，仿佛在开一场别开生面的音乐会。不少老师、同学偷偷地抹去了眼角的泪水，该是喜极而泣吧。从此，这个山沟沟里的夜晚彻底告别了煤油灯和蜡烛的时代，代替它们的是一盏盏亮晃晃的电灯。

留校工作的首届农电班学生、学院原纪委副书记何共初回忆当时的情景时不无幽默地说：“起码来电后上厕所不用发愁了，也不用摔跟斗了！”同是留校工作的首届农电班学生、学院原能源中心经理彭代军全程参与了第一次的接线工程，说起往事却仍充满激情：“通上电了，让我们那个漆黑的山沟沟有了光明，那时硬是好高兴，好高兴啊！”

尽管后来学校又陆续拉通了 4 000 伏（可保证包括建筑施工等大功率用电的全校一切用电）的高压线并拥有了自己的配电房等现代化设施，但令人最难忘的仍是 1977 年 5 月 5 日那个充满欣喜与泪水的一夜，那瓜山之麓的第一个光明之夜。

（原载《渝西青年》“记忆文理”专刊第 1 期第 3 版。作者：刘智、李文静）

最早的图书阅览室

提到早期图书馆的情况，恐怕没有人比黄清会老师更了解的了，作为我校第一任图书馆馆长，他经历了图书馆从无到有的演变过程，在他的讲述中，我们仿佛又回到了那个艰苦又特别勤奋的年代。他说：

我是1978年底到原江津地区五七大学工作的，当时学校的图书只有两个半人管，除正式员工一人外，这一个半人，都是聘请的退休老师担任，因为其中有一个人，他有一半的时间还要在教务处工作，所以只算半个人员。我来后算是有三个半人了。

办公和书库，都在教室里，就是前年作为危房拆除的星湖校区原商贸小区背后那幢旧楼的底楼，而三楼的一间教室就作为阅览室。阅览室只有二十余个座位。当时的图书馆，面积总共仅400平方米，书仅一万多册，书种单一，基本上都是“文化大革命”时期遗留下来的旧书，没有什么新书。

由于图书流通未按正式的编目法编目，所以借阅图书极不方便，当时是特制的那种长12厘米、宽4.5厘米的卡，下面钻有小孔系着铁丝。上面写着图书种类，图书目录，借阅栏等相关信息。这些特制的卡都放在像盛有中药的柜子里。有师生来借阅图书便要翻找相应的卡，然后把卡交给图书管理者再去书库寻书。而那时借阅者是不能到书库里面去的。整个过程下来几乎需要一小时。如果是碰上拿着卡找不到书的情况，就不得不重新翻找卡片再找书，花费的时间会更长。因此读者颇有微词。

1979年，江津地区五七大学正式更名为“江津师专”后，先后调来了一些年轻人，为了适应形势的发展进行正规大学图书馆的管理，就得按照图书馆需要的技能去培养人才。

白手起家，大家都是外行，我自己也是半路出家。要办好图书馆，培养好人才是第一要务，我们采取双管齐下的办法：一面派人去四川省图书馆接受短期培训，学习一些基本技能；一面又送年轻人去原西南师范学院图书馆举办的训练班学习，这些人回来后，遂成为图书馆的骨干，为我校图书馆的管理向正规化发展奠定了基础。

根据当时国内图书馆管理的情况，我们馆编目采用的是“中图分类法”，因为去省图书馆取经和在西师图书馆训练班学习，都是学的“中图分类法”编书。

随着学校的发展壮大，师生越来越多，图书方面的设备显得十分不足，只有修建新的图书馆，才能满足师生学习的需要。我和校领导蒲天贵同志一道去成都找了建筑师，也参观了成都一些大学的图书馆。然后才定下了自己的方案。

我们最初是打算把新图书馆修在平地上，就是现在星湖第二教学楼的位置，但由于当时该地是江津地委党校的地盘，双方没有商量好，就只好把图书馆建在山上了，这就是现在星湖校区的图书馆。由于地势不平，只好把书库和阅览室，改为高低错层处理。

大概修了一年左右，图书馆落成了，大家都非常高兴，认为英雄有用武之地了，可以大展宏图了。馆舍有了，年轻人也多了，大家也有了一些管理图书的经验和技能，但我们的头脑非常清醒，知道这好像万里长征才走完了第一步。今后的日子还很长很长……

接着，我们动员全馆人员，费了九牛二虎之力，才把几万册图书，从山上搬到山下，又从山下搬到山上，精心安排，不能错乱。当然，这些工作，这时已经有了时任副馆长的周忠言同志的积极参与。

搬进新图书馆后，为了更好地开展工作，把馆里的人员，又重新进行了安排，加强了各组人员力量。从分组上来看，也只分了采编组和流通组，采编组负责采购图书和编目，流通组负责管理书库和图书阅览室。为了便于保存资料和教师阅览，还设立了基本书库。这个基本书库，保存了图书馆的全部图书的样本，可以说是全馆图书的缩影都在一间书库里。

黄清会老师于 1985 年退休，离开了他耗费了不少心血的原重庆师专图书馆。为了表达心意和愿望，老人特在此作诗一首以志之：

风雨春归三十年，迎来庠序艳阳天。
红河星湖树琼宇，桃李满天待接班。

（原载《渝西青年》“记忆文理”专刊第 1 期第 4 版。作者：曹培培、孟磊）

星湖之滨的第一家菜店

为了方便师生生活，从去年下半年起，红河校区又新增添了两家超市，其中一家较朴实，它没有大型超市那样的规模，更没有什么豪华的装潢，而仅是两间屋子那么大的一个普通店铺，在卖副食和百货的同时，还卖了蔬菜瓜果。这家菜店的全称叫做“人和后勤服务部”，它的老板名叫邓国龙，据说当年就是他在星湖校区开设了学校的第一家菜店。

1981年，学校又有新一批教职工进校，当时学校环境很差，条件极为艰苦，尤其是吃菜很不方便，学校总务科（现名为后勤集团）征聘临时工为教职工购菜，邓国龙的哥哥当时正在学校做搬运工，便向学校推荐了刚好初中毕业的邓国龙。从此，他开始了专为教职工买菜送菜的生涯。那时邓国龙只有16岁，还带有几分稚嫩与纯真。

当时，每天早上七点，邓国龙便已坐上路过校门外水库大堤的公共汽车（当时学校还没有校车），去永川城里购菜。那时附近只有石脚和双凤两个集市，而且是每七天才赶一次场，为保证教师有新鲜蔬菜吃，邓国龙就每天都跑永川。为了能及时出门购菜，他要在前一天的下午去教职工宿舍楼，挨家挨户去询问人们所需的菜品。一个小小的笔记本，一支笔，把每家需要的蔬菜品种一一登记下来。那时一共五栋宿舍楼。一个月39元的工资，他一干就是8年。

后来，随着教职工人数的增加，学校专门在每幢宿舍的底层设置了购菜登记箱，这样就方便了小邓师傅。学校还专门拿出300

元作为购菜的周转资金。买菜不是一件容易的事情，公交车只送到校门外，就是现在的校外公寓那个地方，剩下的几里路就需要邓师傅挑着担子走，然后再挨家挨户地送到教职工手中。提及那段经历，邓师傅至今还是满腹感慨："那个时候所经历的苦和累，是你们这些年轻人体会不到的！"

再后来，校工会在校内设了一家菜店，菜店就位于今天星湖校区的灯光球场处，一共两间小屋，用石棉瓦盖顶，设备很是简陋，每天有千余斤的蔬菜从这里运进并卖出。学校还专门为菜店配备了两辆运输车，一辆是微型车，还有一辆是双排座的渝州牌货车。当时，菜店里共有五个人，一位是教职工家属，一名司机，两名临时工，还有一位就是邓国龙，他主要负责菜店的采购工作，忙的时候也帮忙卖卖菜。那个时候，虽然学校的条件已有所提升，但环境还是比较艰苦，学校为了保证教职工的利益，规定了学校菜店不赚取利润。因此，学校菜店门前，每天的早中晚几个时段都会排起长长的队伍等着买菜。菜店的所有权仍然归属于学校，负责人邓国龙还是拿着每月 39 元的工资。

再后来，出于种种考虑，学校决定把菜店承包出去。找谁来做？这是当时学校有关领导需要考虑的一个问题。考虑来考虑去，最后仍觉得邓国龙是最好的选择，他在菜店干的时间最长，对菜店的各种业务也已经熟练掌握，更重要的一点是学校老师对他的认可程度高，让他来做这件事情大家都放心。说起自己承包下这家菜店的时候，邓国龙的表情显得平淡了些，对于自己的这段生意历程他没有多讲些什么，"这是学校给我的机会，我知道自己应该好好去把握，不管能不能挣到钱。"这句话足以看到邓国龙的真诚和质朴。虽然是个人承包下来，但是学校还是对菜店经营有所规定，除保证蔬菜质量以外，还必须保证每天至少要有八个蔬菜品种，这对于邓国龙来说是一个挑战。

再后来，学校交通便捷了，校门外又新建起了双竹镇，校内又设置了商贸小区，教职工可以随意购菜了，菜店开始渐渐地淡出人们的视线。在校内商贸小区，邓国龙开了一家卖油盐酱醋的日用杂货店，在星湖校区为教职工服务直到前不久……

就在对后勤集团人和服务部进行采访的过程中，我们巧遇了几位老教师，她们刚好过来买菜。她们都是当年最早一批调到学校的教职工，在得知我们是采访邓国龙时，她们顿时活跃起来，用一口流利的“川普”说着“小邓”的勤劳与能干。“这个孩子特别能吃苦，十几岁就挑着五六十斤的担子爬坡上山，当时我们得到他太多的帮助了。”这是学校原卫生科（现校医院）李科长的一段话，而在此时，在邓国龙的脸上有的只是默默的笑，我们知道这笑容的背后隐藏的是什么。这笑容也足以让他享用一辈子。

星湖之滨的第一家菜店叠印着文理学院历史的沧桑，同时也蕴藏着邓国龙这样一些劳动者的创业史。里面的故事让我们体悟了很多，也对我们向着光明的未来迈进充满了启示！

（原载《渝西青年》“记忆文理”专刊第1期第4版。作者：李文静、刘智）

第二章

“第三世界”的朋友们

这儿曾经有很多个别名：“山旯旯”“倒角角”“夹皮沟”……然而，所有的这些称呼，却似乎都没有“第三世界”这个雅号来得“经典”和“正宗”。当然，是因为有一些不畏艰险的人们源源不断地聚集到这里，才使这个“第三世界”的故事延续了下来……

记忆中的大师风范

20世纪80年代初，重庆文理学院的前身重庆师专还叫做江津师专。那时学校的办学条件极差，甚至还没有一道像样的校门，更没有后来宽、平、直的永师公路，只有一条机耕道般的坑坑洼洼的土路，蜿蜿蜒蜒地盘绕上黄瓜山，然后再蜿蜒下山，仅有的一辆旧北京吉普和旧客车，要颠簸上好久才能到永川……

尽管如此，我们这所偏远而简陋的小小师专，在深受上级领导重视的同时，也得到了不少大师的关爱。单是1983年那一年间，就有王利器、公木和金钟鸣三位可敬的大师，相继莅临黄瓜山麓、卫星湖畔为师生讲学。笔者当时曾有幸聆听，并一一得睹大师风范，特撰此文以表纪念。

一

当时已届72岁高龄的北京大学教授、中国社会科学院特约研究员王利器先生，是于当年9月上旬莅临我校的。王利器先生是我国著名的社会科学家，在史学、文学及佛学等方面都颇有造诣，平生著作可谓等身，在国内外学术界都颇有影响。他冒着尚未散去的初秋酷热，为我校师生作了两场学术报告，与中文系师生进行了座谈，还接受了校报记者的专访。在谈到治学的经验时，他为自己归纳了"胆大、心细、眼明、手勤"八个字。他说："读书要有大志，再通俗点说就是要胆大，我读过的书，单是《明藏》

就有好几千卷，收拢来可以装满现在住的这间屋子，我却偏偏不怕它多，硬是一本接一本地把它读完了！”

他又说：“总之一句话，一个人只要不畏艰难又具有辩证唯物主义和历史唯物主义的正确观点，读书和写文章胆子就大了——当然，光是胆大恐怕也不行，另一方面还要有信心和谦虚谨慎——我这次给你们中文系师生讲的《小说戏曲在明代文学史上的地位》就是自己已经写好但尚未发表的一篇论文。之所以尚未发表，一是等国外的一个资料，二是想先讲出来听听大家的意见……”

他还说：“读书也不是就读而读，还要善于发现书中的问题——这就是‘眼明’——读书而能发现书中的问题，那论文就算是写成一半了。此外，一个人的记忆力再好，也不可能把几十年所经历的事情和所读之书，一字不漏地记下来。我通读过《明藏》，却无法背诵《明藏》，到了要用时只能翻卡片——多记些卡片，就是要手勤——我在‘文革’前记了 5 万多张卡片，可惜‘文革’中都被人拿去化作纸浆了！”

在谈到自己对未来的打算时，其时已 72 岁高龄的王利器先生仍充满信心，豪爽地说自己计划活 85 岁，到那时出版著作可能会达到 1 000 万字。后来，先生实际享年 87 岁，到 1998 年辞世时完成著作 40 多本，发表论文 100 余篇——加起来恐怕是远远超过 1 000 万字了！

二

比起王利器先生的豪爽来，同样在当时已年过古稀的吉林大学副校长、吉林省作家协会主席公木似乎显得更儒雅一些。那是 1983 年 6 月 6 日，满头皓发的公木教授莅临我校。这位著作等身、诗名盖世，既创作了不少传世佳作又培养了不少杰出人才的大诗人、大学者和教育家，不顾旅途劳顿和气候炎热，为我校师生、附中教师和慕名赶来的永川地委宣传部、《海棠》文学季刊编辑部有关人员讲诗歌创作，并接待了我校师生文学爱好者的多人次拜访。讲学的时候，公木先生既讲新诗又讲中国古典诗词，既讲传统诗歌的创作又讲现代朦胧诗，他旁征博引又深入浅出，还特地把语气放得缓慢，力图让每个到场的听讲者，都能够从中获得教益。在接待师生的个别访问时，公木先生既热情又坦率，总是循循善诱地释疑解惑，对于师生们请教的关于庄子著作的学习，关于我国文艺界的延安整风和当代新诗创作等诸多问题，他都坦诚地发表了自己的意见，而总是让人在口服的同时也感到心服。

时过两年后，学富五车且百事缠身的公木先生，仍念念不忘原江津师专这所偏远的小学校，特地嘱托他的昔日同学、原四川省重庆市教育局顾问刘西林，将他在川时写下的诗作九章交到我校校报发表，诗题为《重逢》，内容即写他与刘西林重逢的诸多感慨，诗前小序及诗句都甚是情真意切——乍看似与我校师生无直接关系，但是细想，公木先生的诗作若真要发表何处不能发？而他偏要发在小小的原江津师专校报上，实在是因为心系我校，欲为我校师生树立典范矣。

公木先生后来也是于 1998 年以 88 岁高寿辞世的。

三

中国音乐家协会会员、上海交响乐团男高音歌唱家金钟鸣先生，则是于当年（1983 年）1 月中旬莅临我校的。金先生其时已年近花甲，自云四十多年前曾从故乡湖北流亡到重庆，就读于陶行知先生创办的育才学校，师从贺绿汀先生学习音乐艺术和文化知识，从此走上了用歌喉来唤醒民众救亡图存、用歌喉来服务于祖国和人民的道路。从育才学校毕业后，他又相继考入了国立戏专和国立音乐学院，得到斯义桂教授等名师的进一步培养，还曾在中国人民解放军这个革命大熔炉里经受锻炼，艺术素养不断提高，相继为《聂耳传》《苗家儿女》《李双双》《芦笙恋歌》等经典名片演唱主题歌或者插曲，就连《大路歌》《唱支山歌给党听》等革命歌曲也是经过他的再度创作才脍炙人口的。莅临我校吹奏“向四个现代化进军”的号角，为全校师生作“三热爱”教育报告，年近花甲的金先生浩然之气仍不减当年，言辞恳切地现身说法，用自己的亲身经历来说明“只有共产党才能救中国”的道理。

那时候，学校的设施还非常简陋，几乎所有的大型集会和演出，都集中在星湖校区翻修之前的学生一食堂大厅里，金先生的歌声声震屋宇，全场听众则掌声雷动——我校当时的全体师生，原中共永川地委党校、县委党校师生以及慕名而远道赶来的永川、璧山等县部分中学的师生代表一共几千人，都说在深受教育的同时，品尝了一餐难得的艺术盛宴。

金先生是在跨入新世纪之后届81岁高龄时辞世的。有关资料记载，他平生主办的义务演讲、演唱会接近两千场，听众逾千万，共收到表扬信数千封，听众赠送的红领巾近千条和全国大专院校校徽数百枚，被大家一致誉为“人民的歌喉”和“陶行知式的人民教育家”。

（原载《重庆文理学院报》2010年4月10日第4版。作者：韩青）

想起“十家巷”

卫星湖畔有一道相对宽敞的山沟，早期的一些创业者戏称她为“夹皮沟”。原江津师专后重庆师专，也即现在的渝西学院（重庆文理学院）在这里起家。如今，站在星湖广场往里望去，才觉得这里其实是块风水宝地：椅子型的地形，错落有致的校舍，绿意正浓的树木……与这山，这水，这人，和谐共生，相得益彰。学校的生气使山水更显灵气，山水的灵气使这里更聚人气。

到如今，这山这水似乎已承载不了日趋旺盛的人气，于是山水的灵气开始升腾，学校继续迅猛拓展：颇具现代气息且规模更大的红河校区在永川新城区闪亮登场，使人刮目相看，为之一震。但是新校区所建造的人工湖，似应把星湖校区的微缩景观置于此地，让新老校区血脉相连，薪火相传、气息相通。

新校区学生宿舍实行了物业管理。这绝对是好事，是学校管理水平提升的标志。由此，不由得使人想起自己曾经参与学校学生管理工作时，居住在“十家巷”的一些往事。

一

“十家巷”的由来独特。当时学校房产都以编号相称，大家也都习惯。我的同学给他的住所取名“潇湘馆”，并张榜公布，结果受到领导批评，说是有伤风化。自感没趣，只好作罢。之后也未能流传开来。至于“十家巷”这名儿是谁取的，我真还不知道，不过大约是因其平淡和领导对这里“居民”的偏爱。学校大多数中层以上干部包括学校领导，都这么叫着。许多教职工也晓得有这么个地方。

十家巷的位置特殊。它不在教职工宿舍区，而在学校男生宿舍里。宿舍楼依山而建，因势而造，地基一头高，一头低。十家巷位于下半头底层，为内廊式建筑，共十间房，一个公用盥洗间和一个男女共用的厕所。

十家巷的成员特别。这里先前是卫生科，卫生科搬走后，学校为了便于加强对学生的经常性管理工作，决定由政工干部入住。于是有党办、学办、团委等部门和中文、数学、化学、外语等系的负责人及政治辅导员先后成为“十家巷人”。很显然，这是一个学校思想政治工作者聚居的地方。我在十家巷住了六个年头，经历了大约三次换房。老邻居是早年留校的学长，新邻居是后来留校的学弟，新新邻居是再后来从老牌高校分来的优秀大学毕业生。说是十家，前前后后倒共有十多二十家，但不管“老十家”还是“新十家”，大家见了面总爱说：“我们都是一家。”

二

的确，十家巷的人亲如一家。

最令人感慨的是先在那里安家的几位学长。他们有的一家三代，有的一家四口，有的正哺养着婴儿。住房没有多的，一间房两张床，吃饭睡觉共一堂。来了客人临时在哪个单身汉那里寄上一宿。没有厨房，就在盥洗间旁边垒起土灶烧火做饭，炊烟袅袅，也有一番居家的景致。后来用上天然气情况稍好点，但依旧没有专门的厨房。看着师母们弄菜，嘴馋的我总忍不住要尝尝，由此，几个单身汉爱取笑我，但笑归笑，尝归尝，成了“条件反射”。就是在这种环境下，学长们身居陋室不仅毫无怨言，而且敬业精神、进取精神都很高昂，家庭也很和睦，夫妻间从不吵架斗嘴。也就在这个巷子里，他们中有的著书立说，被破格评为副教授；有的因工作出色，被领导视为“三个讲师不换”的干才；有的抱病坚持工作，被大家公认为宽厚沉稳、顾全大局的好同志、好干部。尽管他们有如此成就和口碑，且属我等的长字辈师字辈，但他们在我们面前从不炫耀，从不矜持，从不摆架子，总是和蔼可亲，平等相处，热情待人。正是他们的长者风范，为十家巷营造了一个快乐工作的氛围：只有民主，没有“巷主”。

最让人感恩的要算领导的仁爱。十家巷不是独立王国，校、系领导随时可能光临此地。发生在我身上的几件意想不到的事，当时曾着实让我震动并让我尴尬，现在想起来却犹如一股暖流淌过。有一次，我在睡懒觉，忽然有人敲门并大声叫我，我一听，是系主任来了。系主任是威严之师，何况我又是懒起，便不敢吱声，想闭而避之。哪晓得门外一位学长的老岳母“点水”了：“他在屋头的，你使劲敲嘛！”老主任进屋后轻声问：“病了？”我小声回答：“有点儿。”心里却清楚他是给我台阶下。还有一回是在晚上，学生宿舍已过熄灯时间，热闹一天的十家巷也开始平静下来。又是一阵敲门声，凭经验猜测不是学生来请假就是来说麻烦事了，我很不耐烦地问：“哪个？”“是我！”声音清亮并不同凡响。我一听，这学生口气还硬嘛，又问：“你是哪个？”“熊秉衡！”一个如雷贯耳的名字，原来是德高望重的校党委书记。“你去看看，中文系的学生熄了灯还在闹。”尴尬中我连忙向五楼跑去。当辅导员时，与青年学生年相似、貌相若，未免有时也血气方刚。一次，我拉了一把正在高声吆喝的外系学生，可能出手太重，晚上他到寝室威胁我。我把电话打给校长，声称要保护人身安全。校长要我冷静，并让住在巷内的学办负责人和学生谈话。现在我早已明白这是越级报告，但当时不懂。学办负责人与我一道跟学生谈话不久，没想到高大威武的校长竟出现在门口，他穿着我们平时见不着而只是夜深才用的宽大的外套，背着手把学生打量一番，见无大事，没说话走了。一个普通辅导员的深夜打扰，校长没怪我不懂事，也没有简单地让保卫处出面“摆平”，自己倒亲自来看看虚实。虽然我有过这样一些看起来会让领导感到不快的事，但他们并不因此对我形成不好的印象。事实上，我得到了他们许多关怀、培养和信任。老主任至今保存着我儿子幼时的照片，老书记手把手地在他办公室教我如何打背包……后来，我在学校还较早地被提拔为中层干部。

最使人感动的是同事间的真诚。那时我们几个辅导员都没成家，相互交流较多，彼此心里从不设防。谁先提拔都服气，而且还打心眼里祝贺，决不会背后使坏。就连谁先谈恋爱，大家也都群起撮合并一同高兴着。我谈恋爱时发生过这样的故事：几天前我就告诉同事们，女朋友要来看我。之后他们和我一起天天等，但她因故未能如期而至，我心情开始不好起来，他们越问我的情绪越低落。一日，同事大约是为了让我开心，便把师母放在外面的鞋子拿来放在我床下，又找来师母用的女式挎包、围巾挂在床头，然后把蚊帐放下。他们边做这些边觉着好玩，还商定：等L下班回来就说我女朋友来了。L回来了，第一件事就是上我房间，一见此景忙问：“来了？”我说“在睡”。他很高兴但不忘压低声音说：“晚餐我出一份小炒。”说完就要去打菜，我们一阵开心大笑。隔壁小G的女朋友来时，我们照例一起吃饭，哪知这位贤弟盛给女友的饭被女友让给了我，我一动筷子才晓得里面特意藏着一个鸡蛋，我难为情极了。

三

随着学校的不断壮大，学生宿舍越发紧张。到了1990年夏天，十家巷不得不腾给学生居住。至此，十家巷开始成为历史。

二十多年过去了，十家巷人今安在？据我所知，他们发展得都还可以。继续留在学校的，大多已成为教学或管理上的骨干，有的还升了校领导。调往成渝两地高校的，甚至担任了高校主要领导职务。到了地方工作的，一般也得到提拔重用。这二十来人的情况大致是：正、副厅级三人（其中教授二人），副教授十多人，处级干部近十人。

十家巷人的今天和今天的十家巷人，不会为现在的所谓“进步”洋洋得意、目中无人。除了我们不能割舍的“小环境情结”外，我们更应庆幸所处大环境带给十家巷的阳光雨露，更应感谢十家巷以外人们给十家巷人的包容和激励。没有他们的昨天，便没有我们的今天。

离开十家巷、离开母校十多年了，旧情尚在，真情难忘。祝愿每一个十家巷人吉祥如意！祝愿母校和母校每一个人明天更加美好！

（原载《渝西学院报》2004年12月10日第4版。作者龙图，我校（原江津师专）中文系1985届毕业生，现任重庆市渝北区人大常委会副主任）

掀起你的盖头来

——刘灿国副书记揭秘“十家巷”

夏明宇老师说，“十家巷”的故事只有住过那里的人知道得最清楚，感情也最真挚，如果想要真正地了解十家巷，只有走近真正的十家巷人，倾听那一个个有关十家巷的故事……暑假期间，我们幸运地获得了采访曾经身为十家巷住户的学校党委刘灿国副书记的机会。如果说这之前龙图老师的《想起“十家巷”》让我们初步认识了十家巷，并且对它产生了神秘感，那么这一次，才算是真正揭开了笼罩在十家巷身上的神秘面纱。

一、它是名副其实的“政工之家”

记者：“十家巷”名字的由来，是因为它里面刚好住着十家人吗？

刘灿国：不是的。十家巷的位置在现在的星湖校区男一舍底层，那儿开始是校医院，校医院迁走以后改建为男生宿舍，底层有十间房，中间有走廊如一条小巷，慢慢地“十家巷”这个名字就叫开了。那里面住的也不止十家人，因为单身的年轻教职工是两人合住在一间房里，而最早的时候只有黄晓林和何共初两位老师是带着家属住进去的。住在楼梯口第一间的何共初老师是和岳母、爱人及小孩共四口人挤在一间十六七平方米的房间里。在楼梯间用乱石围起作厨房，再加上一个男女共用的公共厕所，就是十家巷的全部“家当”了。

记者：十家巷是从什么时候开始存在的？在您的记忆里，十家巷是个什么样的地方？

刘灿国：十家巷大概是 1983 年、1984 年左右开始入住教职工，是为了方便对学生的教育和管理工作，安排在这里住的当然大多数都是留校工作的辅导员，还有一些学工管理干部，都是给学生做思想政治工作的，当时很多人都戏称这里是“政工干部之家”。直到 1990 年，因学生宿舍紧张，底楼也需要整修出来腾给学生住，十家巷才算是真正成为了历史。我在那里住了四年，带过三届学生，1985 级、1986 级和 1988 级，如果说生活环境的话，那个艰苦是现在没法想象的：白天走进去不开灯什么都看不见，空气又潮湿，放在衣柜里的衣服每年都要霉几次，要经常拿出来洗洗晒晒，更别说脚下一砖之隔就是下水道，除了要常年忍受难闻的气味，还要设法避开在下雨天泛上来的粪水……但艰苦的条件丝毫没有影响这里成为出入人数最多的地方，上至学校的书记、校长，各系领导及相关教师，下到众多学生都是这里的常客。现在回想起来，记忆中最多的还是十家巷人亲如一家、其乐融融的景象，至于所谓艰苦的条件，习惯了就没什么了。

二、它是原师专办学的一个缩影

记者：据说十家巷之所以出名，很重要的一个原因是这里走出了许多教授和领导干部，大家的成就都很突出。十家巷人的发展情况具体怎样？

刘灿国：在十家巷住过的人，前前后后大概有四批，前三批都是留校工作的政工人员，最后一批是西南大学分到学校来先当辅导员锻炼的教师。每批的人我也记不全了，只能大概列举几个。

第一批有黄晓林老师，相继担任过原重庆师专党委副书记、副校长，原绵阳师专校长，现在是绵阳师范学院党委副书记、副校长；何共初老师，是重庆文理学院原纪委副书记和监察处长；杨福元老师，曾任原重庆师专物理系党总支书记；周永兴同志，现为南充地区人大常委会副主任；曾祥禄老师，曾任原重庆师专政史系党总支书记；张锡林同志，现在重庆工商大学工作。第二批有伉大林，曾相继担任原重庆师专办公室主任、校长助理和重庆市教育工会主席、重庆三峡学院党委书记等职，现任重庆教育科学院党委书记，他的夫人张萱是唯一一位曾以教师身份住进十家巷的家属，现在是重庆卫视的资深编辑；龙图现在是重庆市渝北区人大常委会副主任；官建华现任中共重庆市江津区委组织部副部长兼党校常务副校长。此外，还有现任我校服务外包学院常务副院长的黎明教授、已经因病去世的化环学院黎新教授，以及段昌常、吴永夏等。再有就是兰刚副校长和我。第三批有现任教科院党总支书记魏良福，美术学院党总支书记肖宇窗等。第四批有现任文传学院副院长何云贵教授和已是重庆一家高科技公司老总的王映康。我们之前大概统计了一下，从十家巷走出的一共五十多位教职工，其中两位已成为正厅级干部，数人已成为副厅级干部，其余绝大多数都是现任或者曾经担任过县处级干部，已有好几人晋升了教授。

记者：从十家巷走出去的人绝大多数都取得了成功，他们到底是怎样做的呢？

刘灿国：其实十家巷并没有什么特别的地方，它只是我们学校艰苦创业时期人们艰苦奋斗的一个缩影，因为从当时的“张家院”“潇湘馆”“三家村”等处出来的教职工，也有不少取得了优异的成绩。十家巷代表的是我们学校在那个特殊时期的一种精神，是全校师生“团结奋进、艰苦创业”精神的有力体现。所以，如果给十家巷定位的话，我觉得它只是当时学校整体情况的一个缩影。一所学校就像一个大泡菜坛子，泡菜味道的好坏取决于里面用料的成分，盐水浓度不同，味道就不一样，一批精英分子就如同一种好的成分，可以引领学校的发展。只要在学校学习、工作、生活过的人，身上都有那种“味道”，所以即使走出去也发展得比较好。

三、值得弘扬的“十家巷精神”

记者：在很多人看来十家巷神秘，是因为他们不了解十家巷，因羡慕那些十家巷人的成就而觉得它是一块风水宝地，但您说促使人们取得成就的是一种精神，那究竟是怎样的一种精神？

刘灿国：如果让我总结，我觉得第一点就是“十家巷人”从来没有忘记学习。十家巷里的每一个人基本上都是学了两个以上专业，比如兰刚副校长和我原本都是学数学的，我自学了法律，兰刚副校长通过自学则成了思想政治工作领域的专家，很有成就。其他人也分别在多个专业卓有建树。“终身学习”这一理念在“十家巷人”身上得到了很好的体现。第二点就是要有理想和正确的奋斗目标。“十家巷人”绝大多数都是学校留下来做思想政治工作的优秀毕业生，由于都是专科生，大家都想进一步提高自己，所以能自觉要求进步，这些人有的已晋升了教授。一个专科生要想成为教授，其间的艰辛也是不言而喻的，更关键的是，这些教授现在都成了各个领域的佼佼者。因此，理想和目标是一个人前进的动力。第三是要有一种精神。什么样的精神呢？在艰苦的条件下不怨天尤人，不自暴自弃，而且越挫越勇的拼搏精神。在十家巷时，我们每到周末都要聚餐，大家挤在一个狭小的空间，摆上一个小凳，放上几盘小菜，围着站成一圈，谈天说地，评古论今，恣意人生，好不快活……笑声经常弥漫在巷子的每个角落，虽然物质很匮乏，但大家精神充实了，心中装得满满的都是幸福。第四是要有一种态度。态度端正了，才能做好事情，正如好的开始是成功的一半。第五，我觉得也是非常重要的一点，就是团结协作。巷里的住户之间很少红过脸、吵过嘴，甚至真正是达到了那种“有福同享，有难同当”的境界。每次度假回来，不论谁带回些什么家乡土特产，在十家巷这些东西都是共享的。记得一次，一个广元的学生给我带了几个他家乡的特产雪梨，虽然人们常说不可以“分梨”，但我还是把它切成了一小块一小块的，让巷子里的每个人都尝尝，别家有什么也都是如此。不仅生活上，学习中我们也都是互相切磋，“沙龙”“论坛”经常出现在十家巷，多数情况下刚开始时是一两个人，后来加入的越来越多，在这种交流探讨中共同进步。成功从来都不是一个人的事，它离不开团结与合作。我想十家巷的这些传统，在今天也是有实际意义的。

在了解十家巷的过程中，有一句话经常闪现在笔者的脑海里：“今天我为学校骄傲，明天学校因我而自豪。”我们觉得这话用在十家巷也十分贴切——今天我为十家巷骄傲，明天十家巷因我而自豪。人们对十家巷的争相传颂不正是因为十家巷走出的这些人吗？他们用辉煌的成就让自己曾经共同的家——十家巷为人们刮目相看。但他们同时也为自己身为“十家巷人”而骄傲，因为是十家巷这片沃土磨砺了他们的心志，送给了他们人生的“第一桶金”。他们用自己的经历诉说着一个古老的道理——“故天将降大任于斯人也，必先苦其心志，劳其筋骨，饿其体肤，空乏其身……”

（原载《渝西青年》“记忆文理”专刊第2期第4版。作者：曹培培、王玉辉、孟磊）

卫星湖，我的理想我的梦

卫星湖，地处我的家乡永川区黄瓜山麓，是我的母校江津师专（现重庆文理学院）所在地。每当春去冬来，这里薄雾霭霭，湖光山色，有如黄山美景。夕阳西下，农民抢种抢收，炊烟四起；夜幕降临，湖中灯光倒影，桃花岛上芬芳四溢。这里好像是陶行知所向往的乡村教育圣地，也好似陶渊明所描绘的桃花源。

其实，1982年我入学的时候，这里公路泥泞难行，农民还时常为衣食而愁。我在两次初中、两次高中求学中对教师职业十分崇拜，认为教师知识渊博，是人类灵魂工程师，是太阳下最崇高的职业。即使要行走很长很长的乡村小道，还要参加很多“开门办学”的劳动课，我心中仍充满对教师职业的美好向往。考大学、当老师是我自儿时就怀抱的理想。可是，1977年的初中停学和1980年的高考预考失败，让我的理想几乎化为了泡影。在父母的大力支持下，我的苦读终于获得成功。当我拿到江津师专的录取通知书时，我的亲人们为我欢呼，为我祝福，一家人高兴了好多天，我也成了亲朋和邻居孩子们的榜样。从此，我开始了新的生活。

来到依山傍水的学校，我很新奇，也很自豪。这里有着严格的校规、朴实的校风、开放的教学、丰富的活动、严谨的学风。特别是黄正禄校长、傅道文副校长的谆谆教导，辅导员曾祥禄老师的“师魂”“诗情”教育，让我们一个个受益匪浅。这里，铸就了“黄瓜山人”崇高的理想、创新的思维、宽阔的胸怀和顽强的意志，引导我们求真务实，勤奋工作，艰苦创业和开拓前进的人生。在这里，我更加理解了天下父母的养育之恩。大学里，我几乎没有向父母伸手要钱，靠国家每月发放的十七元五角生活补贴支撑了三年的学习生活，有时还有节余买些书籍。

为了成为一名优秀的教师，我时刻准备着。石天河、徐荣盛、朱祖禹等中文系老师们的精彩讲授，金钟鸣、周浩然、盛中国、公木等校外著名人物的动人演讲，至今仿佛还在眼前，回荡在记忆深处，永远也忘记不了。我们听张海迪报告，更加珍惜青春时光；我们奔走在教室、图书馆和阅览室，更加渴望多种知识；我们自愿组织赴双竹小学试讲，欣喜地到永荣矿务局一中实习……当我以"双优"成绩毕业时，心中充满了无限的希望。毕业前夕，我给永荣矿务局一中范老师和同学们写了一封热情洋溢的信，怀念一个月的实习生活。至此，我更加喜欢教师职业，决心为人民当好老师。

1985年6月，我在母校光荣地加入了中国共产党。7月毕业分配时，我却离开了梦寐以求的教师职业，以"优秀大学生"名义加入到了公务员队伍，开始了东奔西跑的忙碌生涯。可不论过了多久，回望母校，她依然是那么神奇，那么美丽。一想到她，就让我充满了青春活力和人生梦想。25年来，多少次梦里回母校，我又见到了可敬的老师和可爱的同学，还有那挺拔的黄瓜山和碧绿的星湖水！

（原载《重庆文理学院报》2010年4月25日第4版。作者马奇昌系我校（原江津师专）中文系1985届毕业生，现任重庆市中小企业局副局长、党组成员）

我的梦，在卫星湖

我走了。我的梦
藏在卫星湖中
春水一样绿
桃花一样红……

朗朗书声，湖畔轻歌
是我梦中的笑语
满湖荡漾的灯火
是嵌在我梦中
忽闪闪的眼睛
新条绽蕾，楼舍幢幢
是吻得我梦儿
发烫的笑容

老书记新添的一根银发
又挑起几颗晶莹的露滴
深夜，严师翻开作业
又有几只飞鸟划过长空
而那食堂煤灶里的炉火
该又把又一批考卷燃红

我回来了。我的梦

藏在卫星湖中
春水一样绿
桃花一样红

（转录于原《江津师专》1982年5月《卫星湖》副刊总第3期。作者杨远宏，原江津师专中文系1977级毕业生，著名诗人）

卫星湖桃花岛一角

张家院里听莺歌

星湖校区四教楼的旧址叫做张家院，并且还真正是一座青瓦粉墙的三合大院，正向一共有十多间大屋，横向各是六七间。那些屋子进深一般都很大，所以每间一律分作了两间——这样才适合住上一家人。院子中间，是一块两百多平方米的三合土大坝子，可供住户们乘凉聊天，亦可供小孩子嬉戏玩耍。美中不足的是室内没有卫生间，每天早晨排队上厕所、倒尿罐，人们点头打招呼甚至寒暄，居然也成了一道风景。

这儿原是中共永川地委党校（更早时叫作江津地委党校）的教职工宿舍，1983年永川地区并入重庆市后，原永川地委党校更名为中共重庆市委第二党校并搬迁至城区，地皮房舍悉数移交原重庆师专，这儿便成了我校的教职工宿舍，先是安置已带家属但是资历尚浅的教职工，后来也把一些新进的年轻教师安排进来，一般是两个人合住一间屋子。现在学院的好些中层干部和教学骨干，都曾在张家院里住过。

承学校关爱，其时笔者刚把家属“团”到一块儿，又分到张家院正向正中的一套房子（听说原系原地委党校某领导居住），一进两间约有三十多平方米，后面隔着阳沟还有小厨房。每天下班回家，吹着卫星湖面拂来的凉风，听着丝竹园里溢出的莺歌，看着自己一对刚才蹒跚学步的双胞胎儿女由老外婆带着在坝子里撒欢，心里真是别提有多受用了，感到自己过的简直就是一种神仙日子。

可是，好景不长，由于学校办学规模不断发展，基础设施一时还跟不上，1987年才创办的音乐系要增设琴房，看上了张家院这块风水宝地。相关领导挨家挨户做工作，安排几家人搬往别处后，又要求我们把住房的前面一间（靠院坝的一间）统统腾出来，移到靠后阳沟那一面去住后面两个半套。院子后面是山坡，当时还显得有些笔直、陡峭。湖风吹不过来，坝子也没有了，连阳光和雨露都少了许多。莺歌和琴声倒是贴得很近了，但由于一天到晚都那么响着，这时便一律都成了噪音——要说心情，我们真是有一千个不情愿，但为了学校的发展大局，哪怕是一千个一万个不情愿也只得忍了。

渐渐地，我们习惯了从后阳沟进出，习惯了隔着墙壁听音乐系师生唱歌弹琴——早晨把隔壁的音乐当成了广播喇叭响，晚上把隔壁的琴声当成放大的催眠曲，逢上节假日墙那边没有了音乐，大人孩子倒仿佛有些不习惯，感到生活中缺少了什么。当然，我们之所以能够这样想，是因为懂得“有校才有我，学校发展了教职工才会过上好日子”一类道理，同时还揣着一颗感恩的心：是学校培养了我，是学校在关爱着我——要不是学校迅速及时地为我解决了两地分居问题，我连住这面朝后阳沟的两间屋子也没有资格呢！

怀揣一颗宽容和感恩的心，日子过起来倒也真快。转眼过去了两轮寒暑，学校增添了设备设施，音乐系也有了正式的琴房，用不着再拿张家院的教职工宿舍代替了。当我们又获得曾经拥有的一切——久违了的清风明月和宽大坝子时，心中除了快慰与满足，还多了几分“学校又向前发展了”的欣喜。

特别是在清爽的夏夜，把茶几安到坝子里头，泡一杯清茶在上面搁着，慢慢看明月从湖那边冉冉升起，静静听莺歌在丝竹园里时断时续，心中或者可以想点什么，当然也可以什么也不想，就逗逗孩子或者和邻居们聊上几句什么，真是要多舒服就有多舒服——这样的日子，我又在张家院过了两年，直到1993年才搬到了学校靠山的一幢楼上。

至于拆除张家院修建四教楼，则是直至跨入新世纪，在“升本建院”初的学校缺少教学用房，张家院的居民又多半搬进了宿舍楼的情况下进行的。张家院可以说是圆满地完成历史使命了。我现在的住房足有一百多平方米，可不知为什么，仍然很怀念住张家院的日子。

（原载《重庆文理学院报》2010年6月10日第4版。作者：韩青）

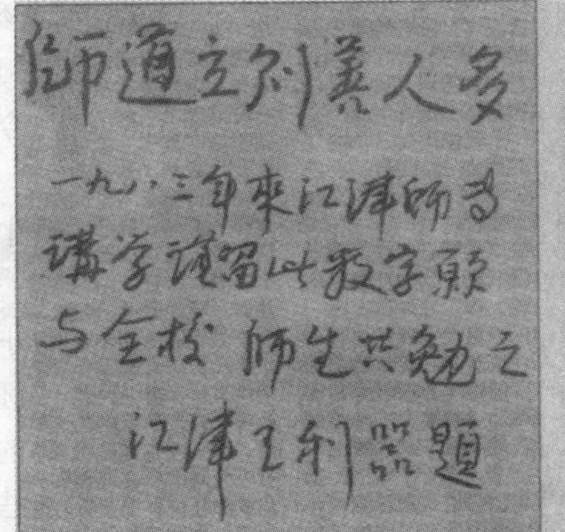

北京大学教授、中国社会科学院特约研究员王利器和吉林大学副校长、著名诗人公木当年为我校（原江津师专）的题词。

丝竹园里鸣丝竹

2010年4月，我和刘智再次来到星湖校区时，天空正飘着绵绵细雨，在枝叶浓密、芳香馥郁的香樟树林掩映下，再借着几许淡淡的水雾，星湖越发出落得迷人。而我们今天的目标，是寻访与桃花岛等并称为“星湖十景”的丝竹园。

为了配合学校的整体规划建设，丝竹园已经开始拆迁了。我们走近她时，工程刚好进行到一半，处处断壁残垣，坍塌的低矮围墙孤零零地伫立在杂草丛生的院落中，拱形门洞上装配的铁门早已锈迹斑驳，枯枝败叶随地可见，再加上淅淅沥沥的阴雨，今天的丝竹园显得破败，让人难免有些怅惘。

然而，透过经历了丝竹园盛景的老师的记忆，借着这残缺中的秀丽轮廓，我们又不难看到当年她的盛况……

丝竹园坐落在学校西区星湖之滨的一隅，是座简单清爽的小型园林，古色古香的围墙内有几间秀气的砖房，灰色的砖墙，圆拱形状的门，精心打理的院落里满是诸如枇杷树、樱桃树一类的花木，每年的春天，待花开果熟，那深浅相间的绿色中便多了些红黄颜色做点缀，宛如浓墨重彩的西洋画卷。加之园中精心铺砌的羊肠小道、石凳石椅，真是古香古色，让人留连忘返。

这丝竹园之所以取名“丝竹”，缘于它是原重庆师专音乐系的一个重要教学场所，是学子们练琴和排练的地方，“闲步南园烟雨晴，遥闻丝竹出墙声”是当时再寻常不过的一景。丝竹园内原有两组小屋，南北走向的一组是原音乐系秘书彭云一家的住处，另一组东西走向的则是排练厅。对于在原重庆师专学习音乐的许多学生来说，这间面积并不大的排练厅，却是他们青春年少时最广阔的舞台。这些热爱专业、醉心音乐的年轻人在这里排合唱练演奏，用最初那几样简单的乐器奏响了一首首奇妙的乐曲。而那些来师专观光的游人，那些带小孩玩耍的师母，也会经常驻足窗外，欣赏这群学生娃表演，给予他们珍贵的鼓励与支持。

日复一日、年复一年，当年那些在丝竹园里赏枇杷看樱桃、鸣管弦唱莺歌的少男少女，一个个都已经步入了中年，他们中间的一些人，如今已是小有名气的歌唱家、作曲家、演奏家或者高级教师。然而，他们中间的一部分人，却没有离开丝竹园，没有离开彼时的师专、今天的文理，他们选择留在这里实现梦想，也留在这里培养更多更好的音乐人才。为什么选择留下来，甚至出国留学以后也要返回来？或许正是因为这片土地、这丝竹园，让他们深深地扎下了根，成了他们生命中不可缺少的一个部分。

如今，原重庆师专音乐系已更名为重庆文理学院音乐学院，师生已由二十多年前的七十几个人增加到了近千人。音乐学院告别了当年只有几处简单的教室、琴房和排练厅的日子，拥有了适音楼、德音楼、心居楼等众多教学和办公的场所。相比之下，丝竹园看起来确实有些苍老和穷酸了，或许也应该退出“江湖”了，只是我们明白，这种离开不是黯然退场，而应该叫作功成身退。

丝竹园就要从人们的视线中淡出了，然而卫星湖畔的丝竹之声，却分明比以往更加悠扬……

（原载《渝西青年》“记忆文理”专刊第 2 期第 3 版。作者：孟磊、曹培培）

“潇湘馆”的兴替

在原重庆师专，“潇湘馆”原本并不出名——是“潇湘馆”的主人受到学校领导批评后，这个名字才为大家熟知的。

20世纪80年代中期以前，“潇湘馆”是原中共永川地委党校的车库楼——只有一楼一底，是不折不扣的小楼，楼底有三间库房停放车辆，楼上住守车人员和供车队办公。80年代中期以后，原中共永川地委党校整体搬迁了，地皮房产悉数交我校，楼下的车库闲置起来，楼上则住了两三位还打着光棍或者老婆不在身边的青年教师。其中一位毕业于本校中文系，其时又正在附中教书，独自一人百无聊赖时，望着雨打芭蕉或落地残红，忽然来了命名的雅兴，竟把自己居住的“车库楼”叫作了“潇湘馆”。

那时候学校的教职工，主要宿舍都是按照建筑和使用的顺序编成号来喊，分别是一、二、三、四、五、六、七、八、九、十号楼等，其余一些零散住处，则都是按照所处地理位置或者（曾经）所派用场来喊，诸如“葡萄架”“木工房”“车库楼”等，叫着顺口，寻起来也方便。因此，尽管更名者用心良苦，并且在自己住所的墙上贴了“告示”，人们还是只认“车库楼”不认“潇湘馆”。

如前所述，“潇湘馆”是经过学校一位领导在会上点名批评之后才开始出名的。领导接受了男生一舍底楼的“十家巷”等民间称谓，却就是不肯接受“潇湘馆”，认为它显得过于消沉并且脱离群众。然而，令这位领导始料未及的是，就在他这次批评之后，大家反而跟着叫起“潇湘馆”来了。

当然，从全校建筑分布看，“潇湘馆”也确实显得冷清了点儿，当时学校的主要建筑，包括教师宿舍、学生宿舍、食堂和运动场馆等，都在星湖广场前面两山合抱的山窝窝里，“潇湘馆”却孤悬在西区张家院背后的半山，又是那么小，门又是往里开，门前孤立着的一丛芭蕉经常遭雨打，芭蕉背后是山坡，山坡上长着几株原永川地委党校留下的柑子树，柑子树背后还有一起风就“呲呲”作响的山松……所以，直到后来“潇湘馆”主人搬走甚至“高升”以后，大家还是叫它“潇湘馆”。甚至再后来这儿住进一对带了孩子的夫妇时，它这个“潇湘馆”的雅号仍旧没扔掉。

“潇湘馆”是直至20世纪末学校在西区兴建气势恢宏的“教师新村”时才闲置起来的，现在它已经再无人问津了，而它这个别致的称谓，却一直留在了人们的印象里。

（原载《渝西青年》“记忆文理”专刊第2期第4版。作者：韩青）

“潇湘馆”坡脚的丝竹园旧景

第一张小报叫《求索》

2010 年 5 月的一个下午，我们邀请我校前身重庆师专时的图书馆馆长周忠言来到了月湖旁，和他谈起了关于当时第一张《求索》小报的故事。周馆长可算得上是老资格了，1978 年春他作为第一批国家统招的专科生进入了原江津师专的大门。在了解到我们是为了那时的事情而来后，他表现得异常兴奋，连连说 30 年前的记忆再次被提起，是件很令人高兴的事情。回忆起那时往事，周忠言侃侃而谈，这段记忆在他印象里也许真的是太深刻了。我们的思绪也跟随着这位长者再次回到了那个时代……

1977 年，全国恢复高考。《人民日报》也大量载文表达“四人帮”被打倒的喜悦之情，全国上下那种被“文革”压抑已久的沉闷气氛终于打破了，文艺思潮变得活跃。周忠言作为“文革”后的第一批大学生在 1978 年 3 月份入学，他们每一位学子都很是兴奋。“我们全班 57 个人组织了第一次政治学习会，当时有 54 个人都已经结婚。受压抑的时代已经过去了，每一个人在会上都畅所欲言。这次报告会也给我们开了一个先河，大家不再像以前那样有言不敢发，有意见不敢提，政治学习会也由原来的枯燥乏味变得生动活泼。”这样的环境顺水推舟地促进了思想的解放，当时的师专副校长外出开会也为这次创办报纸提供了一个契机。在受到多所所考察学校的启发之后，他发起了倡导活跃学生风气，提高动手能力的风潮。一时间，同学们个个跃跃欲试，最终在学校鼓励之下，周忠言所在班级开始创办起学生社团小报来。

十年“文革”已经宣告失败了，中国面临着向何处去的问题，为了探讨这一问题，周忠言等几人决定把报纸的名字定为“求索”，含有“吾将上下而求索”之意，并且采用了当时比较少见的篆体来题字。接下来他们确立了编辑组的 8 位成员，成员也都是他们1977 级一班的。由于当时技术条件的限制，第一期报纸只印了三十几份。报纸的印刷是采用蜡纸刻印，还要刻两次，第一次是报头部分红色的字体，而正文部分则是黑色字体。后来随着这种技术的熟练运用，报纸出刊的周期开始缩短，半个月就能出一期，而且稿件来源也开始广泛，很多老师和外班的学生也积极踊跃投稿。文章体裁丰富，诗歌、寓言及名家名篇的赏析都有，文章语言朴实但生动，耐人寻味。读其中任何一篇都有一种质朴之感，创刊时所倡导的说真话、讲真事的立足点依然没有改变。在当时还有着一个不成文的规定，文章内容少讲一些歌功颂德的故事。报纸上很多作者用了笔名，主要还是因为大家内心的余悸，为了能少一些麻烦，只能用笔名来增添一些心里的安定。那个时候，我们都是摸着石头过河，那种小心翼翼是现在无法体会的，现在想起也是激动与兴奋充斥其中，五味俱全。后来学校其他刊物也开始逐步发行，由于种种原因，《求索》发行到第 10 期时停刊了。

属于《求索》小报的那样一个时代已经过去了，但是它所倡导的那种说真话、讲真事的文风却很好地保留了下来，也许在以后的道路中，我们会继续沿着前辈们的路一直走下去，也会有更多类似《星湖》《渝西青年》《清风》那样的学生社团报刊创刊……

（原载《渝西青年》“记忆文理”专刊第 2 期第 2 版。作者：李文静、刘志）

原渝州教院的第一份班报——《香樟地》

渝州教育学院作为我校源头的一个重要分支，在重庆文理学院悠久的历史进程中始终摇曳生姿，闪烁着智慧与勤奋的光辉。原渝州教育学院人勤勉好学的学风也被熟知她的世人传为佳话。也正是在这片孕育着知识和智慧的沃土上，原永川地区教师进修学院（原渝州教育学院前身）的第一份班报——《香樟地》生根、发芽、茁壮成长，最后成长为一片蓊郁葱绿的香樟林。

1983 年，由我校图书馆现任书记封富任教的中文班创办了原渝州教育学院第一份班报《香樟地》，开辟了校园文化的第一片园地。后因有众多的耕耘者，奇花异景点缀，使其间显现出一派勃勃的生机和春意。

据封富书记介绍，他当时所教的第一批学生年龄、身份都比较特殊。他们中间很多人都有丰富的中学教育实践经验，有的还是中学的校长或教务处主任，但由于受“文革”的影响失去了上大学的机会，一有机会深造就求知若渴，大家求学积极性很高。在这批人中，很多还具有极高的创作热情，随着知识的增加，他们急切盼望一个写作交流的平台，《香樟地》于是应运而生。

《香樟地》名字的来历有其文学渊源。起初有人提议起名《芳草地》，芳草即香草，亦喻美德，象征全院莘莘学子芳草般的品行，同时兼具文学性。当时的学院中文科副主任封思善副教授仔细揣摩，结合教院实际，敲定了《香樟地》一名。他解释道，香樟树不但美丽，而且还有坚强的性格。无论是酷热或天寒地冻，一年四季它总是把绿油油的美好一面展示给世人，使人们感受到大自然和生活的美好；香樟地亦谐音香樟蒂，寓意着学院全体同学都能像香樟树一样，今天是幼苗，将来长大成材，成为具有坚强意志和崇高精神品质的人；香樟树枝繁叶茂，不受虫蛀，这更具有深远意义。同时，当时校园内香樟树琳琅满目，漫步校园到处都能见到高大魁梧的香樟树，取名《香樟地》更有亲切感、归属感。名字确定后，封思善副教授亲自为《香樟地》题写报名。

《香樟地》是一块文学的乐土，更是一方学习交流的舞台。创刊时由于条件简陋，大家只能自己在蜡纸上刻字，再拿去用油印机印制。据封富介绍，由于当时学业很重，同学们基本上是晚上放学后再赶制报纸，排版、制报到深夜一两点几乎是常事。最恼火的要数冬天，印制报纸的油墨气温一低就容易冻结，必须拿到火上烘烤再拿去印制。虽然条件艰苦，但是同学们的创作热情依然高涨，各种文学体裁的作品都可以在报上见到。《香樟地》俨然成了一个学生学习之余切磋交流经验，增进同学友谊的文化艺术园。也难怪我校退休教师高勇在他的《香樟地——我成长的摇篮》一文中感慨道：“在人生的征途中，香樟地是我永远值得怀念的地方！”

几丝阳光，几点雨露，香樟树无声无息地成长。《香樟地》的创作者们也在秉承着香樟树的高尚品质，默默耕耘着。他们在踏上自己的工作岗位乃至工作数十年退休之后，《香樟地》的那股情思在心中依然难以割舍，令他们永久怀念着——人世间还有什么比这更珍贵的呢！

（原载《渝西青年》“记忆文理”专刊第 2 期第 3 版。作者：王玉辉、孟磊）

《汗简》的故事

“抄书”一事，在这个科技发达、物质丰裕的时代已被很多人所不屑，甚至歪曲了它的本意，“不会写的才去抄呢”。殊不知，在我国古代，抄书一直就是文人学子学习文化知识的一个必经之路，这也是历代文人的一个优良传统。古有班超弃笔从戎，终以大功封定远侯。《后汉书·班超传》记载：“（超）家贫，常为官佣书以供养。”佣书即是抄书。抄书的过程虽然辛苦，但却是一个循序渐进的学习阶段，等到后来胸中有了大学问而远征顽敌时，抄书不正是很重要的基础吗？

有人会说：“时代不同了，因循守旧如何进步？”抄书当真已无用了吗？且听我讲一个今人抄书的故事：

位于北山的原渝州教育学院校园里，一度流传着一段有关抄书的佳话，主角就是原渝州教育学院中文系副主任封思善副教授。封思善当时教授文艺美学、现代文学等课程，课堂内容有时涉及一些古代文字方面的知识，而作为古文字工具书的《汗简》在学校的图书馆只有一本，学习和使用极不方便。为了增强自己在古文字方面的知识积累，也为了在课堂上能够传授更多的知识给学生，封思善历时三个多月，用毛笔手抄了这本古文字学专著。《汗简》是宋代郭忠恕撰写，共收录了 2 961 个古文字的变迁及释义，对古文字的研究有重要的参考价值。这件事在当时的渝州教院为人们所称道，一时在校园内掀起了学习古文的热潮，更有后生童臣德效仿，手抄了康殷《文字源流浅说》，也自此形成了原渝州教院浓郁的文学氛围，大大提高了学生的文化素养，形成了优良的学习风气。

因此，抄书并不是古人的专利，更不会因时代的变迁而抹去它的好处，只有抄过书的人，大概才会更真切地体味古人，尤其是那些饱学之士为何要抄书。抄书可以克服浮躁，可以修身养性。除了加深对内容的理解，还可以磨练意志，培养认真细致的作风。我想，作为一个一生从事教育工作，并发表过上百篇语文、文学以及教学论文的封思善先生，也是深知其中的道理，才以自己的实际行动为学生做出了榜样。

我们容易写别字错字，或是写字掉胳膊少腿，就是因为平时读书时粗枝大叶，一瞥而过。抄书就得一笔一划去写，久而久之，严谨作风也会养成。也许就像那位直到晚年还常常手抄九经的唐朝诗人张籍说的那样，“读书不如抄书”。这也应了人们常说的一句话：“眼过千遍不如手过一遍。”

（原载《渝西青年》“记忆文理”专刊第2期第3版。作者：曹培培等）

封思善先生手抄的《汗简》

第三章

难忘那一批“老黄瓜”

学校能够走到今天，一代接一代的“黄瓜山人”和“北山人”都作出了贡献，但是，又尤数那些开天辟地的“老黄瓜”“老北山”们功不可没。他们的故事，或许你已经听说过一些了。但即使你至今还一无所知，只要从这里读上一遍或两遍，很可能便会经久不忘。

遗憾的是，他们的名字，虽然排到一块儿也会灿若星辰，但由于知识有限、能力有限等主客观原因，我们现在讲述出来的，只是其中极有限的几位……

熊秉衡：大学里面的平民书记

我将永远记得那天，我投入母校怀抱的确切日子……我还立即就见到了当时学校的最高首长熊秉衡书记。他竟也穿着一身已经洗得泛白的蓝布中山服，多皱的脸笑得很慈祥。我下车伊始的第一顿饭，是熊书记在教工食堂请我吃的。

——节引自《为了未来的园丁·前言》(作者系我校文学与传媒学院夏明宇教授)

在星湖校区，只要问起熊秉衡这个名字，大家总会亲切地说："老书记啊，认识，认识，熟悉得很……"熊秉衡，原重庆师专党委书记，一位年过八十，依然精神矍铄的老人，一位曾长期为学子传道授业解惑的人民教师，一位在黄瓜山下无私奉献数十载的平民书记……正是因为有像他这样的"老黄瓜"以身作则带了好头，黄瓜山麓后来又出了刘定云等平民书记。

当书记心系大家，为师生造福

要说熊秉衡对重庆师专（重庆文理学院前身）所作的贡献，那实在是不胜枚举，但是最让大家难忘的还要算是为学校首次安上天然气。1986年，一次偶然的机会，熊秉衡得知我校附近的山上蕴藏着丰富的天然气资源。面对这得天独厚的优势，熊秉衡灵机一动，火速和黄正禄校长亲赴南充，请求时任南充石油学院党委书记的原江津地委书记张九山帮忙。通过他们反复做工作，学校最终获得四川省石油管理局特殊照顾，专门为重庆师专下达科研用天然气指标。重庆师专于 1987 年 11 月在永川区域内首先使用上天然气，也成为当时四川省内第一家用上天然气的高等学校。

狠抓师资，慧眼识才招贤纳士

1977 年 3 月，熊秉衡离开执教并担任校长多年的江津中学，来到永川卫星湖畔的山沟里，参与筹办江津地区五七大学。学校创办之初，困难重重。师资力量薄弱是当时面临的最主要困难，还要面对舆论的压力。当时，很多人并不看好这所学校，“一个小地方哪里办得起来大学哟！可能会像某某专科学校那样办不了多久就散了。”熊秉衡和同事们一起努力，想办法解决每一个困难。他亲自带人六上新胜茶场，从正待落实政策的“劳改人员”中挑选精英分子。“西山新胜茶场曾经是‘右派分子’被集中劳改的地方，其中有不少是蒙冤受屈的知识分子，还有些人本身就是大学教授。”熊秉衡等经过详细的调查了解，挑选了一些有识之士来校执教，又到高校和各地人事部门翻阅档案，挑选了一批青年才俊。功夫不负有心人，这些教师后来都深受学生欢迎，江津师专培养的第一届毕业生分配到周边中学任教也大受欢迎。

平民作风，居高位严于律己

回顾我校历届领导班子，都以真情团结教职工，用真心关爱学生，对学校无私奉献。这是“黄瓜山精神”的重要组成部分，也是黄瓜山人办学的重要法宝。熊秉衡告诉笔者：“做领导要做到三不争：名誉不争，工资不争，住房不争。如果学校评先进是评领导自己，这样做永远都不得行！”熊秉衡说他一直信奉孔子的一句话：“其身正，不令而行；其身不正，虽令不从。”这句话一直印刻在他的心中，就像一个路标，指引着他去做人、做事。

做领导不能脱离群众，这是熊秉衡书记说得最多的一句话。他说，对于学校里的每一位教职工，领导都要平等对待，在生活上、工作上尽可能给予大家最大的帮助。那些年生活条件差，但学校安排专人为教师宿舍送开水，配置小石磨，千方百计方便教师生活。过年过节或者教职工生病住院，校领导都要亲往慰问，让许多教职工从心里感受到了组织的温暖。路上碰到教职工时，熊秉衡总能亲切地喊出对方的名字。重庆大学派来上课的教师李麟回到重大后，给熊秉衡写过一封信，他深情地写道：“这段教学生活，的确使我增长了不少见识，学到了许多东西。不仅是从学生那儿，也包括从你们身上，我学到了许多处在大城市的学校中不可能学到的好思想、好作风。”他用诗的语言表达希望：“他日桃李飘香时，我愿重登黄瓜山。”这应该是一位客座教师对原师专领导班子的最高信任和最好褒奖吧！

出于对学校发展的高度责任感和对历届毕业生的亲切关怀，1990 年，已经离退休的学校老领导熊秉衡、傅道文、蒲天贵主动请缨，带领教务、中文、数学、办公室、高教室等部门一行 9 人，赴江津等地调查研究 24 天，行程 1 970 多公里，走访了江津 18 个区镇、30 个乡镇所在地和 9 个厂矿的 63 所中学，共访问了 304 位原重庆师专毕业生。经与各校领导分析评估，大家都认为我校毕业生参加工作后“德才好、成骨干”。“1977 级、1978 级的毕业生在江津等渝西各区县的学校里站稳了脚，教出了名，这证明我们一贯坚持的培养实用性强的中学教师的教育理念是正确的，这些学生是我们最大的骄傲。”讲着这些，熊书记的自豪之情溢于言表。

永葆本色，低调做人

1989 年，原重庆师专被原国家教委评为“全国优秀师专”，熊书记可谓功不可没。后来，他本人也被重庆市教委授予“教育工作终身贡献奖”。当提到获奖感想时，熊书记笑着摆摆手说：“我只是一个很平凡的人，做的也只是很平凡的事，像我这样干了一辈子教育的人还有很多，我只想说，这辈子当老师，我不后悔。”

采访接近尾声，我们让老书记谈一下对学校未来的期望。他语重心长地说：“学校最近几年发展势头很好，路子是对的。尤其是‘顶天立地’发展战略的提出很有必要，学校应该一如既往地狠抓教学质量。”同时他也对文理学子提出殷切期望：“学生要学会自觉地学习，利用四年的时间多学本事，多读书，要争取做一个顶天立地的人。”

如今，年过八十的熊秉衡已经离休二十多年了。他一直居住在学校星湖校区，每天除了读报看电视关心国家大事，就是关心学校的建设发展，有时也下下棋或者陪老伴打打牌，有事进城则坚持乘坐公交车。他说，晚年能留在自己心爱的校园，看着学生每天上学放学，就是一件很幸福的事，他为此感到心满意足。

（原载《渝西青年》“记忆文理”专刊第 3 期一版转三版。作者：王玉辉、孟磊）

黄正禄：黄瓜山麓才是我的家

对于黄正禄来说，黄瓜山下的原重庆师专，是他永远放不下的牵挂。2010 年 6 月，已经 84 岁的他携夫人戴敦佑再次踏上了"回家"的路，直到看到那巍巍的黄瓜山和粼粼的卫星湖水，他才微微舒了口气，笑意从心底直达眼底。

说来话长，那已是三十多年前的事了，黄正禄第一次站在这里时，面对的还只是一片荒山，杂草丛生，杳无人烟。虽然是受上级的指派，但也是带着一腔干事业的热血，他与一班人硬是顶着巨大的压力，在那样的年代、那样的环境下办起了一所大学，从无到有，从有到精，其间的辛苦难以言表。功夫不负有心人，在他离休那年，学校被评为"全国优秀师专"……即使是在几十年后的今天，他和他那批都已是耄耋之年的老人再度聚首时，回忆往昔也只是一笑而已——毕竟结果才是最重要的，不是吗？那一声"老黄校长"，勾起的不仅仅是黄正禄与这所学校之间的千丝万缕的联系，更多的是这里记录着那曾经的豪情壮志和那掺杂了甜蜜与苦涩的深切眷恋。那些人，那些事，与他有关，与这里有关，更与"家"有关……

我们都有一个共同心愿

记者：您在建校过程中遇到最困难的事情是什么？

黄正禄：困难的事，还挺多的，各方面的条件都比较差，但建校没教师是当时首先要解决的问题。我们顶住那些流言蜚语，多次到新胜茶场（省劳改局辖）等处，通过查阅档案，摸底交谈，请来了 21 位被错划的“右派”，还从外地聘请了一大批确有真才实学、能胜任教学工作的知识分子，担任学校的教学和行政管理工作。这些老师后来确实在教学中表现很优秀，培养出的学生在各个岗位都颇受好评。

记者：据说包括当时的党委书记熊秉衡和作为校长的您在内的学校领导都跟师生员工关系很好，当面都能叫出大家的名字，你们是怎么做到的？

黄正禄：对一所学校来说，人气很重要，只有具有较高的人气，才能吸引人才，凝聚人心。对待教职工，我们都人前人后多了解他们的历史和现状，特别是对于那些历经坎坷折磨的人，我们更多的是给予理解和同情。正因为他们都特别敏感，我们又总是特别重视他们的优点和长处，耐心帮助他们弥补缺点和不足，让他们感受到：此地有安全感，不再有人整人；此地有共同事业，可以协同作战。我们从不以高高在上发号施令或盛气凌人的领导自居，总是尽最大的努力为他们解决困难，多次把提工资的机会让给教师；也没有修建什么“领导楼”来自己享受，有的倒是早上班、晚下班，经常与教职工促膝长谈，关心他们的生活和娱乐。当时重庆大学派来上课的李麟老师，很喜欢我们这里，喜欢得都不想回去了，他对我说：“我很喜欢这里，你们这些领导都很和气，不整人，我就想一直都在这里教书。”我想，正是因为这种较强的“服务”意识，许多老师在感动的同时更加爱岗敬业，师生亲如一家。毕竟我们都有一个共同心愿，就是要把学校建设得更大、更强。

不降低大学的起点

记者：许多人都说您是一个办事很有魄力的人，我校原纪委副书记和监察处长何共初当年也是您的学生，他提到这样几件事，比如星湖校区操场的位置，在建时就引发了很多争议，您为什么坚持要建成与楼平行，即使因此要挖山劈岭，增加不少工作量？

黄正禄：我当时考虑到操场绕山（现三教楼后面那座山）而建，就要砍去操场的一角，呈不规则图形。这样确实可以减少很多工作量，节约成本，但在视觉效果上，不够美观。操场的位置怎么摆，体现一个学校的文化层次，而劈山后建成的操场与楼平行，与山平行，更加大气美观，也提升了学校形象。后来大家也都能理解了。

记者：据说当时的重庆师专作为一所专科学校，用的都是本科的教材，也是您的意见？

黄正禄：因为当时的师范类专科院校用的专科教材将本科教材内容砍掉很多，只留下些基本理论，不写论文。这样学生接收的知识就很有局限性，没有了长足发展的空间。为了不降低大学的起点，我们改用了本科教材。当时数学系用的就是北大的教材，虽然这不仅是对学生，而且对老师都是一个挑战，很多老师都要重新学习，挑灯夜战，确实很辛苦，有人不理解也是正常的。但从另一方面来说，教师队伍因此也提高了整体素质。事实上，很多学生毕业后，在教学的过程中遇到一些难懂的问题时，学过的那些本科教材的理论对他们开展进一步研究也起到了很好的指导作用。

记者：您做这些颇有争议的决定时可能遇到很多阻力吧？为什么有阻力还要坚持呢？

黄正禄：有阻力是肯定的，毕竟每个人的想法都不一样。我去过很多地方的很多学校考察，这些学校有好的有差的，但差的学校也有好的地方，只要是好的，我们都可以拿来借鉴学习。我们这代人，都有一些“邓小平情结”。不管是他的改革开放政策，还是恢复高考，都不是他说了就能做到的，当时华国锋提出“两个凡是”，还是很影响大家观念的，所以小平同志面对的压力更是不可想象的，但他还是坚持了下来，并且实践也证明他是正确的。

所以在提出意见前多考虑多论证，相信是对的，就坚持去做，有争议，跟大家讲清楚就好了。

读书不能停留在课堂

记者： 您一般多久回来一次？

黄正禄： 我是1990年离休，1995年由组织安排到成都定居的。早几年有空就回来，近几年，因为身体的原因就不常回来了，都是通过打电话跟学校这边联系、了解情况。上次回来是2008年的事了，因为地震嘛，我担心星湖那边的老房子，怕经不起震，回来看看。结果还是有几幢宿舍有了裂缝，毕竟时间长了，而且我们那时建校条件差，房子修得也不是太结实。

记者： 您这次在老干部座谈会上对学校的发展提出了很多切实可行的建议，您通过哪些方式关注着学校？

黄正禄： 学校每次都会寄校报给我，我能及时了解到学校的最新情况，也会跟现任的一些领导打电话，交流一下各自的想法。我在成都的这些年，每天下午六点半都准时收看重庆新闻，了解重庆的新变化。高等院校的发展要有城市作依托，跟社会有联系，两江新区的建立为我们学校的发展提供了很好的大环境，学校如果能够抓住机遇，敢做敢干，吸引人才，利用多方资源，定能获得更加长足的进步。对学生，我还想说，读书不能只停留在课堂，要利用学校的一些资源多学，主动去学，视野放宽一些，多参加实践和各种技能培训，只有不断地充实自己，才能在今后的竞争中取得成功。

从第一次打电话时响在耳边那低沉浑厚的声音，到眼前看到的高大硬朗的体态、沉稳矍铄的面容，再到侃侃而谈时的睿智，我们忽然理解了，只有这样的人才能在那样艰苦的年代，以强势的姿态在激流中把握住方向。事实已证明了他当初的果敢与远见卓识，这一切与年龄无关，有的只是对“魄力”的完美诠释。

（原载《渝西青年》“记忆文理”专刊第 3 期一版转三版。作者：曹培培、尹丛丛）

2009 年 9 月，国庆 60 周年前夕，学校现任党委书记钟志奇专程到成都看望黄正禄。图为钟志奇（右）与黄正禄（左）亲切交谈。

蒲天贵：瓜山最老的“老黄瓜”

也许，你常赞美重庆文理学院，迷恋于星湖的风景如画，流连于红河的气势如虹，也时常感慨：多么美丽的学校！但是，你可能还不知道，这种美妙却是经过了多少艰辛，你可能也不了解，建校之初那些前辈付出了多少汗水。蒲天贵（原重庆师专副校长），一个再普通不过的老人，但他却真的是亲手创建文理的元老之一，为瓜山之麓的这片净土奉献了自己几乎所有的智慧和后半生精力。他和很多与他一样默默奉献的老人们，被人们亲切地称为“老黄瓜”。而他，由于最先到瓜山工作，所以又是一位资历最老的“老黄瓜”。

初见蒲天贵，竟不相信他已是81岁高龄的老人，矍铄的眼神、矫健的步伐、中气十足的声音、略显清瘦的身材，配上一件雪白的衬衫，怎么看，都像极了正值壮年的公务员。只有那满头的白发，才露出了岁月的痕迹。当时心里就不禁感动，他到底有多少银丝是为学校操劳而生的呢？

条件是人创造的

1976年，时任铜梁县教育局长的蒲天贵奉上级指派参与筹建江津地区五七大学（即重庆文理学院的最前身），并担任筹建办公室主任。虽一直从事教育事业，但是对如何建一所大学，他不免也成了门外汉，不知道该从何处着手，选址竟也成了难题（有璧山、大足、江津、永川四个县的地方可供选择）。最后还是由当时的地委书记在地图上指了指黄瓜山的这片区域，说：“就是这里吧，一定要建一所像样的大学出来。”这才走出了万里长征的第一步。

定址后，蒲天贵从永川中学借了一个老师和五个学生，准备对校址进行土地测量。当时可以说是一无所有，初来瓜山，满目荒芜，甚至根本没有可以落脚的地方。蒲天贵还清晰地记得，他们最初驻足的地方就在现星湖校区湖滨楼的位置；没有住宿的地方，便在旁边的原地委党校借了两间屋子，男女分开，一行七人就在这样两间屋子内住了十多天，完成了测量工作。说出来大家可能不相信，当时他们唯一拥有的公共财产便只有十双筷子、十个碗和一口大锅，晚上收起来白天又用。蒲天贵回忆说，当时他们也请过炊事员，但炊事员却因受不了条件的艰苦很快就走掉了，“只有各人糊个烂灶台，一伙人就凑合着吃我做的饭喽——有啥法呢，条件是人创造的嘛！”他的话语在带有沧桑的同时却饱含坚定，就是这样一句话，让蒲天贵没有屈服于恶劣的条件和环境，坚定地迈出了建校的第一步。

床下养猪的故事

学校但凡有点资历的人都知道这样一个故事——人睡在床上，猪养在床下，并被所有人传为美谈。这个故事的主人翁便是蒲天贵。回忆起这件事，现在他也笑意盎然：“养猪可不是养宠物嘞，那是养起大家吃，缓解大家肚子缺油水的问题，呵呵！”

当时，学校草创才刚有眉目，又尚在计划经济时期，人们吃肉很成问题，且每人每月只有27斤粮食的定量。对于师生既要建校又要上课的身体来说，营养是远远不够的。蒲天贵想到了“自己动手，丰衣足食”的延安精神，他托人买来几个幼猪饲养，想借此办法来改善师生的伙食。但是想法是好，问题也不少，学校初建，几乎每一处土地都被规划和利用，哪有空地可用来养猪呢？他思考过后做出了令所有人都吃惊的决定：请来木匠做了几张大床，将买来的猪崽放入床下饲养！这样既不影响解决师生的住宿问题，又实现了养猪的想法，一举两得了。“好是好嘞，每个月都可以多吃几片肉，但猪在床下硬是臭得很，不过后来习惯也就好了。”回想起往日轶事，蒲天贵皱着鼻子边笑边说，却无意去掩饰那时的艰苦与辛酸……

“抠”出欣欣向荣的师专校园

1976年8月15日，时任学校筹建办公室主任的蒲天贵从省农机局和永川县财政局两处领到了6万元的启动资金。这笔钱对于一家人，在当时看来的确是笔不小的数目，但是对于一所大学的筹建来说，却真的有点太微不足道了。怎样利用这笔钱，让它发挥最大的作用，成了首先要考虑的问题，“没得办法哟，只有小气点，不该花的钱决不花，决不浪费。”

建校之初，建筑材料的购买成为用钱较多的地方。然而蒲天贵发现，每次购买的水泥、石灰等材料的分量都与预期的相差甚远，甚至有时一车石灰要相差五、六百斤。于是他决定材料过秤，每次买回来的材料都要依次过秤。尽管麻烦，尽管被很多人不理解，但是他却保证了每一分钱都发挥了应有的作用。“值！”蒲天贵坚定地点着头说。

学校易名为“重庆师专”后，司机谭师傅去璧山县运学校购买的油漆，也许是大意，又或许是别的原因，回来时竟发现少了一桶。本来，这在很多人眼里是一件无所谓的小事，一小桶油漆而已嘛，璧山又不是很近，就算了。但是蒲天贵却不这么想，他严厉命令谭师傅返回璧山找回来。当时，有很多人为谭师傅求情，也有不少人都说这种做法过分了，没有必要。但蒲天贵却顶住压力，坚持自己的决定，他的回答是："这是责任问题，在其位，谋其政，我身在此位，理当如此。一桶油漆不便宜，即使我们有钱也不该如此，况且我们还很困难。"直到三天后，谭师傅终于把油漆找回来了，蒲天贵这才喜笑颜开。

笔者为"抠"加了引号就是想加以区分，蒲天贵不是什么时候都抠，对于有益于学校文化建设的图书添加和设备引进，他从来不吝啬。一个偶然的机会，一位老师得知新出了全套《四库全书》，向他请示买还是不买。大家都知道，全套的《四库全书》珍贵无比，价格自然也非常昂贵，而学校建设正在进行，每一处都需要钱。很多老师奉劝："下次再买嘛，现在钱紧张得很。"而蒲天贵却毅然决然地："这个该买，去财务处领钱，就说我批的。"时至今日，全国高校拥有《四库全书》全套的也不多见，"而我们有！"蒲天贵自豪地说。

就是这样，作为当时学校分管财务和后勤的副校长，蒲天贵时而大方，却又时而以近乎"抠门"的精打细算，认真负责地履行自己的职责。可以说，正是蒲天贵一点一滴的积累，"抠"出了瓜山脚下那个欣欣向荣的原重庆师专校园。

原则，是个大问题

"作为一个高等学校的领导干部，要讲原则。""要甘心奉献，一心为公，对得起党，对得起人民。""虽然很多人不支持我做的事情，但是，对不起，本人职责所在。"蒲天贵就是这样朴实地坚守着自己的党性和原则，在自己的岗位上默默地奉献着。曾经担任铜梁县教育局长的他，没有给一个亲戚朋友找关系，走后门，甚至没有为自己的家属子女谋求任何好处。担任师专副校长的他，时刻谨记“为人师表”的古训，把自己摆在群众的位置上，从未想过自己要得到什么，一心只为付出，“其实，我的想法很简单，办了事情，大家满意了，我也就满足喽！”

就是这样一位平凡的老人，为一所学校奉献了自己半生的精力，年至耄耋，却依然用他的原则和精神感染着身边的人们。请记住他，蒲天贵，一位可敬可爱的“老黄瓜”。

（原载《渝西青年》“记忆文理”专刊第3期第2版。作者：刘智、李文静）

熊秉衡（左）正在学校老年活动室与蒲天贵（右）对弈。

胡文良：忆我在学校工作的几件事

我是 1984 年调到重庆文理学院的前身之一——渝州教育学院工作的，到 1998 年退休，总共干了 15 个年头。这期间，在大家的努力下，原渝州教育学院各项工作取得了长足的发展。

渝州教育学院发展沿革

渝州教育学院的建设发展，也是学校发展史上很重要的、不可磨灭的一段历史。它的前身是 1972 年 5 月由江津专区中学教师进修学校和江津专区教育行政干部学校合并组建而成的江津地区教育学校；1980 年经四川省人民政府批准，更名为江津地区教师进修学院；1981 年因江津地区更名，学校又改名为永川地区教师进修学院。

这里有必要简单说一说所谓江津地区的历史沿革。

1951 年 1 月，原璧山专区由璧山县迁往江津县，改称为江津专区，属四川省。1960 年，江津专区驻地迁往永川，仍称江津专区。1970 年江津专区改称江津地区，地区行署驻永川县。辖永川、大足、铜梁、合川、江北、璧山、江津、荣昌 8 县。1977 年原属绵阳地区的潼南县划入江津地区，将江北县划归重庆市管辖。江津地区仍辖 8 县。1981 年江津地区更名永川地区。1983 年 2 月永川地区与重庆市合并（习惯上称为“市地合并”）。

市地合并以后，根据四川省教育厅转发教育部有关文件精神，永川地区教师进修学院与重庆市教师进修学院合并，并再次更名为重庆教育学院永川分院，享有与师范专科学校相同的地位和待遇，直接由重庆市教委管辖。根据市地合并后大重庆市的人才培养需要，需要充分发挥重庆教育学院和永川分院的作用。这是学校发展的一个大前提和大背景。

另一个大背景是国务院发布了〔1982〕130号文件，部署了全国教育学院重新组建的问题。十年动乱期间，中国教育事业破坏非常严重，特别是中小学基础教育完全被糟蹋得不行了！当时基础教育的状况就是：许多知识分子被下放劳动，中小学师资就只好“掺沙子”，也就是让没有多少文化的工农干部、所谓的运动积极分子来从事教学。于是就形成了“初中生教初中、高中生教高中，甚至初中生教高中”的现象。永川中学这样的四川省的省重点中学也被掺了不少的“沙子”。在这种背景下，国务院在粉粹“四人帮”、拨乱反正之后，要重新发展我们的教育事业。国家看到了我们这个教师队伍水平亟待提高、教育事业亟待整顿，所以才下发了130号文件，决心重振全国的教育学院。

我们就在这个背景下上任受命，在国务院文件的指导下开始了我们的工作。当时重庆市很重视这个学校，班子人员由市委组织部、市教委考察后报重庆市委，经重庆市委研究决定并通知市政府，市政府以市长名义于1985年1月30日下发任职通知，任命李千百同志为院长、党委书记，胡文良、熊羽为副院长，原校领导李志强、张固基为调研员。

李千百同志比我大10岁，到1987年他就60岁了，所以他全面授权予我，学校的人事、财务、办公室和招生都是我分管。

狠抓教学和师资培训

上任之后，学校工作怎么搞呢？

经过认真研究，大家觉得首先要充分调动全体教职工的积极性。于是，1985年，我们召开了第一届教职工代表大会，通过教代会把全体教职工的积极性调动起来，让他们作主。我们当时一个管理的理念、一个教学的理念，就是充分地发动大家的积极性。办好学校不依靠教职工，不充分发挥他们的智慧怎么能行？同时还不能忘记增加教职工的收入。原来学校只有两个班的学生，我们很快就招到几百名学生了，所以1985年又开了第一次团代会。教代会、团代会的召开，把师生的积极性都充分地调动起来了，1985年底全校教职工都领到了上百元的奖金。所以说，充分发动群众是干好任何工作的前提啊！当时的学校党员总数只有几十人，所以我们1985年和1995年两届党委选举都是全体党员直接投票选举产生的。

经过一段时间的努力，充分地把学校运行的机制健全起来，招生工作走入良性循环，所以学校一下就热闹起来了，学生宿舍都住满了。后来才修建了图书馆、教学楼、学生宿舍等。

教学方面，学员当时是两部分：一部分是厂矿企业的师资培训，另一部分是中小学教师进修。那时中学教师没有学历、没有大专文凭的人太多了，甚至出现了父亲和儿子同时在我们学校读书的情况——父亲教几十年没有文凭，有这个机会读书就来了，儿子同时也考上了，两代人同时在我们学校读书。这种现象当时还不是个别的。因为当时重庆师专是培养新师资，我们主要是把中小学教师的在职进修和培训摆在最重要的位置。后来我们把涪陵、黔江这些地方的中小学教师也招收进来进修。

当时我们一方面抓办学一方面提升学校的影响力，有很重要的一条措施是我们狠抓了师资队伍建设。我们大量在西师、重师、川师、川外等高校选聘教师。好多老师都是我直接去挑选的，包括现在在学校工作的曹优明、雷晓蔚、杨钊等。我们同时大量地把已有的教师送出去进修，到市教委争取培训经费。比如，我们派了现在担任重庆文理学院校长的孙泽平同志到兰州大学进修，他在进修期间非常刻苦认真，还给我写过两封长长的信，非常真诚。他后来得到群众相当大的拥护，1995 年学校选原渝州教育学院第二届党委成员的时候，我 58 岁了，得票只有 80%，他得票高达 90% 多。每次市里面组织考评他得票都很高。他那时年轻、勤快，跟群众关系非常好，很受拥护。雷晓蔚那时也经常到我办公室来跟我说："胡爷爷，我想到厦门大学去学习！"（他们好多人都称呼我"胡爷爷"，其实那时我年龄并不大。）我说："真想去？写申请来！"后来就派她去厦门大学学习了。出去进修回来的这一批人对学校的教育教学有很大的帮助，不然怎么会有新思路、新方法？今天学校以更高的眼光和更大的手笔狠抓师资培训，这是对的。

聂帅为我们题字

1995 年，我开始分管教学和科研，做了几件事，值得一说。

第一个是抓了科研立项，当时在市里科研立项中也好不容易有了我们的名字；我们还搞了科技月，把教职工的著作拿出来评奖，虽然奖金很低，但是却极大地调动了大家的积极性。

第二个比较大的事情，就是为学校争得"户头"。当时根据国家有关规定，重庆、永川市地合并后是计划单列市，只能有一所教育学院，而重庆已经有一所重庆教育学院了，重庆教育学院永川分院就显得有些"名不正言不顺"，所以我们觉得必须要有自己的"户头"。通过各种艰苦的努力，我们完成了几乎不可能完成的事情——国家教委 1992 年 208 号文件同意学校更名为"渝州教育学院"。当时全国都是一个省市只有一所教育学院，只有我们这里是独立设置。据我所知，办到类似事情的全国也不多见。

第三就是我担任了十年的学报主编，最后把学报由一个内部综合刊物办成了公开发行的学术刊物。并且，当时渝州教育学院学报所发文章的质量还是很高的，受到很高评价。我们还为老教师封思善、夏麟勋等先生分别出了学术专辑，作为他们一生学术成果的总结。

尤其感到荣幸的是，聂荣臻元帅为“渝州教育学院学报”题词。这事还是学校后勤有个叫唐家杰的老师办成的。20 世纪 20 年代，聂荣臻要去法国勤工俭学，资助他出国的就是他的堂舅舅，也就是唐家杰老师的父亲。有一次唐家杰要去北京看望聂帅，我们就拜托他请聂帅给我们渝州教育学院学报题个名。去了以后，聂帅很热情地接待了他，在北京住了一个月。回来时就把题字拿了回来，就是后来学报上使用的那个。遗憾的是聂帅题词的原件后来竟然遗失了！

教学方面还有一件事，就是我们进行了拓展办学模式的一些尝试，比如我们为成都军区通讯团和驻大足的空军某部办了教学班，即 1985 年的政教科学员班，1987 年毕业。这两个班的学员毕业后，各个方面都反映不错。

为涂院士回报家乡“穿针引线”

正因为我以前分管过学校的科研、主办过学报，我深深知道学术领军人物对一所大学的重要性，后来促成涂铭旌院士加盟学院也是基于这种考虑。

我的弟弟、四川大学的胡文富教授是学机械的，涂院士从西安调到成都后与我弟弟他们在一起，经过很艰苦的努力成立了高新技术中心。涂院士是重庆九龙坡人，他夫人唐老师是永川人。涂院士这个人很爱家乡，很想回家乡作点贡献。2008 年，我弟弟他们给涂老庆祝 80 岁生日，当时就问涂院士：“愿不愿意回家乡看看？”涂院士当即表示很想回来看看。于是我们就给学校孙校长讲了这事，孙校长很高兴，热情邀请涂院士来学校作报告。涂院士来以后，学校原想请涂院士当客座教授或兼职教授，涂院士却说：“要来就实实在在地来学校干一些事，不要虚名。”后来的事情大家都知道了，涂院士到学校以后，以他渊博的学识和高尚的品德，为学校作出了巨大贡献，也感动了整个学校！大家都没想到，这么一位德高望重的大家，能真到学校来实实在在地干事情，连假期也不休息！我和我弟弟能在其中“穿针引线”促成此事，也深感荣幸。

（原载《重庆文理学院报》2011 年 10 月 10 日第 4 版，系任华据访谈录音整理）

原重庆教育学院永川分院第一届教职工代表大会合影（摄于 1985 年 7 月 6 日）

吴汉骧：乐为"四化"献余年

吴汉骧（1915—2008），重庆市江津区德感坝人，白屋诗人、教育家吴芳吉的长子，因受其父熏陶，毕生致力于教书育人的伟大工作。尽管"文革"中备受打击，1977年底，已经在江津中学退休的他，竟毅然放弃了城市家中的舒适生活，应聘到我校（原江津师专）外语系任教并负责行政工作。

1984年1月，当时已年近七旬的吴汉骧老师被选为重庆市大专院校"教书育人，为人师表"的先进代表，出席市总工会召开的"五讲四美，教书育人"汇报会并被安排在会上发言；同年3月1日，吴汉骧老师又作为重庆全市1983年度的先进个人出席了市里隆重举行的表彰大会，受到市委、市政府表彰。返回学校后，他又在全校教职工大会上发言，向大家介绍他教书育人的宝贵经验。下面即是他当时的发言摘要：

我今年69岁，原是江津一中的退休教师，1977年底应聘到学校外语系担任英语教学工作。现在把六年多来的工作情况向领导和老师们作一次汇报。

想方设法提高教学质量

我们学校是新办的学校，收生起点低。特别是1977年首批招收的学生，还是中师招收的英语班学生转过来的。用七七级留校任教的张伊娜同志的话来说：“我在初中没有学过英语，在高中只学过一册……”七八级留校任教的杨小波同志也说：“我是拉夫来到外语系的，我的英语只考了24分……”

学生是这样一个基础，老师呢？我来校前，英语专业只有三个教师：一个是学俄语改教英语的，两个是从进修学院借调过来的“工农兵”大学生。怎么办？我想到自己的担子不轻。

第一是备好课。我教的是“精读”这门课，采用的是许国璋主编的教材。一般两学时的课，16开备课纸要写20～30页，讲到什么地方要抽问某个学生，都用英文写上，做好记录。

第二是全批全改学生作业。我改作业，不只是改内容、语法上的毛病，就是错了一个标点，也给改正。学生作文，间周一次。周记也是间周一次。这样，实际上周周都有作文。有段时间，还实行过一次作文作两次修改。第一次，只在有错的地方划上各种事先规定的符号，发给学生自己改。第二次，将学生改过的作文收来审阅，把学生改错了的和没有改到的加以改正，这样，就加强了学生实际工作能力的锻炼。

第三是认真考核学生成绩。我有个本子是专用来记载学生成绩的。上面分了“值日生报告”“课堂提问”“书法”“朗读”“听写”“周记”“作文”“翻译”“串讲”“背诵”等十个栏目，把每个学生某年某月某日某个方面取得了多少成绩，都加以如实记载。这样的记分法，能够比较详细地反映学生的整个学习情况，促进他们的学习。

第四是严格要求，一丝不苟。七七级毕业留校生张伊娜、张玉兰两个同志，领导上决定在没有去外校进修前，由我带着她们两个进修。为了继续培养她们听英语的能力，听会北京的对外广播节目，我采取了三个步骤：第一步是让她们听，由我给解答疑难；第二步是她们听后用汉语翻译给我听，错了我给纠正；第三步是她们用英语概述广播内容，有错我帮助纠正。每天都用半小时到一个小时来做这项工作。同时要求她们每天写英语日记，我每天批改。这样严格训练将近一年，后来她们被送去川外进修，跟着川外学生一起听课，成绩还算上等。我教的普通班学生“精读”课，平均成绩都在80分以上。四个年级一共毕业110人，除5人留校任教外，其余105人，大部分在教高中英语课，不少毕业生，如李龙泉、谢虎、古恒昌、李伯桦等还担任了外语教研组组长、副组长，成为教学上的骨干。有的毕业生，如明永中、谢虎等还考上了四年制的教师进修学院深造。

第五是具体指导，不断提高。留校生张伊娜，在校成绩很好，每次考试没有下过97分，送到川外进修成绩也很好，但在教学中碰到了困难，由于不了解学生实际，方法单一，说话快，录音播放快，学生接受不了，向教务处提出停她教的“听说”课。她觉得是学生瞧不起她，说她没有文凭，为此而哭了两场。我了解这个情况后，几次亲自听她上课，具体帮助她改进教学方法，增加学生练习机会，这样，教学情况大大改观，不少学生主动到她那儿请她教口语，使她顺利上完了这门课。

言传身教培养青年学生

加里宁说：“如果教师很有威信，那么这个教师的影响就会在某些学生身上永远留下痕迹。正因为这样，所以一个教师必须好好检查自己，他应感到，他的一举一动都处在最严格的监督之下，世界上任何人也没有受着这样严的监督。”我牢记加里宁同志这个教导，注意身教重于言传，注意自己的一言一行。

第一，增强时间观念，从不迟到。凡是上课、开会和公共事情甚至包括看电影，我都从不迟到。上午八点上课，我大多数七点十分左右去教室，以便辅导同学。由于我早到教室，凡我上课，没有一个学生迟到过。最近有一次去教学大楼开会，因为别的事情耽误了，走到半路上，一看表只有两分钟了，我就开始小跑。

同路的一位青年教师问我为什么要跑，我说不跑就要迟到了，于是她也同我跑步前进。

第二，尊重学生，以礼待人。教师和学生的关系，我理解是同志关系、弟兄关系，是平等的、亲密的，绝不是猫和老鼠的关系。因此我尊重学生，以礼相待。在课堂上抽问时，有的学生回答不了，我总是亲切地请他“坐下”，更不奚落说“这样简单的问题都不懂”。学生到我家来，不管我是在打字、备课、改作业还是在吃饭，我都起来迎接，亲切地叫“请坐”，而且把手上的事停下来，倾听学生说明来意，解决学生的问题。这类事看起来很小，但学生由此对我产生了亲切感。

第三，做学生的知心朋友，关心青年婚姻大事。我不是政治老师，也不是班主任，但学生爱找我谈思想，我也真心实意地帮助学生解决思想疑难。

第四，把政治思想教育有机地结合于课堂教学内容当中。学外语的学生，喜欢外国的事情，这是自然的，但不能由此不关心祖国的大事了。为了避免这样的情况发生，我常常把有关国家大事的英文文章亲自打印出来发给每个学生，让他们在课余阅读。在课堂上，一般利用值日生作报告后十来分钟的时间，抽问这些重要文章上的中心问题，要求学生用英语回答，这样，既对学生进行了口语训练，又加深了他们对国家大事的了解。

第五，抓住一切可以利用的机会，向学生宣传热爱祖国、热爱专业、热爱学校的思想。爱专业、爱学校、爱祖国是一致的，但对学生这方面的教育要有一个适当的时机。如1982年日本文部省篡改侵略中国的历史，报纸一公布出来，我就将亲眼见到的日本侵略中国的事实向七九级的学生作了讲述，许多学生内心燃起了一团爱国烈火。

八三级的新生，有的不安心专业，有的不满意定向分配，有的不安心读我们这个山区学校。元旦前夕，他们开茶话会，邀请我去参加，本来那天晚上我有别的事，又吹着风，天气很冷，但我一想到这是一个好机会，就咬着牙去了。我去首先向同学们贺年，祝贺他们新年进步，接着以谈心、谈家常的形式，向他们讲了我是怎样热爱外语这个专业的，我是怎样离开城镇的舒适生活，来到黄瓜山这个偏僻地方进行艰苦奋斗的。我没有批评同学中任何一个人，但他们听了我的新年谈话，心里增加了一股热流。

第六，重视实际问题的解决，不空口说教，把隐患消除在发生之前。1981 年下期开学时，崭新的教学大楼交付使用，全校除我们外语系外，各系各班学生都高兴地搬进教学大楼。当时学校考虑到我们外语专业的教学要使用收录机，会影响别的系教学，于是就把我们的教室安排在马路边的湖滨楼上。可是，这儿的汽车声、拖拉机声经常不断，影响教学，学生意见很大，甚至有人提出罢课。我知道了这一事情，找学生做了许多工作，提出了“暂时服从安排，积极建议搬迁”的方案，并在试行一月中，亲自取得了每次上课被影响多少时间的数据，把车声、拖拉机声录下来，带到学校领导那儿，提出了我的意见。由此，学生情绪得到了安定。学生高兴地说：“吴老师既做思想工作，又重视实际问题的解决，他的话我们爱听！”

第七，协助学校做好毕业生分配工作，鼓励学生走向基层，走向农村，走向边区，为发展基础教育出力。七八级学生李龙泉，毕业分配时，三次到我家来，哭着苦苦向我要求，叫我向学校建议，把他分配到女朋友工作的潼南去。但由于潼南名额已满，而大足又差人，所以地区教育局决定分他去大足而不去潼南。于是我反复地、亲切地向他讲明服从学校分配就是服从国家分配，就是把个人利益置于国家利益之下的道理，并鼓励他去大足好好工作，争取结婚后再把爱人调到一起。李龙泉同志听了我的劝告，现在成了大足中学的外语骨干教师，当选为教研组副组长。

毕业生离校，我没有把他们当成“嫁出门的女，泼出门的水”，从此不管了，而是经常通信来往，凡有所求，我都尽量满足。四届毕业生共 110 人，除 5 人留校，2 人留附中外，分出去 103 人，有70多人给我写过信，我都一一回信，如果是用英文写的，凡有错的我都加以更正，当成一次作文给他们寄回去。我每月要花三元钱左右的邮费，大部分是用来给毕业生寄书、寄资料、寄信。

走向社会服务广大群众

永川城里有个名叫严荣国的残疾青年，一次拄着拐杖来校请求我辅导他自学外语，我欣然答应下来，并叫他以后不要来学校，我进城时一定去看他，给他答疑。现在，他已从初识几个英文单词到能用英文写信、作文，英语水平达到大学专业班一年级水平。去年暑假他去河北石家庄治病，我把载有张海迪事迹的《中国日报》英文版给他寄去，对他鼓舞很大。

璧山城里有一位代课教师，名叫陈素辉，都五十开外了，她听人说我是师专的英语教师，就主动写信要求辅导。我答应她把作业寄来我帮她批改，现在她的学习热情很高，还要求参加电大考试。

永川师范学校电教员林玉钊，工作很出色，打算考研究生，每周星期天，步行五六里来找我辅导外语，我很乐意，就和他一起用学习来度过星期天。

学校教职工子女补习班没有人上英语课，要求我挤时间给他们辅导，我也答应了，每周抽4小时去给他们上课。连师专毕业班的精读课在内，我每周上课共12节。

学习提高做到分秒必争

我自费订了《中国日报》《人民中国》《英语教学》等14种外文报刊。我中午一般不休息，就用来阅读这些新鲜教材，借以逐渐丰富自己的知识，提高自己的能力。我早晨五点钟起床，五点半做“八段锦”，六点半吃早饭，晚上七点半到九点十分听外语广播，既是政治学习，又是业务学习，对我帮助很大。另外，我每周只在周末看一次电影，而在电影开放之前也把要看的书带去，哪怕只有一分钟，也要用来读一页半页。苏联教育学家加里宁说，教师“要像海绵一样，从人民中、生活中和科学中吸收一切优良的东西，然后再把这些优良的东西贡献给学生”。我是努力这样做的，只是还没有做好。

（韩青摘自《江津师专》1984 年 3 月 30 日第 3、4 版）

石天河：笔耕不辍铸师魂

光阴易逝，天河老师放下他手中那杆教鞭，不觉已整整12年了！

记得12年前的那一天，是个久雨初晴的清爽日子，窗外飒飒地吹着清凉的风，斜阳光灿灿地映上了阶梯教室的粉墙。天河老师给我们上“当代文学”课，讲王蒙的《蝴蝶》，讲相当于中国人制造出来并穿在自己身上的西服的“东方意识流”，说“它已经批判地摆脱了西方现代主义那种唯心的理论体系，扬弃了那些可能导致色情、颓废与歪曲现实的成分，而只吸取了那些于我们有用的东西，并且融入了中国式的艺术灵魂与艺术特色……”老师的话语，总带着他家乡那种特有的湖南腔，于沉稳平和中透露出刚气，字字皆如金石般铿锵。他讲着讲着，下课铃响了，我们于神游艺术殿堂般的痴迷中回过神来，老师的话语却并未停止，只是已变得有些低沉，说他已经年届花甲，按规定要离休，这是给大家上最后一节课了。我们听着，便一片寂然，眼睁睁地看着他收拾讲义，把用剩的粉笔一根一根地装回纸盒里。大家真舍不得让他离去。但想到他已经辛劳了大半辈子且历尽坎坷，又不得不站起来笑脸相送，祈愿他能够好生休息。

可是，12年过去了，天河老师非但从未认真休息过，反似比以前更加忙碌。他仍旧常常出现在阶梯教室里，仍旧常常给大家开讲座，或评析具体作品，或阐释理论问题，恨不得把自己的平生所学，都融汇进离休之后的文学讲座里，传授给重庆师专的每一届莘莘学子。他仍旧紧紧地握着手中的那支笔，坚守在自己那间一丈见方的小小书斋里苦苦耕耘，写诗，写杂文、随笔，也写小说，更多的时候则是写理论文章，写朦胧诗的“三味”“三度”和“三品”，写小说的“惊险结构”和“无技巧外观”，写《社会主义人道主义的新澜》和《文学现实主义的哲学基础》等等，亦恨不得将自己的平生所学都凝聚成文字，让比校园广阔得多的偌大社会的有志青年，乃至后世的文学新秀，都能从中得到启迪。他的文学评论集《文学的新潮》于1986年出版后，相继获得了“四川省第二届文学奖”“建国四十周年重庆文学奖”等大奖，他的诗学专著《广场诗学》自1993年底问世以来，受到了整个诗学界乃至社会的广泛重视，海内外不少报刊都登载了关于《广场诗学》的评介文章，有评论家说《广场诗学》“以‘去蔽’的精神，融会了中西诗学理论，系统地探讨了诗的原发过程、继发过程、表达过程中的诸多疑难问题，对长期争论的理性与非理性、灵感、精华、纯诗、通感、佯谬语言、审美心理共相、隐喻解读、形式自由性等颇有独到见解”，堪称为“一部诗学扛鼎之作”……

梅花香自苦寒来，如果说《广场诗学》对中国现代诗学的重构所作的贡献将是无法估量的话，那么天河老师所倾注在这部诗学专著上的心血也是无法计算的。且莫说数十年来从事诗歌创作与诗学研究所经历的艰辛，其间并有几度生死磨难；也莫说成书过程中的字斟句酌、反复推敲、数易其稿等等；单是定稿以后的出版问题，就历经几遭峰回路转和几度柳暗花明，可说是使他伤透了脑筋！全仗着友人及弟子的奔走帮助，才过了“出版难”这一特大难关。书出版后，他自己办发行，读者多为自费邮购，少则一两本，多不过三五册，天河老师为此成捆地买了崭新的牛皮纸，寄发前总是细细地裁，严严地封，然后工工整整地写上读者的地址与姓名，就像著书时那样一丝不苟，且常常是自己搬运到邮局——为此我至今还常常在想，如果《广场诗学》的读者诸君，知道这部书不但是那位名气很大的老先生用毕生心血写成，而且还是那位年逾古稀的瘦小老头儿亲自用手封好并亲自搬运到邮局寄发给他们的，读起来当会更有一番滋味儿吧！

尽管天河老师自己也在《广场诗学》的后记中慨叹说，这部书的终于出版，使他“像一条拉盐车上太行的老病疲牛，感到从重轭下解脱出来的松快”，但是，书出来，也卖了，他却仍旧没有真正轻松，而一头又扎进了新的出书计划里，又一格一格地爬起格子来。去冬今春，他经常发病，有两次还病得重了点儿，可他的案头仍摊着稿子，一拔掉输液的针头便赶快坐拢去。为此小袁师母没有少埋怨他，我也是认真劝过他两回，他却一本正经地说：“这文章难写，可总得写呀，这书不好出，可总得想办法出——不出书我还能做点什么呢？”

听着他这话，便不禁想起他十年前在《文学的新潮》后记里的那段言语：“我终于又作为一个从事理论工作的共产党员回到了读者面前。我必须把我六十岁以后的生命，作为我理论工作的青春……”

整整十年了，天河老师果真是一直照着他自己说的话在做。他像一个不倦的园丁，总想培育更多的花木；他像一只不老的春蚕，总有那么多抽不完的丝。他使我们这些勉强还称得上年轻力壮的人，感到了愧疚，受到了鞭策，想到了应该多做点什么……

（原载《重庆师专报》1995年9月10日第2版、《重庆日报》1995年10月13日第8版。作者：夏明宇）

贺远明：从江北才子到瓜山良师

三十多年前，黄瓜山下、卫星湖畔创办了一所年轻的高等学校——江津师专。常言说，有山有水就有灵气。这所蛰居于山沟里的学校，有了这青山绿水的滋养、湖光山色的涵养，却也钟灵毓秀，藏龙卧虎。从江津师专到重庆师专，从最初的五七大学成长为全国优秀师专，其教师队伍也可谓群英荟萃。当年身兼中文系主任和党总支书记的贺远明，便是瓜山下杰出的一员。在他的领导下，中文系一时云蒸霞蔚，焕发出耀眼的青春活力。至今，不少从当年走过来的人，还把那一时期看做原师专中文系的黄金时代，并且戏称为“贺远明时代”。

贺远明，1925年出生于四川省江北县（现重庆市渝北区）的一个书香之家，从小由曾祖父发蒙，学习《三字经》《幼学琼林》等经典著作。他年少聪颖，12岁时参加算术速成班，仅突击学习了十天，便同时考取了江北县立高等小学和江北龙兴小学。毕业后，他考入江北县立中学，因不满足于语文老师的教学内容，毅然退学自学。

由于天资聪慧，加上勤勉好学，贺远明年纪轻轻便崭露头角，显示出过人的才华，取得了骄人的成绩。从1942年起，他便以各种笔名在各报副刊发表杂文，短短两三年便发文二十余篇。其中最引人注目的，莫过于1943年与文坛泰斗郭沫若先生的一段“文字因缘”（贺远明《记与郭老的一段文字因缘》，发表于1982年5月27日《重庆日报》副刊《山花》）和1945年发表的颇得史学家顾颉刚先生赏识的《历代五律概论》。

在日寇侵略、国难日亟的20世纪40年代，贺远明对南明文学产生了特殊的感情，尤其崇拜“十五从军，十七授命，生为才人，死为鬼雄”的夏完淳并用力最勤，所研也最精。1943年郭沫若在《中原》上发表了《夏完淳之家庭师友及其殉国前后》，文中有两处疏漏。时年18岁的贺远明，便写了一封信给郭沫若，对其文之疏漏作了补正。郭沫若亲自回信，表示同意贺远明的补正，并希望将有关史料抄寄给他，同时还表达了“甚为感荷”之意。从此贺远明与郭沫若便结下了“文字因缘”，相互书信往来至1945年。1948年郭沫若出版《南冠草》单行本时，其附录中便注明“承贺君远明抄寄”。贺远明与郭老的这段“文字因缘”，据说“曾轰动了史学界”。

1944年，年仅19岁的贺远明又撰写了一万五千字的洋洋大文《历代五律概论》，并于1945年发表于《文史杂志》上。《文史杂志》由中华书局出版，时任主编为著名的史学大师、文学史家顾颉刚教授，是当时非常有影响的杂志。这篇文章体制宏大，视野开阔，得到了顾颉刚先生的称赞。

于是，二十来岁的贺远明已初露锋芒，成为小有名气的江北才子。1945年，他考入北碚私立草堂国学专科学校。当时重庆偏安西南一隅，是国民政府的陪都，北碚便成为当时著名的文化区之一。当时的草堂国学专科学校，也堪称大家云集，名贤腾涌，高亨、陈子展、程千帆、傅振伦、殷孟伦、赵纪彬、鲁实先等名流硕儒均在此执鞭垂教。毕业后，贺远明于1947年至1951年先后任教于江北中学、育仁中学、育才中学等。凭着他不凡的才华、业绩和知名度，很快便成为学生崇拜的偶像，在他周围形成了一个个文学爱好者群体。

但是，正当风华正茂之时，贺远明与他同时代的知识分子一样，随着共和国的命运而起落沉浮。1958年，他被错划为右派，送往四川省峨眉干部农场劳动，后又辗转于四川省丹棱县。

打倒“四人帮”后，祖国迎来了科学文化的春天，也使贺远明和与他同时代的知识分子进入了人生的崭新时代。1981 年 8 月，贺远明来到时为江津师专的我校，从事“中国古代文学”和“中国古代文论”的教学工作，随即担任中文系的系主任兼党总支书记。

贺远明学识渊博，记忆力超群，鉴赏力出众。无论是短章的诗词，还是洋洋的宏文，如陆机的《文赋》、刘勰的《文心雕龙》等，他讲起来几乎不用看讲稿，倒背如流，口若悬河、侃侃而谈。他上课总是旁搜远绍，征引宏博；分析精辟，赏玩细腻；语言古雅，英华隽永；目光炯炯，神思飞跃，动情处还常常激动得浑身抖动，声音发颤。平时看起来清癯瘦弱的他，一旦站上讲台，顿时神采奕奕，光彩照人，非常具有感染力。讲台下的学生听得是津津有味，无不从心底叹服他超常的记忆力和渊博的学识。他讲课时那沉酣于先哲而陶然忘情的神态、那循循儒雅的学者风范和超迈俊逸的诗人气质，常常成为同学们寝室卧谈的万斛泉源。他是不少学生的人生偶像，甚至他那与我国改革开放的总设计师邓小平有几分相似的身材、容貌，也成了同学们的谈资。

有一次，时任四川省教委主任的王可植来校检查工作，随机到教室里听了贺远明的“中国古代文论”课后十分惊叹，说没有想到在黄瓜山这个山沟沟里居然还有这样学识宏博、讲授精绝的老师。

贺远明不仅勤耕于三尺讲台，而且很注意随时将自己教学中的点滴分析总结，撰写成文。他的教学论文《按培养目标的要求进行古代文学教学》，于 1989 年荣获四川省教委颁发的四川省普通高等学校首届优秀教学成果二等奖。此外他还发表了《略论研究古代文论与提高中学语文教学质量的关系》《白屋诗人吴芳吉的诗歌和诗论》《周瑜乎？诸葛亮乎？》《林辰书信十三封》等十多篇学术文章，编校了著作《吴芳吉集》（四川省古籍整理规划项目、四川省高教局高教系统重点科研项目）。

在当时的中文系，贺远明系主任和系党总支书记一肩挑，负责党政和教学工作。作为领导，他善于团结同志，尤其关心青年教师的成长。他有计划地安排教师外出进修学习，而且把这看做是自己作为领导的分内之事，常常是默默地与学校各部门联系，将一切安排妥当，而不求当事教师的知晓，不图别人感戴。正是在这样的环境下，一群青年才俊如戴伟、周文德等迅速成长起来。但他这个领导又是非常严苛的，尤其不能容忍工作态度不端正和不负责任的行为。个别老师工作稍有懒散，上课不够认真，他就当面批评，有些做得过分的，他甚至会瞪着眼睛直斥。但一当别人改正，他都不记过节，一如既往地关心、帮助他们。在他的领导下，全系团结和睦，各项工作都做得很出色，在全校的院系中堪称典范，即使在全四川省的师专中文系中也遥遥领先，每年的专升本成绩都大大地超越其他学校。那时的中文系生气勃勃，十分兴旺，系里不少老师把它看作原师专中文系的黄金时代，从当年走过来的人，至今仍然记忆犹新。

（原载《重庆文理学院报》2010年7月10日第4版。作者：胡明清）

田贵书：宽严并济育英才

1956年秋的一天，青年田贵书辞别了养育他成人的土家族村寨，辞别了故乡酉阳的山山水水和父老乡亲，跋涉数千里来到省会成都，做了四川师范大学的一名新生。

省会，对于第一次出远门的他来说是多么新鲜啊，但想到乡亲们那千言万语的叮咛和嘱托，他竟谢绝了新认识的同学们那“先出去逛逛”的盛情邀请，留在寝室里打开了书本——作为本乡里第一个“大知识分子”，乡亲们都盼他回去当个“好先生”——从那时候起，他就把自己献给教育事业了……

1977年9月，田贵书老师奉调到刚刚创建的重庆师专（当时还叫做江津地区五七大学）。那时候他已经人到中年，却正好赶上“科学的春天”，英雄有了用武之地，于是更加精神焕发，一面带领学生披荆斩棘搞建校劳动，一面刻苦钻研高等数学的教与学，常常在灯下熬到深夜，星期天和节假日也很少休息。从那时至今的18年间，他就扎根在重庆师专数学系。先任班主任、教研组长和学生导师，随即任系副主任和系主任，与系里其他领导一起带领着全系师生员工，把开初只有几位教师和几十个学生的数学系，建设成了拥有数十名教职工和数百个学生的大系。数学系的师生员工们，谈起他们的田主任时都翘起大拇指；讲起田老师的动人事迹，一个个更是如数家珍……

田贵书老师治学极严，首先对自己严，然后才对别人严。从教伊始，他就先给自己定下了“勤”“严”“博学”的三条规矩，认为“五讲四美三热爱”说到底，就是要多为党和人民干点事情，多作贡献；治学不严的教师绝非好教师；好教师的知识面则越广博越好。还在地方教中学时，他坚持对干部子女和工农子女一视同“严”，一位领导干部的儿子做作业“鬼画桃符”且屡教不改，他气得当众撕了那个“公子哥儿”的作业本。到重庆师专后，他在对自己进一步“从严”的同时，对学生和青年教师都严加要求，凡给他当过助教的青年教师，背地里总是既吐舌头又不住点头。七八级某同学写字总潦草，被他当众严肃批评，后来那位同学下苦功夫练字，做作业都把字写得像印刷体一样工整，还逢人就说“感谢田老师……”。

田贵书老师善于创新。在教学上，他善于把与现代数学相关的知识渗入课堂教学中，使学生既能增强学习兴趣又能切实拓宽知识面，如“微积分在经济市场中的运用”“日本人寻根是怎样利用数学知识的”等生动的现实材料，都被他恰到好处地融入教学中，收到了极好的效果。在系科建设上，他在重庆师专数学系首创了寓综合管理、教书育人为一体的“导师制”，让老师都深入到学生中去，倾听学生的心声，关心学生的疾苦，指导学生全面发展，做他们学习、工作、思想、生活等多方面的综合导师，并为此制定了一套完整的规章制度，使之能够长期、稳定地在全系开展，得到学校首肯和兄弟院校的好评。

田贵书老师极爱学生。他要求全系教职工人人都要做学生工作，自己更是率先垂范。隆冬来临，他深入学生宿舍嘘寒问暖，对于全系数百个学生，谁的床上还铺着青篾席，谁的被子太单薄了点儿，他都了解得一清二楚。下雪天害怕学生冻着，他甚至要在学生宿舍守护到深夜。酷暑将至，他除了又要查访谁的蚊帐破了等外，还要三番五次地强调下湖游泳的安全纪律，还经常冒着烈日沿着湖堤走，看到底有没有敢于违章违纪的“冒险家”。有他这么细致地管着，尽管卫星湖水年年夏天都波光粼粼，可就是从来没有淹着过数学系学生。面恶心慈，宽严并济，田老师对学生爱得深沉，同学们对他的感情也深厚，凡文娱汇演、体育比赛等学生活动，只要有他亲自到场，大家就会从心底发出欢呼，输了也常常反败为胜。

除了爱护数学系学生，田贵书还以兼任学校少数民族事务负责人的身份，经常对全校少数民族师生进行耐心细致的帮助和教育。他常以自己的亲历和亲见现身说法，让大家坚信没有共产党就没有新中国，没有新中国就没有各民族同胞的今天等真理，自觉维护民族团结，自觉遵守校规校纪，把自己锻炼成“四化”建设的有用之才。重庆师专建校18年，从未发生过民族纠纷，这其间也应有他的一份功劳。

由于工作成绩突出，田贵书老师屡获殊荣。1991年被中共重庆市委评为优秀共产党员，1994年被国家教委授予“曾宪梓教育基金会教师奖”。1995年6月，已经满59岁的田贵书老师郑重向学校领导提出申请，决心辞去系主任职务，让年轻同志及早上岗。“……但是我知道，共产党员的责任心永远不能‘退’，作为一个教育战线上的老兵，我一定要站好自己的最后一班岗！”他这几句精短坦荡的谢任的话，赢得了全系教职工和学校领导的热烈掌声。

（原载《重庆师专报》1995年9月10日第2版和《重庆日报》1995年10月17日第7版。作者：夏明宇）

赖守国：一个喜欢钻山沟的人

真的，他好像生来就爱钻山，跟着做中医的老父亲钻过了少年时代还嫌不够，1958年从四季如春的昆明大学毕业以后，又请命到万里冰封的北国钻山沟去了。

作为20世纪50年代的青年，立志献身于党的教育事业，希望成为一个共产党员，本来是件极平常的事，以后那风风雨雨的三十余年，哪怕被作为“臭老九”下放基层控制使用，他的初衷依然不改，信念的火花依然不灭……

在呼伦贝尔草原，他和苏联专家一起研制“草原定位闸”，长年都泡在荒山沟里。在内蒙古大学，他多次带领学生深入沙漠腹地考察，以后干脆参加中国科学院的“治沙队”，一头扎进了比荒山沟还荒的沙“山”里。他曾屡次攀登并且翻越了世界屋脊，一直深入到中国与尼泊尔的边境，许多名山大川都留下了他的足迹。他采集到的珍稀植物标本，有些奉献给科学院了，有些则留存在原来的工作单位里。

支边20年后，他按政策规定回到四川老家，本来可以另作些安排，但几经辗转，却还是一脚跨进山沟——到了远离市区的我校前身原重庆师专，依旧干他的植物分类学本行。

谈起数十年的钻山经历，他承认曾遇到毒蛇猛兽，也差点迷失在原始森林里，但又说这是他分内的事情，一如当兵要打仗采矿要下井，教植物分类学的人只有钻过了深山老林子，站上讲台才拿得出东西。

此话不虚，都说植物分类学难学又难教，既呆板又难记，他讲授起来却津津有味，随手往外一掏就是一大把。教学中他还试着把讲稿浓缩成系统化、形象化、诗化的韵文，每课楷书成大字挂在黑板上，让学生边读边听铭记入脑，必要时还补个贴题的小故事。结果当然是"试得安逸"，学生纷纷反映他的课易记易懂学了有用，他一听不禁干劲倍增，半个月写成了《植物分类学歌诀》一厚本。

同时，他越发起劲地带头钻山，原重庆师专生物系创建几年间，每届学生的野外实习都是他亲自带队，又经他在带队实践中反复考察，最后才在校园附近的黄瓜山建立了实习基地，单是每年的差旅费一项，就为国家节约了大量的资金。

光阴易逝，他脸上已沟壑般布满了皱纹，但是他爬起山来却比年轻人还行。为了自力更生建设植物标本室，他白天指导学生采集，晚上和学生一起蹲在帐篷里，边搞鉴定边制作标本，自己连节假日也几乎全部用来钻山，外出开会也要在这上面想点法子……他们后来拥有的六千余号植物标本，竟没有花费国家一分钱。前往视察的原国家教委有关部门负责人，也对此发出了由衷的赞许。

"嘿嘿，党员嘛……"每听到人们说他的好话，他便笑笑赶快走开了。

由于工作成绩突出，他屡次被评为"先进"或"优秀"，还曾经被评为全国优秀教师。然而他却从不把这些当做资本，而总是把精力耗进讲台和实验室，认真地研究那些草木。

现在，已是78岁高龄满头白发的他，并没有停下前进的脚步。不仅有空还会钻山沟寻找植物标本，而且还继续搞着他的科研项目，同时也主动带领着生命科学与技术学院的年轻教师做科研，对科研项目的奖金、荣誉等则置之度外。

在跟随他参观标本室的路上，他指着路边的树木动情地说："一草一木都是我的战友。"走进标本室，这是我校星湖校区实验大楼内的两间大屋子，宽敞明亮，显微镜等设备齐全，橱柜像中药柜一样排列有序，苔藓类、藻类、蕨类等各类植物标本都存放妥帖，玻璃瓶里福尔马林浸泡的花冠科类亦如采集之前一样开着灿烂的花朵……赖守国说："这在省内的院校还居于前列呢！"

和我们走下楼来，他又掉过头去望望："抓紧干啊，脑子不用会不转的，我对以后一无所求，只要这个行当后继有人就对了！"

西天上那一轮鲜艳的夕阳，映照着他那钻够了山沟的瘦小身躯和那张黑苍苍的脸……

（原载《重庆师专报》1989 年 10 月 30 日第 4 版、《重庆日报》1993 年 5 月 4 日第 2 版，曾荣获重庆市首届"好园丁"征文奖。作者：夏明宇、尹丛丛）

傅晏风：翰墨无语自飘香

一

许久不见，晏风老师较以前更加显得清瘦了。

他仍旧戴着那顶布料的便帽，只是帽檐沿下的鬓发已添了一层薄薄的秋霜；他仍旧穿着那套灰布中山服，只是那灰色已被他洗得来有些泛白。在此之前，恰好是在头一年春天里一个阴雨天曾与他谋面，那天他脸上却晴得极好，谈着书法理论上的一些问题，谈着他新近出版的一些著述，还说要抽空整理出一些精要又较为普及的东西在校报上连载，说“没有上课了，就写点东西让我们现在这几千位准人民教师受点启发也好”……可是后来，却忽然听说傅师母病重，他护送老伴儿回江津乡下调养去了，再后来就听到了傅师母不幸病逝的消息。而今，他双眼似又往眼窝儿里陷了一些，虽然笑着却不见爽朗，倒使人感到一种淡淡的凉意。

“您要节哀——”我两眼望着他，心知此际的他，当恰是“唯将终夜长开眼，报答平生未展眉”的那种心境，因此我话一出口，便不禁颤颤地打着抖儿。

“嗯。”他答应一声，便告诉我说，他的《曹全碑临习要领》那部书稿已由河南《青少年书法》杂志连载了。过两天重庆市要开书法理论研讨会，叫他在会上要“好生讲一讲”，因此他还得赶着准备论文……

听他说着，我便再无话，心中却禁不住热浪翻滚：多好多执著的老头儿啊。他分明是在婉转告诉我：请放心好了，死了老伴也不会令我彻底垮下来，我老傅要趁着自己这几根老骨头还硬扎多干点事呢！

二

我开始熟识晏风老师，是在距今10年以前，学校还承办着《书法教与学》报的那些时候。那是1987年的暮春时节，我正在中文系的资料室里做着事情，系上忽来人通知我说，傅主编想要调我到他的编辑部里去。

"我？我去得行么？"

为此竟惶惑了好大一阵。于此之前，已听说傅晏风是个极倔的老头儿，用人最为苛刻严厉，一份《书法教与学》报创办还不到三年，助手已被他撤换了三任，且都是些美学或书法的内行或百里挑一的风云人物……我算个什么，就写个字还鬼画桃符呢！

"放心吧，我们请你来不是看写字……"

大大出乎我意料的是，晏风老师却格外的和蔼。要说苛刻，首先便是他对自己太苛刻了点儿，每天天不亮就要起床，不待上班铃响已坐进办公室，坐下来就是拿着事情干，不抽烟少喝茶更不苟言笑。下班要待到众人都走尽了他才会起身，然后，或者就近到学生食堂去打上几两饭边吃边走，或者自己点火连汤带水地热着剩饭赶快吃，抓紧时间到床上靠靠，一会儿后又办公去了。晚饭后他也要到办公室里去坐上三两个钟头，甚至连星期天和节假日也常常如此。若头天有工作尚未完成，第二天便把他自己那"打个盹儿"的午休全废掉，报上偶尔出现点疏漏，他更会扼腕叹息自责不已。为了确保报纸质量，他常常自己跑到印刷厂，拿过排字工人手中的铁夹，一个字丁一个字丁地查漏补缺……比较而言，对别人他倒要宽容得多。你跑完了一件什么事情，他会连忙道声辛苦；你改好一篇什么稿子，他会夸你"能干""还可以"；

你也在办公室里多呆了会儿，他会催你快回去休息——正是所谓物以类聚，如果你也是个"苦行僧"似的人物，定会觉得他可亲可敬，反之，则自然无法聚到一块儿了。

三

《书法教与学》报停办以后，晏风老师把自己的全都精力都集中到了学校的书法教学和对书法理论的研究上头。对于书法，他其实也是半路出家，"文革"结束后才正式搞书法。但是才到1981年，他就参加了我国的首次全国性书法理论研讨会，随即担任了四川省书学学会首届秘书长，1984年又被批准加入了中国书法家协会，论文《汉字繁简与书法的审美特性》也于同年获四川省哲学社会科学研究成果奖，还有多幅书法作品在省市和全国陆续展出并多次获奖。到了20世纪80年代末和90年代初，以他的艺术造诣和理论水平来主持重庆师专的书法教学，仍然不曾有丝毫懈怠，每课必须认真准备，每稿必须反复推敲，还常常向学生讲起一则关于自己的笑话：他有次在文稿中误将"敛"字的"反文旁"写成"欠"字，由于刊物编辑也未发现，排字工人只好照刻了一个错误的"敛"字凑数刊出，让他自己见了也哭笑不得，现在以此来教育学生，就是劝诫大家要认真学习，做学问不能有半点马虎。

由于学校条件的改善，这时他已经搬进了建在永川城内的新居。可是除了墙上的字画和五六架子书，他仍然近乎于"一贫如洗"：没有空调，没有地毯，没有冰箱和大彩电，甚至没有洗衣机或者任何一件时新家具，桌上也极少有鸡鸭鱼肉，题有"粗茶淡饭充口腹，正义严词著文章"一联为"蜗居自况"。在他看来，自己动手洗衣做饭是笔耕之余最好的休息，小荤和素食比大鱼大肉更富有营养，书籍和字画则是室内最高雅的摆设，有书读有事做就是人生最好的"享受"。正是这样的志趣和情操，使他在自己那两间“雅室”和三尺讲台上，创造着人生的一个个辉煌。

90年代初，他的书法作品在日本大阪参加了“日本名笔研究”后获奖，接着，他应邀参编了由高等教育出版社出版的《书法教程》和由大地出版社出版的《中国书法大辞典》，两本书都出自于权威机构，前者系原由国家教委直接组织编写的高等学校教学用书，他是全书十多位编委中唯一的专科院校“代表”。而后，他又应聘到西南师范大学教美学硕士研究生，临毕业时，几位研究生签名赠送了一本题有“师恩难忘”四字的影集给他留念。为此他不禁感慨不已，说自己连张小学文凭也没有，当初想教小学都没有资格，而今居然教研究生了，因此，这本影集应当是颁发给他的一份特殊文凭……

1992年退休以后，虽然有时还要到学校里面来开开讲座或搞搞展览，也还有些不好推脱的社会活动，但总的说来，晏风老师有更多的时间来潜心于书法理论研究了。迄今为止，他已经出版了《楷书偏旁写法》《书法教学捷要》《汉字书法基础》等数本专著，还另外发表了近五十篇书法论文。由于他治学严谨，见解独到，能从旧的命题中别开生面、自立门户，这些专著和论文都在中外书法界颇具影响，如论文《书法力感之认识》发表后为中国书法家协会在《书法动态》上全文转载，并加上编者按推荐给全国书法界，论文《中介思维与书法审美》被选入有韩国代表团参加的“中国书法批评年会”，进行国际性学术交流……

（原载《重庆师专报》1996年4月25日第4版。作者：夏明宇）

瓜山，她的下面有一片坟茔

因为做毕业设计的需要，我们经常需要往返于两个校区，从一些退休的老教师那里听到了许多过去的人和事，老人们付出的那些艰辛与努力常常使我们像孩子一般地惊奇，也常常感动得落泪。下面我要讲的就是有关瓜山下的那片坟茔的一些故事。

如果你是从星湖校区一食堂大楼背后直接攀登黄瓜山，在上山的途中需要绕过一片坟茔，其中一块屹立的墓碑上刻着“王季洪”三个字。原重庆师专党委书记熊秉衡老人告诉我们，王季洪老师毕业于河南大学，是我校原中文系的一名教师，因患尿毒症被弟弟接回河南治疗，后病逝在家乡河南省，临终前却对家人千叮咛万嘱咐，一定要把自己的骨灰送回重庆永川来，埋在当年自己曾经“战斗”并感到过人间温暖的黄瓜山麓，还把自己的藏书也赠送给了我校的前身原江津师专。

当我们问及在过去那样艰苦的条件下，为什么还有那么多人甘愿成为永远的黄瓜山人，并为它奉献自己的所有？熊秉衡有些神秘地笑了笑，告诉我们——以真情团结教职工、关爱学生，对学校无私奉献，这是黄瓜山人的办学法宝，也是我们现在也不能舍弃的优良传统。

熊秉衡还说，就在我们采访他的前几天，他接到了原重庆师专副校长傅道文的夫人从南京打来的电话，原来傅校长想到自己年事已高（已年过九十），特地嘱咐夫人替他向老书记“请示”，自己死后可不可以回来安息在黄瓜山下。

“傅校长说在南京他是个孤魂野鬼，只有我们黄瓜山才是他的家……”

“那您是怎么回答的呢？”

“我说当然好啊，咱们以后一块儿在‘那边’再办一所学校！”

等我们反应过来“那边”的意思之后，只能用微笑掩盖内心的感动，这也许就是黄瓜山精神吧，除了奋斗、拼搏，还有终生都似乎未曾穷尽的热爱与奉献。

（原载《渝西青年》“记忆文理”专刊第 3 期第 4 版。作者：曹培培）

第四章

橘子红了的时候

橘子红了的时候，收获的季节当然也就顺理成章地到了。

1989年，原重庆师专被评为全国优秀师专；1992年，全校师生员工盼望已久的“永师路”工程终于上马；到了1997年原重庆师专举行20周年校庆时，从这儿走出去的历届众多毕业生，都已经在各行各业挑起了大梁……

昔年桃李挑大梁

——对我校部分校友追踪调查后的报告

题　叙

我是从 7 月 16 日开始我 1996 年度的“暑期社会实践”的，从那以后的一连十几天，我自贴盘缠自己赶路，几乎天天都挥汗如雨，但天天都有新的发现。我惊喜地看见，校友们个个都创建了业绩—— 昔日成长在重庆师专校园内的桃李，而今在各条战线上都挑起了大梁！“好不简单啊——”我像个探得了宝藏的旅人，按捺不住满心的惊异和狂喜，返校后也常常呼叫出来，由此还“诳”得了不少勉励，领导和同事在赞叹之余，都说等着看调查报告。

可是，时至今日—— 早已是雨雪霏霏的隆冬季节了，正经的调查报告却总是出不来。本想就让那几篇已散见于报刊角落的人物通讯塞责算了，但是我知道，要想比较系统地总结自己的调查成果，为领导和同事们提供较成体系的参考资料，还得借助于调查报告。我还知道，要想少辜负校友们一些重托，也得挣命写好这篇报告，虽然个人的能力是非常有限的，调查本身的涉及面也窄，但耳遇之成声，目遇之成色，尽量写出所见所闻，争取为母校 20 周年大庆多作点贡献，是我之愿矣！

第一章 重点中学里，重庆师专学子个个是骨干

（一）

毋须赘言，我们通常所说的重点中学，就是各区县实质意义上的第一中学。这类学校，既被定位为省重点中学，办学能力都较强，升学率都较大，对师资的要求也特别高。从理论上讲，把他们比作普教战线的金字塔并不过分；而且，从理论上讲，它们一般不会接受师专生；出自高等师范“第三世界”的师专毕业生，也应该在它们面前望而生畏。

而我所见到的事实并不是这样。

暑假期间，我遍访了原永川地区八县（市）的绝大多数省重点中学，以及原永川地区和重庆市以外的一些省重点中学，发现它们都不约而同地特别看重重庆师专毕业生，重庆师专毕业生也都不约而同地在这些“明星”学校里创造了业绩……

（二）

比如说铜梁中学。

这所坐落在邱少云烈士墓旁的省重点中学，尤其是一所有名的学校。刚刚过去的 1996 年，它的一位貌不惊人的小个子女生，夺得了全省高考理科第一名即“高考状元”的桂冠；也是这一年，她的另一位貌不惊人的学生在高考中，也获得了重庆全市的文科第二名……

这些，省市各大报都宣传过了，我要在这里强调的是，在这所“名校”，现在仅有的 80 多位任课教师中，竟有近 30 位是重庆

师专毕业生，他们是：语文教研组的杨青苗、黄其科、田贵远、徐思龙、周祖勇；数学教研组的刘化雄、龙永胜、汤永海、陶乘海、张春明；化学教研组的蒋天祥、林伟、王士成、赵培风、胡德冰、张善立；外语教研组的刘刚、王隆富、谢果；体育教研组的杨国勇、赵忠和政治教研组的卢天龙等。他们有的是直接分配到铜中，更多的则是先在乡镇中学干出了实绩再上调铜中的。现在，他们基本上都是本专业的骨干教师，有四五位还是重庆市教委培养的学科带头人。

我是 1996 年 7 月 17 日下午赶到铜中的，托母校福荫，虽然时值酷暑假期，我还是召集起了十余位校友来座谈。谈到母校重庆师专，大家均充满了感激之情；谈到现在的工作学习等，话或长或短都并无愧怍。杨青苗是我校中文系 79 级毕业生，从 20 岁开始执教至今已经 14 年，说多承母校“忠诚于党的教育事业”的正统教育，所以至今初衷不改。黄其科要比杨青苗低了几个年级，身材至今仍瘦瘦的，学问和本事却长进了不少，参编了好几本全国通用的中学教材和辅导读物，语文课也讲得特好。作为我校体育系的高足，杨国勇毕业回铜梁后打球充第一，体育教学和运动的成绩都不少，是重庆市重点培养的全市中学体育学科带头人。

（三）

又如璧山中学。

璧山中学共有任课教师 82 名，其中有 14 人是重庆师专毕业生。而今，这 14 位校友中的绝大多数已经通过自学或者进修拿到大学本科文凭，有数人已经是璧中中层以上的领导干部，有两人曾经被评为全国优秀教师。

关于璧中校友中的两位全国优秀教师——副校长高大志和数学教师高建中的事迹，笔者已经用人物通讯的形式作了较为详尽的介绍。这里便想着重谈谈继他们之后的两位新秀，陈良惠和严太华，他们也都曾经被请回母校，现身说法地为师弟师妹们作过毕业前教育。

陈良惠是师专外语系85届（82级）毕业生，曾经被评为学校和重庆市的“优秀学生干部”，在校时还入了党，我校现任党委副书记黄晓林是她入党的引路人。她至今还清楚地记得受母校师长爱护和培养的一些情景，说那种爱护和培养是全方位的，从学习、工作一直到生活习惯和衣着打扮，都有人关心和过问……

正是由于品学兼优，毕业时陈良惠径直分配到了故乡璧山县的最高学府璧山中学，几年后即被提拔为璧中的副教导主任。她既要搞教学，又要抓管理，成天忙得个不亦乐乎，还得挤出时间自修，拿到了重庆师范学院本科函授的毕业文凭。回到家里，她一样还得做贤妻良母——但是她说，好在前几年她“先生”没有工作，就在家里出大力帮她，基本上是把两口子都贡献给了她的事业和工作岗位。

尽管如此，陈良惠却极爱美，她深信美的学习环境和美好的教师形象能给学生以美的熏陶，美育能起到良好的德育效果，并说她自己就是这样成长起来的：童年和少年时，故乡有风光秀美的云雾山和青龙湖，有淳朴的民风和美好的社会主义农村新型人际关系；考入重庆师专后，母校的黄瓜山和卫星湖更是风景如画，母校美好的学习风气、生活风气和老师同学的美好心灵，更使她整个身心常常沉浸在美好里……而今，她没有理由不把这种“美”奉献给她的工作岗位、传给她的后来人。

严太华是重庆师专化学系86届（83级）毕业生，工作后又考入重庆师范学院生物系读了本科。在现在的工作单位璧山中学，他相继当过保卫干部和办公室主任，现在又担任了政教主任，算是彻底改行了，所学的化学和生物都没用上。但是他的“师兄”，毕业于重庆师专外语系78级的现任璧山中学副校长高大志说，严太华的工作很扎实很具体，“他为璧中做了许多实际工作。”

（四）

再如永川中学。

永川中学也是个出“状元”的地方。教师中的“状元”，比如梁显政，全国教育劳模和全国“五一”劳动奖章获得者；学生中的“状元”，比如罗华章，参加国际数学奥林匹克竞赛荣获第一名，被人们称作冠军中的冠军。同时还值得一提的是，此二人都与重庆师专有渊源，前者是我校数学系78级毕业生，后者是我校的教师子女。

笔者走访永川中学那天，梁显政恰好不在家里，另一位校友肖志农告诉我，在永中现有的一百多号教职员工中，已有三十多个重庆师专毕业生，分布全校各个专业，且大多数都是教学骨干。正是他们这些重庆师专毕业生的实际作为，改变了这所省重点中学“唯文凭”和论资排辈的传统习惯。在永川中学的我校校友，继梁显政之后脱颖而出者，有肖志农、方燕、唐可龙、周洪洁、张正元等等一大串。方燕曾经被母校请回来辅导过学生试讲，还曾经获得过重庆全市优质课比赛的一等奖等多种奖励。同是师专生的周洪洁曾经获得四川省首届初中英语优质课竞赛三等奖、四川省首届青年教师基本功竞赛一等奖、重庆市首届中学英语教师基本功竞赛一等奖等多项大奖；她教的学生也在全国计划单列市初中英语竞赛中荣获一等奖。张正元1992年才从母校毕业分配到永中，做班主任工作也成绩辉煌，他的班已经连续三年被评为学校的先进班集体，第四年还被评为全省的先进班集体，这在永川全市都是极为稀罕的……

肖志农本人是重庆师专政史系85级毕业生，1988年由母校直接分配到永川中学，一到就上高一的政治课并兼班主任，所教班级连续三年成绩优异，单科优秀人数也全校最多。1991年他被学校提拔为政教处副主任，1992年起改做体卫工作并升任主任，在狠抓艺术教育的同时狠抓文体活动质量，于是从1993年起，永川中学的田径队就连续四年获永川全市第一名，并且两次进入重庆全市的前三名;在1994年举办的四川省首届中学生艺术节活动中,永中也被评为先进集体,学校在全省的达标验收牌上加了五分……现在,肖志农身任永中体卫主任和校团委书记两职,在搞好所担负工作、上好课的同时还致力于德育科研,已有好几万字的德育论文发表,1995年还在全国五市德育研讨会上获得了奖励。问他自己感觉如何,答曰“还可以,但很累”,“但再累也不能对自己放松要求”……

那天是1996年7月19日,以后情况便有了些变化,比如周洪洁就因照顾夫妻关系,调回母校外语系任教了。但这无异于九牛一毛,也正如肖志农校友所说,在永中,成绩卓著的重庆师专校友,哪里才止前述那几位?

(五)

此外,大名鼎鼎的合川二中,重庆师专老校长黄正禄的事业发祥地,自现任副校长刘大明(我校数学系77级毕业生)、教导主任李正(我校数学系80级毕业生)以下,共有十多位重庆师专校友,也差不多个个都是教学骨干。

同是全省重点的大足中学,现任副书记李天仁是重庆师专中文系78级毕业生,在调到足中任职之前,他是大足县龙水中学的“一把手”,1995年曾被评为重庆市优秀教师。他说,在大足中学工作的重庆师专校友,加起来怕共有四十多位了!

……

重庆师专学生何以如此受青睐?

还是肖志农校友分析得好:“我们之所以比那些本科生还受重视,不一定是我们学到的专业知识比本科生还强,但我们的母校肯定比一些本科院校更重视德育和教师素质教育,基础打得牢,使我们毕业分配出来后在普教战线留得住、站得稳,责任心和上进心都很强……”

不过，李福超和肖志农等校友同时警告说，近几年毕业的师专校友，专业能力有，但思想素质却比原来毕业的校友差。他们希望母校进一步加强德育和思想政治工作，以消除市场经济带来的负面影响。

第二章　党政机关内，重庆师专学子照样挑大梁

（一）

众所周知，在20世纪80年代后期，我校出过一项产生全国影响并荣获四川省政府一等奖的教学科研成果，那便是旨在全面提高培养质量、促使师专生一专多能的“2+1”主辅修制，这个体制的本义虽然仅限于让学生在学好所学的中文或者数学本专业的同时，兼学一些别的专业知识，以便到中学去后能上几门课；但同时也包含着让学生在学好师范专业的同时，学到些教书育人以外的本领这层引申的意思。其实，从建校初期起，我校就极重视学生素质和能力的全面发展——如果说教书育人乃师专生本分，师专生即便是在省重点中学做出了成绩，也只能算是“一专”的正常发挥的话，那么，在这人才如林、竞争激烈的当今社会，居然另有众多的重庆师专学子进入了气象森严的党政机关，其中有不少人还在领导岗位上干出了业绩，则无论如何应归于“多能”的造化之功了。在重庆地区，特别是在原永川地区八县（市），在党政工团领导机关里面服务的重庆师专学子，可以说是比比皆是。再说具体些，单是重庆市直机关，就有团市委副书记马奇昌、市教育工会主席伉大林、市委组织部干部祝昌云、市人事局干部罗家富……等等，名字随便一念就是一长串；再说原永川地区八县（市），则大都有了重庆师专学子做常委以上的领导干部，诸如中

共荣昌县委书记马正其，中共大足县委常委、宣传部长黄铭，中共铜梁县委常委、科委主任叶永海，中共合川市委常委、组织部长唐川，中共江津市委常委、宣传部长何剑平等。上述诸君除马正其一人系干部专修科学员，入校时已是在职干部外，其余都是我校从地道的师专生中培养出来的佼佼者。

（二）

若论师专生改行从政，我校的中文系82级要算是一个典型。据不完全的统计，这个年级两个班共83位校友，已有15人以上在党政机关里面工作，占全年级总人数的六分之一强，并且已有10人以上担任了科局以上的领导干部，诸如共青团重庆市委副书记马奇昌等。现在则要一一叙之

余祖明的故事：此君来自川北农村，为人最是忠诚老实，在校时为中文系82级2班班长，上二年级的时候就入了党，是母校1985年“七一”表彰的唯一学生党员。毕业时作为“优秀学生”分配到了市委组织部，市委组织部把他下放到璧山县锻炼，从此就把根扎在璧山了。十余年间，他先后担任过区团委书记、副乡长、县委宣传部干事、团县委副书记和书记、镇党委书记、县工会主席等多项职务，干遍了党政工团等各方面工作，并且经历了几上几下，期间多次获奖受表彰，竭诚地为璧山县的建设和发展，贡献了自己的一份力量。

张吉美的故事：人如其名，张吉美果然长得俊美。上学的时候，她担任团支部宣传委员，能写会道当然也最爱笑，为班上做了不少实事。毕业后她被分配到永川县直机关，先任团县委干事、副书记，而后调县（市）总工会工作，任副主席和女工委员会主任。为了做好分内的工作，她常常深入区乡和企事业单位，帮着搞体改、做思想工作，与女职员、工人促膝谈心，并竭力为大家排忧解难，天晚了就与女工姐妹抵足共眠，忙得来常把自己的丈

夫和儿子抛在一边。十余年间，她已有十余次获得奖励，荣获“女职工之友”等先进称号，去年还被评为四川省先进女职工工作者。

龙图的故事：龙图自来长得壮实，在校时任2班团支部书记，性情刚直，有决断，抓工作更是风风火火，因此在同学间素有威信。毕业后曾留校任政工干部，先当辅导员、系团总支书记，而后升任系党总支副书记，再后来为了解决夫妻分居问题而不得不调离母校。有人说，龙图离校时似乎哭了。这我相信。因为他走后常写信回来，不只是叙旧情而主要是问母校的建设发展，希望母校师友好好弘扬“黄瓜山精神”。问他到渝北区“混”得如何，爽直的龙图却笑笑不言语——也是别人说他干得很不错，说“好汉龙图，前程似锦”。

官建华的故事：在中文系82级，官建华是小弟，说话做事都嫩兮兮的，逼急了有时还会哭哭鼻子。毕业留校后，官建华在兄长龙图领导下做学生工作，还刻苦到四川师大攻读了本科。但是他的聪明和才智，他在母校的所学等等，还是在调回地方再经受磨练以后，才逐步得以发挥出来。回故乡江津，他先当了市里的“第一秘书”，而后到双溪镇当了镇长，在那个要重点建设的小镇干起了他红火的事业。

周继超的故事：在中文系82级从政诸子中，周继超算是较特别的一位。第一，他开始是分配到中学里面任教的，且教书育人还算把好手，从政却实在是半路出家。第二，从主观上讲，他开始对从政的兴趣似乎也不大，可后来却越干越出政绩。他在中共永川市委统战部任科长时，和部领导一起编著了好几本专业“大部头”；而后下派到双竹镇当副镇长，为了这个新建的省级重点小城镇跑了一年多规划和基础建设；再后来便是担任现职——永川市政府办公室副主任。问他几年来感受如何，他正色坦言道：“脱胎换骨啊——党性和世界观都得到了很大升华。原来只觉得当老师辛苦，现在才感到从政更艰难——如果要当个好公仆的话……现在想来，母校当初的全面培养和正统教育，对我实在是太重要了！”

（三）

当然，从政也罢，当公仆也好，对于重庆师专学子而言，也不是中文系82级的专利。

且不说本文前面提到的，那些已经在重庆市直机关和区（市）县委领导班子里任职的早几届校友，就是近几年毕业的重庆师专学子，也涌现了不少的“政界”新秀。比如，政史系91届毕业生叶贤中，是重庆师专第八届学生会主席，五年前才含泪辞别母校，现在已经是西南兵工局的团委书记。又如，生物系90届毕业生郑风华，重庆师专第七届团委副书记，从1993年起就已开始担任永川团市委副书记。尤其显得突出的是，单是在双桥区的区级机关里，就已经聚集了一群近几年才毕业于重庆师专的年轻干部，他们是：区党委宣传部副部长周和平——重庆师专政史系89届毕业生;区政府办公室副主任陈明信——重庆师专中文系89届毕业生；区党委办公室副主任邓民建——重庆师专政史系93届毕业生；区团委副书记焦勇健——重庆师专中文系93届毕业生……

是他们都特别有“背景”么？否。在他们中间，虽然也有干部子女，但更多的却是出身于地道的“贫家小户”即工农家庭。用人单位领导说，他们喜欢提拔这些人，是因为他们不但个人品学兼优，还通过当学生干部等途径学到了一套组织管理方面的本领……这话是较为客观公允的。

第三章 再谈谈剩下的百分之五

（一）

不知道这个估计是否正确：办学将近20年来，重庆师专历年毕业的上万学子，其中有 85% 是干着自己的本行，坚守在教书育人这条战线上（这其中的绝大多数是在普教第一线，也有少数是从事职教或高等教育）；有 10% 改行从政了；另外还有 5% 也改了行，干着教育和从政这两大项目以外的其他一些正经职业……

比如说经商。

重庆师专的培养目标是使学生一专多能，但是，重庆师专还没有开设市场营销等一类课程。学生毕业后要下海经商，许多事都必须从头学起。因此，经商对于师专生来说，并不就意味着恭喜发财，而注定了是一条艰难曲折的求索之路。这是问题的一个方面。另一方面是，也不尽然——不等于打定了主意要经商的师专学生，在校时就可以不努力学习，不等于重庆师专的正统教育，对“下海”的人就毫无用处。何况下海经商这个抉择，往往并非他们还在学校就读的时候就可以作出的

暑假期间，笔者见到过毕业于我校中文系 82 级的重庆林德物业有限公司总经理易亚玲。在校的时候，她是班上的文体委员，散文写得好，口才也不错，后来教书也是把好手。尤其难能可贵的是，而今她在谈到备尝创业艰辛的同时，还念念不忘母校对她的培育之恩。说她除了用母校师长“要做生活强者”的谆谆教诲战胜了艰难险阻，还常用从母校学到的知识和本领去感化恶人、教育员工。她说，商场上也很讲究爱国、讲究忠诚和信义等等……

此外，在双桥区，我还见到过一位名叫唐光春的年轻厂长，他是我校生物系 92 届毕业生，现在领导的企业叫做重庆市双桥保温材料厂，主要生产并经销保温涂料、隔热材料和高温黏接剂等。他说，他用在母校学到的专业知识搞生产，又用在学校受到的师德培养抓管理，真可谓是相得益彰……

在成都市，我还听说过外语系 81 级校友阙祥玲的故事。由于早年患小儿麻痹症的缘故，她腿上有残疾，却不但顽强地完成了专科学业，还考入了四川外语学院修完了本科，可是后来，为了

解决夫妻两地分居，她不得不以“工人”的身份调入成都，从此走上了经商的道路。又奋斗10年后，她现在已经是拓海集团公司的副总经理……

“生的水果因破碎而成熟”，易亚玲也罢，阙祥玲也好，以及另外的一些校友，如果不是生活中出现了坎坷，他们大多是不会轻易放下自己热爱的教书育人事业去下海经商，从而经受一些特殊锻炼的。

（二）

在重庆师专，由于中文系开设了文秘和新闻写作等辅修课程，校报编辑部和学校的广播台站也10年一贯制地坚持着培养学生记者，于是便于毕业校友中，又崛起了专职的新闻工作者这样一支“异军”。他们有的进入了省市的报刊或者电台、电视台，有的则在校报、行业报、地方小报和区市县电台里。与成千上万的从教校友比，他们的人数当然不会多，但是集合到一块儿，则无论如何也要算是一支队伍，单是在学校所在地永川，地方党报和电台、电视台的专职新闻工作者，就有近20人是重庆师专毕业生……

现在重庆市人民广播电台工作的陈霞和张萱，都是我校中文系毕业生。在校的时候，她们都为母校的报纸和广播写过稿、编过稿、播过音。正由于有了这些基础，毕业后成了正式的国家新闻从业人员，遇到什么都一点就会，干着什么都轻车熟路的。

如果说中文系毕业生搞新闻，也应当算是半个“科班”出身的话，那么生物系学生向斌和桑天华，毕业后居然也成了“老编”或“老记”，则无论如何要归功于他们在校时得到的“第二课堂”教育或者辅修了。上学的时候，向斌就特别喜欢活动，上完课就满校园跑，做一些公益上的事情，同时也写稿。因为到底是生物系学生，开始他写得并不怎么好，但悟性不错，态度又极佳，一说一点头像个笑和尚，叫人有气也生不起来。想不到毕业出去不久，他竟成了巴南区广播局一大“名记”，直至中央电视台的各级报刊和电台、电视台都发稿子，同时还认识了《重庆日报》几乎所有的编辑老师。虽然前不久，向斌调任了巴南区团委副书记，但他仍旧逢人便说，自己是学搞新闻起家的，希望长久做一个兼职的新闻工作者……

与向斌相比，桑天华要显得内向得多。他学写稿子十分的执著，说话办事都极沉稳，尽管毕业初分配时遇到些坎坷，他也能够冷静对待，最后终于进了《经贸世界》杂志社，如愿以偿地当了正式的记者和编辑。

（三）

现在，让我们来谈谈另一些校友，即求学时受过挫折的校友。

知情人士说，重庆师专的管理极严，是促进学生成才的另一个重要原因。而这个“严”字，却自然而然给极少数或者极个别的学生造成了“不幸”。万幸的是，这些受过挫折的历届校友，却并没有就此消沉，而是从中吸取教训，跌倒了爬起来奋起直追，终于也一样成了佼佼者……

在这些校友中，杨君要算是一个典范。

平心而论，杨君自来就不笨，在校读书时，他甚至比同班级别的同学还“算个人物”：人长得白净，样子挺机灵，喜欢钻研哲学和文学……可是，钻着钻着，杨君像钻出了问题似的，学习开始不那么用心，变得有些喜欢空谈和东游西逛……

临近毕业的那一学期，杨君可说是“祸事一齐拢”，几起错处同时被学校发现，于是，他跟本系本年级几十个毕业校友都不一样，没有拿到毕业证书就离开了母校。

跨出校门后，杨君发愤图强独自闯新疆，一面打工糊口一面拼命地苦读，几年后终于考上了新疆大学的硕士研究生。硕士毕业后，他打过工的那所兵团子弟中学一心想留他，当即要为他解决职务、职称等，他却没有就此歇住，又奋斗几年后考上了中国社会科学院哲学研究所的博士研究生。去年我的同事小 D 到北京进修，见他正在攻读博士生二年级，床头和桌上都堆满了书。见到母校师友，他犹如见着亲人一般，说心中无时不想念母校重庆师专。当初他出了偏差时，母校师长天天找他散步谈心，勉励他跌倒了爬起来再走，他独自跑到新疆去发奋，师友也常常寄去勉励的信。他说，他都为自己计划好了，仍旧要把生平所学贡献给教育事业，争取在 45 岁以前当上教授，50 岁以前当上博士生导师……

跋

写到这里，已洋洋近万字，这篇不太精彩的调查报告，似乎也该就此打住了。

倒回去看，第一章只讲了重点中学里面校友的情况，自然不是说广大在农村中学里苦苦撑持的校友都没什么好写的。第二章集中写了党政机关里面工作的校友，是因为我看到确实已有成批的校友聚集在党政机关里。第三章分别写了校友中经商和新闻从业两支新崛起的“异军”，最后还写了校友杨君，是因为我发现，在杨君身上，再次证实了“玉不琢，不成器”是一条颠扑不破的真理。

最后谈谈校友的希望建议等，有这样两条至关重要：一是大家希望母校师长能够更好地继承和发扬艰苦创业、勤俭建校的“黄瓜山精神”，多为祖国社会主义建设大业培养一些合格师资和其他有用之才。二是大家寄语正在母校求学的小弟妹：勤奋学习，努力成才；在学好各门功课的同时，对师能训练尤不可懈怠……

谢谢校友，他们的希望，不是与母校坚持办学方向和狠抓培养质量的既定方针刚好合拍么！

（本文系夏明宇于原重庆师专建校 20 周年前夕采写的调查报告，原载《重庆师专报》1997 年 2 月 26 日（总第 214 期）第 1、2 版，后曾收进西南师范大学出版社为作者出版的《为了未来的园丁》一书）

这支队伍晒不垮

——记重庆交院赴永师公路工程测量队

酷热创重庆近数十年来之最的那些日子，即今年（1992 年）7 月中旬到 8 月中旬那段时间，在永川城关至重庆师专那几十里山水间，活跃着一支扛标杆挟仪器的测量队伍，太阳出来他们就来了，太阳落坡还不肯收工，经常是午后一点多钟还没有歇晌午，惹得几十里内的父老乡亲们，一个个都发出这样的感叹：

“哎呀，这些人好像比我们还经得晒呢！”

是啊，庄稼人本来就最经得晒了，而当他们都不得不歇下来时，便由衷地对还在烈日下挥洒汗水的人们感到敬佩。

这些比农民还经得晒的人，是重庆交通学院赴永川至重庆师专段公路改建工程测量队的 18 位教授、专家和技术干部，为了支援远郊的公路建设和城乡经济开发，为了帮助兄弟院校改善办学条件，他们顾不得避暑，放弃了度假，一接到通知就告别了家人，风尘仆仆地赶到工程上来了。

洪仁翥教授和佘处长都是年近花甲的老同志了，人胖了些，按说更怕热，可是都面对如火的骄阳毫无惧色。洪教授是个极风趣的人，头顶烈日仍谈笑风生，不时说些逗趣的话给大家提神儿。佘处长平时就不苟言笑，此时更是一心扑在工作上，两眼直盯住弯长和坡高，不时发出些简捷的指令，汗水浑身乱淌也顾不上料理。年轻的史博士刚从外地出差返渝，又恰逢爱人刚生孩子，也是掉头就扑到工程上来了。在一连二十多天的艰苦奋战中，测量队好些同志的双肩都被烈日晒肿了，有的还被毒虫咬伤了脖子，但大家带病也坚持工作，没有一个在困难面前退缩的。

为了给地处远郊的永川人民和兄弟院校重庆师专测设出一条名副其实的好路，测量队的同志们冒着灼人的酷暑踏勘了许多条羊肠小道，走访了当地许多群众，对预计中的几条路线做了认真细致的反复论证和综合比较，最后以高度的责任感向永川市和重庆师专的负责同志提出建议：本着着眼于现代化，着眼于未来和更有利于沿线开发这一基本精神，改变原拟多走旧路的计划，避开黄瓜山，以高等级公路宽、平、直的标准来测定线路。线路走向定下来后，他们又对各具体路段进行过细的测设工作，为了达到既不降低线路标准又少占好田好土并节约造价这一目的，单是四合水库当门那一公里多线路，他们就反复踏勘了整整一天才确定了下来。这一天，高温下的天地活像个蒸笼，随身带的饮用水早就喝干了，黄昏时分当日事毕，有好几个同志差点儿就当场晕倒。

经过二十多天的苦战，测量队的工作胜利结束了，由他们最后测定的线路全长 13.4 公里，比现在走的黄瓜山老路缩短了三分之一。而且，全线按二级公路的标准设计施工，弯道半径和坡度按一级公路的标准设计，是目前永川境内最宽最好的一条公路，交付使用后，重庆师专到永川的实际行车时间将会缩短一半还多！到那时，重庆师专的师生员工和公路沿线的群众将不会忘记，是谁首先在这条路上抛洒了汗水！

测量队的同志们凯旋了，不知究竟的乡亲们还半出于关切半开玩笑地询问参与测设工作的我校工会主席梁昌兰：“梁主席，你们那些人晒垮了没有？”“没有没有，”梁昌兰爽朗地大声回答，“我们这支队伍是晒不垮的！”

（原载《重庆师专报》1992 年 9 月 15 日第 3 版。作者：夏明宇）

永师路好梦成真

朋友，你知道永师公路吗？

其实，所谓永师公路，就是现在从永川城区通往我校星湖校区的那条马路——“永”指永川，是永川城区的缩写；“师”则指“师专”，即我校的前身重庆师专。从我校星湖校区大门口搭乘501路公交车，穿越双竹镇，经过重庆野生动物世界、来龙湖和“小南”等地，一路几乎没有颠簸，沿途均是宽平直的柏油六车道，中间还一律用花台做了隔离带——这么一路观赏着停停走走（因为这是公交车，沿途都要上客和下客），到永川城区与望城北路衔接的永师路口，满打满算也只需要二十几分钟……

听到这里，也许你会说：“算了莫吹哟，不是说从星湖校区坐‘501’到红河校区要四五十分钟么？”

——是的，从我校星湖校区搭乘501路公交车沿途停停走走，不断上客下客，到红河校区，全程是需要四十分钟，但是在这儿你偷换了一个概念：我说的是刚进入永川城区的永师路口，你说的则是还要从永师路口转着圈儿，贯穿整个永川新老城区之后才到达的红河校区，这段路不但又有好几公里，且车速将放慢，上下客将更勤——如果你是自驾车避开城区从红河直驰星湖校区，不是总共只要十几分钟么？

当然，也许你还会说，即便是这样又有什么呢——不就是一条不长的公路么，也值得像这样兴师动众地架起个势来吹！

当然，这都是因为你不知道，距今20年以前的我校交通，还是多么令人难堪的状况；距今20年以前的重庆师专，还怎样地被人戏称“第三世界”或者“夹皮沟”！那个时候，从学校（星湖校区）进城要翻越黄瓜山，上下山都是一条七弯八拐的泥石小路，到永川城区足足有二十多公里远，坐客车要颠簸上一个小时，颠着簸着一些人忍不住呕吐，于是便哭了，说这样真是活活受罪。有人便调侃着劝解说，快莫讲受罪了，这受罪还得等待机会呢——校客车每天就开一两趟，往往在头天下午票就售完了；搭乘从朱沱、松溉等地开往永川的过路车得先走上两里路，站在现在的双竹镇街口上一等就是半天……

有人说，那个时候，仅因嫌交通不便等原因从我校流失出去的师资，收拢来差不多可以再办一所大学了，这话一点儿也不夸张。于是，在几次三番地酝酿迁校不成的同时，人们就盼望有一条能够缩短“夹皮沟”与外部世界距离的好路，早也想，晚也想，巴心巴肠地想，进入梦乡也想，想路都想出毛病来了！

好吧，让我们继续往下讲。

1992 年 9 月 24 日，永师路改建工程终于破土动工了。永师路改建工程终于动工，是当时的四川省、重庆市两级领导亲切关怀和永川市党政大力支持、积极配合的结果，是在经过长期酝酿和反复论证的前提下得以实现的。然而，永师路改建工程破土动工，才只是万里长征迈出了第一步，它之所以能够在历经坎坷之后终于实现了全线通车，除了上级领导的大力支持和永川、师专校地双方的共同努力，还在于校地双方都找对了一个人，那就是出任工程常务副指挥长的刘定云同志。

刘定云是土生土长的永川本地人，曾相继担任过永川师范学校的校长兼党支部书记、永川县副县长和永川县纪委书记等职，当年（1992 年）3 月才刚刚调任重庆师专的党委副书记。她熟悉校地双方的情况，深知修建这样一条“宽、平、直”的高等级公路对于学校办学和地方经济建设的极端重要性，因此从受命之日起，就成天奔走于永川城区至重庆师专那十多公里间，搞测绘，征地皮，抓施工，没有节假日也没有星期天，严冬或酷暑也从不停歇。1995 年元旦，天气好冷，连路上的行人和车辆都稀少了，已经升任重庆师专党委书记的刘定云却仍和学校派任工程指挥部办公室主任的校工会主席梁昌兰等人一起坚守在筑路工地上，顶着风雪和工人们一起卡片石，惹得路基两旁居住的群众都发感慨说:“为了赶新马路那点儿进度，刘县长和师专那个胖老头儿硬是好吃得苦哟!”

当然，高等级公路的建设光靠人勤奋还不行，它同时还需要较高的投入。为了解决经费难问题，刘定云一面千方百计地节约开支，一面又千方百计地争取上级机关的进一步支持。几次去省里汇报工作，她都是连夜从成都搭便车赶回，还连别人给她买好的硬卧火车票都要换掉，说是“只要有个位子坐坐就行了，能省就省下几个钱来用到公路上”。一次到重庆找人办事情，她顾了找人竟顾不上吃饭，从早到晚一直饿了十多个小时，待到事情终于办妥时，竟饿得眼一黑差点儿晕倒……

尽管有了像刘定云这样的好带头人，但由于受资金和当时的技术条件等方面制约，工程的进展却并不顺利。好在“要致富，先修路”的口号已深入人心，筑路工程得到了沿线百姓的大力支持，乡亲们全乡、全村地出动，自己带饭上工地，开山放炮或挖土填沟壑，妇女背着小孩也弯腰在路上捡石头。重庆师专人更是把筑路当成了师生们自己的事情，常常利用周末结队上工地，或者做一些力所能及的义务劳动，或者表演文艺节目慰问筑路农民工，让工地上充满了笑语欢声……

永师公路上的双河口大桥，在当时曾经被人们亲切地称作“集资桥”，是刘定云、梁昌兰带动工程指挥部全体工作人员集资 24 万元垫付工程款，才得以按时完工的。

功夫不负有心人，1998 年元旦，铺好水泥路面的“宽、平、直”永师公路半幅通车了，到当年国庆时终于全面畅通。永师路终于全线畅通了，得以圆梦的原重庆师专人，喜悦之情溢于言表，不少人特意骑自行车乃至徒步走到永川，用双脚丈量这条来之不易的新路，说呀笑的把嗓子都喊哑了。有人说，永师公路的全线畅通，为后来永泸公路的建设，为带动沿线经济建设和重庆野生动物世界等等的诞生，为原重庆师专的升本建院，都奠定了坚实的基础——这个评价是恰如其分的。

从1992年9月24日破土动工，到1998年国庆节全线畅通，永师公路整整修了六年！在这六年时间里，由原永川市领导担任的工程指挥长都换了五任，然而刘定云这个常务副指挥长，却六年一贯制地一点也没放松——尽管她已于1994年10月升任原重庆师专的党委一把手，许多大事都要自己去思考，却仍旧没有片刻忘记过建设永师路。

学校升本建院后，刘定云在领导岗位（党委常务副书记）上一直干到了2006年，现在仍担任着教学工作。曾任原重庆师专工会主席和永师公路建设工程指挥部办公室主任的梁昌兰则因年事已高而早已退休在家。让我们永远记住他们——这些为学校建设发展和地方经济建设作出过卓越贡献的人，愿他们健康长寿，好人一生平安！

（原载《渝西青年》“记忆文理”专刊第4期第1版。作者：李文静、曹培培、王玉辉）

《书法教与学》创办始末

1985年至1987年间，我校前身重庆师专曾经和四川省书学学会合办过一张面向全国发行的专业报纸——《书法教与学》。报纸为四开四版，每月一期，每期发行三万余份。在全国除西藏和台湾、澳门地区外，全国各省、直辖市、自治区以及解放军海、陆、空部队都有订户。台湾政治大学林丽娥教授，为了研究大陆“文革”后的书法活动情况，曾致函师专校办，希望提供一份《书法教与学》。当时报纸已经停办，由笔者个人作了回复。林教授在她后来出版的《中国大陆文革后二十年书法活动之研究》一书中，对《书法教与学》报作了全面介绍。一张小小的四开报纸，只存在三年时间，却有几桩值得称道的事情，兹简述如下：

《书法教与学》创刊时，《四川日报》社长兼总编辑李半黎同志，亲自安排在该报头版刊发了一条创刊消息。

1987年，由《人民日报》等单位出资编辑出版的《中国当代报纸大全》对《书法教与学》作了全面介绍。

报社曾邀请四川省几位著名书法家，以每幅作品三元的优惠价，将其作品卖给师专学生，所得款项全部捐赠给《书法教与学》编辑部，举办了一次“全国中师学生书法大奖赛”。这里需顺便提到一位当时参加义卖的四川大学历史系古文字学家兼书法家何崝先生。读者想必记得，去年（2009年）高考有位学生用甲骨文写了篇七百字的作文，结果得了零分一事，引起很大争议。据媒体报道，记者曾就此事请教川大历史系古文字专家“何山青”教授。其实“何山青”正是“何崝”之误。

《书法教与学》主编一直按时出席重庆市委宣传部召开的重庆市报纸总编辑联席会议。四川省委宣传部分管报刊工作的副部长宋锡仁同志曾写信给《书法教与学》主编，对报纸作了肯定评价和具体指示。此外，《书法教与学》还载入了新编《四川省志》。

《书法教与学》最初由《四川日报》代印，后改由永川印刷厂印刷，直至停办为止。报纸印刷质量和现在相比，真是小巫见大巫。不过，就这么一张显得有点儿寒碜的小报，却得到了当时不少书坛名流的支持。例如当时正在《光明日报》《书法报》等报刊专栏发表文章，被誉为“书法旋风”的陈振濂先生（现为中国美院博导）赴日讲学归来后，曾写成《日本书法教育研究》十篇，交由我们辟专栏连载。文化部文艺研究院研究员、《美术史论》杂志副主编王玉池先生，苏州大学美学家金学智教授，中国历史博物馆（现国家博物馆）蒋文光研究员，华东政法大学古籍研究室洪丕谟教授等，都曾为报纸撰稿。特别是西南师大著名学者、书法家徐无闻教授以及四川大学著名书法家周浩然和上面提到的何山青，除为报纸的编辑出版工作出谋划策外，还不断为报纸组织和推荐稿件。

《书法教与学》是怎么停刊的？那是因为——

1987 年全国公开发行报纸约有五千家，中央认为发展速度过快，物资（主要是新闻纸）供应、编辑力量都难以满足，于是在全国进行了一次报纸大整顿，要求各省市按大约百分之十的比例砍掉一批。按规定，像《书法教与学》这类四开专业小报，每月至少须出版四期，专职编辑至少六人，主办单位至少提供十万元的资金保证。人员、资金也许可以想办法，但在当时的条件下，每月出刊四期是根本办不到的。

当初，《书法教与学》从提交办报申请到拿到批文、刊号，只用了七天。报纸从 1985 年 3 月创刊到 1987 年底停刊，不足三年。就这样来也匆匆，去也匆匆，和它的三万多订户说了声：再见。

然而，在它短暂的办报历史中留下的不平淡的痕迹，至今仍值得我们回味。

（原载《重庆文理学院报》2010 年 5 月 25 日第 4 版。作者傅晏风系我校退休教师，曾任《书法教与学》报主编、四川省书学学会秘书长等）

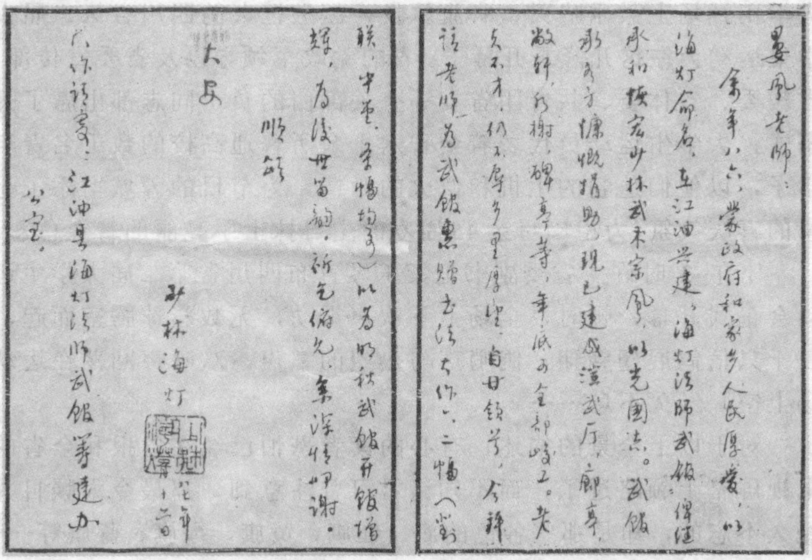
晏風老师：
余年八六，蒙政府和家乡人民厚爱，以海灯命名，在江油兴建"海灯法师武馆"，俾继承和恢宏少林武术宗風，以光国术。武馆承各方慷慨捐助，现已建成演武厅、廊亭、敞轩、[illegible]碑亭等，年底可全部竣工。[illegible]请老师为武馆惠赠书法大作一、二幅（联、中堂、条幅均可）以为明秋武馆开馆增辉，为後世留韵。祈允俯允，集深情叩谢。
顺颂
大安
少林海灯
[illegible]
八、作请寄：江油县海灯法师武馆筹建办公室。

1987 年 9 月，时年 86 岁的少林海灯法师致函我校《书法教与学》报主编傅晏风，请他为即将在四川江油落成的海灯法师武馆“惠赠书法大作”。

瓜山，请记住这群少男少女

——我校赴省二届大运会代表团的报告之一

1994年10年1日，位于成都市新建二环路西北侧的西南交通大学田径场上鼓乐喧天、彩旗飘扬，酝酿已久的四川省第二届大学生运动会在这儿隆重开幕了。省的党政军领导以及省委宣传部、省教委、省体委、共青团省委等有关部门的负责同志都出席了开幕式，大学生运动员代表着全省六十余所普通高校的数千名青年学子，以他们蓬勃的生机和似火的激情，为节日的蓉城增添了无量的喜庆气氛，为祖国母亲45周岁的生日抹上了亮丽的青春色彩。

下午3时许，省委副书记秦玉琴宣布四川省第二届大学生运动会正式开幕，顿时，全场上下欢声雷动，无数彩球腾空而起，三千只信鸽展翅翱翔，鸽哨声与热烈的掌声、欢呼声回荡在运动场上空，经久不息……

对于以上全景的描述，有心的读者恐怕已经在省报和全省的电视屏幕上领略过了，而不知诸君可曾注意到，那最令人瞩目并经久不忘的，却是那些各色的旗：红旗、黄旗、绿旗、蓝旗等——前往赴会的各校代表团，都按规定带了两面代表自己所在学校的校旗，一面插往运动场四周，一面引导运动员入场。于是，这座有幸成为本届大运会主会场的西南交大田径场，便既有了旗的屏障，又成了旗的海洋……

在众多院校的五色旗帜中，又有一面旗最为特别：枣红色的丝绒旗面，烫金的“重庆师专”四个大字，虽不轻巧却格外简洁，不很绚丽却深厚凝重。一如旗下的瓜山儿女，黧黑的面孔和朴素的运动服，包装着强健的肌体和热烈的情怀……善解人意的大会播音员似乎一眼就看出了底蕴，立刻亮开甜润的嗓门“唱”起赞歌来：

“现在朝主席台大步走来的，是重庆师专队。重庆师专历来重视体育，在抓好常规体育教学和训练的同时，培养了一批又一批的运动健儿，曾屡次在全市全省乃至全国的体育竞赛中取得佳绩，并已在于暑假中先期举行的本届大运会乙组男女篮球赛上双双夺冠……”

按照预先编定的入场序号，我校代表队走在第四十五位。但经过播音员这么一“唱”，曾为四川联大队和重庆大学队、西南财大队等入场激动过而早已逐渐平静的偌大会场又一度沸腾了，主席台上率先鼓掌，场子四周也再次爆发出掌声和欢呼声，有人兴致勃勃地议论起来：

“啥子呢，重庆师专？”

“他们的男女篮球队都先赢定了，这回的田径队怕硬是也不简单啊。”

而平心而论，此时此刻，重庆师专田径队的领队、教练和运动员们心里却并不轻松，相反，大家却实实在在地感到了包袱重、压力大、困难多。所谓包袱，主要是男女篮球队已经先期夺冠给他们造成的思想负担；人家都光彩地赢在前面了，现在要是输了，就意味着学校赴大运会参赛的锅儿是砸在我们手里，不知有多么丢脸多么要命！所谓压力，则将出自于兄弟院校代表队中那如林的强手：哪个运动员不想拿金牌啊？田径可比不得球赛，田径下面的子项目多矣，标枪赢了还有铁饼和铅球，短跑赢了还有中跑、长跑和接力赛跑；何况男女篮球赛都已赢在前面，兄弟院校代表队这下便都盯准了重庆师专，都想在抢去田径桂冠的同时，顺便报一报那“一箭之仇”。所谓困难，又来自于主客观两大方面，客观上是由于近年来的经费紧张造成了学校的心有余而力不足，给大家创造的物质条件远不如人；主观上则存在着我校田径队组队迟、训练时间短的问题，其中一些队员还是半月前刚招收进校的新生，入学后没有经过几天集训就仓促上阵，在整体实力上远不如男女篮球队强，据了解也不如一些兄弟院校队。

正因为存在着上述原因，学校对田径队并没有苛求。临出发时，任我校赴省第二届大运会体育代表团团长的黄晓林副校长勉励田径队领队杨洪锦："不要紧张……争取个二三名就不错了，拿到个第二名就是胜利。"可是杨洪锦转身告诉杨敏、唐建中、周立三位年轻教练时却说："……无论如何，我们要迎着困难上，确保第二，争取第一名！"这话轮到杨敏、唐建中、周立对运动员们说时，又打了个升级性的"折扣"："……无论如何，我们要争取第一名！"12个运动员则互相鼓励说："无论如何，我们一定要拿第一名！"

好一个"一定"！多亏有了这个"一定"！因为有了这个"一定"，笔者当时就有了预感：这田径冠军恐怕也是非重庆师专队莫属了。因为，笔者当时想：对于体育竞赛而言，无论团长和领队的决策有多好，也无论教练的指导有多精，都全赖运动员在赛场上有好的发挥。赛场上的事情，团长和领队说"一定"还不一定就能"一定"，教练说"一定"也不一定行，但当运动员们都异口同声地说"一定"时，这个"一定"就有可能付诸实现了。

后来的事实也正是如此，由于团长和领队领导有方，教练员老师指导得法，运动员同学团结奋进，全队上下拧成一根绳，劲往一处使，汗往一处流，结果，我们就赢了。

那是10月4日的下午7时，大运会的收兵锣已经响过，赛场上的各路人马已偃旗息鼓，暮色已开始徐徐降临，主席台上的高音喇叭忽然又响起，播出了一个权威的报告：经过几天来的大大小小上百场角逐，重庆师专田径队战胜了全省其余26所专科级的兄弟院校代表队，获得了团体总分第一名。

"啊——"分散在赛场边上等候消息的运动员们一下聚拢来，差点儿就把领队和教练都举起来抛到天空上去了。也没有要个号令什么的，大家就异口同声地唱起了《团结就是力量》那首歌儿，直唱得小伙子和姑娘们哭了又笑，直唱得五十多岁的老领队杨洪锦也热泪盈眶，直唱得他们每人脖子上挂着的那几块奖牌当啷响，像在给大家伴奏一般……

此情此景，着实动人。这胜利来得好不容易！我们这12个年轻的运动员，这一群可爱的少男少女，初到如花似锦的蓉城，本还有三两天休整时间，可就是没有上街逛过。“养兵千日，用兵一时”啊，每天早晨天还不亮，别人都还在床上，他们就互相催喊着起来，匆匆地啃过馒头喝完稀饭，便提着跑鞋乘车去交大了，在教练老师指导下熟悉场地、活动手脚，谁也不敢偷上片刻闲。三日后战幕正式拉开，那根弦自然绷得更紧，有项目的盯着项目上，暂时没有赛项的也全身心投入，搬器材、递茶水、呐喊助威，大小历经数十战阵，硬是用众人的心血和汗水，浇出了一个田径冠军。他们中间，有带病出征的，有带伤上阵的，还有明知实力不如人而硬夺金牌的。对手强呀，大运会36年才轮到一届，哪个学校会不选精兵强将来？他们往往是只赢到人家一步半步，一秒半秒乃至于零点一二秒。因此，“争分夺秒”这句成语在他们面前似乎也该改一改了。

“两军相逢勇者胜”，他们胜利了，当是勇者。比起兄弟代表队来，他们的补贴少，25元一天的伙食标准在餐桌上能吃饱但不能说吃好，在赛场边看着别人喝“健力宝”下点心时就只好咽唾沫或者呷上一口自带的白水，因体谅学校经费紧张而没有半句怨言。谁说他们就知道争强好胜呢，进出蓉城一共八九天，他们不但自己内部团结如兄弟姐妹，不但能做到胜不骄、败不馁，与兄弟院校代表队和睦相处，还有人在旅途中慷慨解囊扶助弱小。10月4日晚，大获全胜了，住所的服务人员却没有那么善解人意，端上桌的饭菜全冷冰冰的，还多要了大家几张餐券。面对着如此大煞风景的事情，他们心中会不气，会不恼，会不想来个拍案而起？但是，他们忍了。他们个个心里都明白，平民在国外就是大使，士兵在国外就是将军，自己一旦身在校外，也就都像校旗一样代表着学校的荣誉和尊严。

如此看来，他们又都是些善者。

勇且良善，功莫大焉。勇至为学校争得了全省第一，善至让学校饮誉蓉城，若把分母和分子同时扩大再作个比较，他们当与也是刚才凯旋而归的亚运会冠军一样光荣！

然而，亚运会冠军将长在中国，而他们与学校的关系，却是“铁打的营盘流水的兵”，至少一年两年后就要辞别母校各奔东西……写到这里，笔者不禁萌生出一个祈愿：望瓜山能够记住他们——这群可爱的少男少女！

参加1994年省二届大运会夺得男子十项全能冠亚军的我校(原重庆师专)运动员：何义海（左）、韩强（右）。

韩强和何义海：好一对瓜山的虎兄豹弟

——我校赴省二届大运会代表团的系列报告之二

好吧，现在让我们来具体地说一说他们——这一群可爱的运动员娃儿。

韩强像只虎，虎头虎脑，膀阔腰粗，笑着时两眼眯成一条缝，可到了一提劲一发威时，虎眼一瞪就圆溜溜的……

此次亦如此，在省第二届大运会男子乙组十项全能大赛呈白热化的关键时刻，他圆睁了两眼虎吼一声，随即撑长竿腾空一跳，一下子就把紧咬住自己不放的对手们抛得远远的了。

"好，好！"看台上的教练员杨敏再也按捺不住，竟忘情地连击了两下巴掌，"这就叫做气势夺人，赛场上就要有这股虎劲——"他招呼着陪在身旁观阵的弟子，"你们看嘛，韩强的对手腿都发抖了！"

何义海却极秀气，白净的俊脸，修长的腰身，一笑还真有那么对酒窝儿，于是叫人不得不产生遐想：若让他披一头假发再着上女装，站出来是不是可以乱真呢？

可是一旦上了赛场，何义海就会是另一副样子。宽松的外套一旦脱去，浑身的肌腱就凸露出来，呈现出男儿的阳刚之美；那白净的脸皮略一绷紧，两道状如卧蚕的细眉就会竖成两把剑，透露出一股肃杀之气；那起跑的号令枪一响，他就会像一支脱弦的箭，快如疾风般射向目标。那迅猛、那矫健、那英武，酷似猛虎而胜似猛虎，往往会令人情不自禁地叫出声来："豹！"——真的，他，赛场上的何义海，活脱脱就是一只英姿飒爽的金钱豹！

可是，不巧得很，就在这次赴省参赛临出发的前四五天，何义海的一只脚掌突然发病了，那患处不红又不肿的，却令他一根大脚趾点地时使不出力气，一触碰还会疼痛难忍。

“可能是炎症，”医生告诉他，“这大概就是你近段时间以来训练强度太大的原因. 按理说应该停下来休息……”

“你还能去么?”教练员老师关切地问。十项全能赛是田径的大项，一块金牌顶两块金牌，何义海又是我校所有田径队员中最有希望拿下这个大项的种子选手，如今却突然冒出了问题，叫大家如何能不着急?

“你就莫去了……”有人私下里这样劝他。这话的底蕴是再明白不过的：你本是头号“种子选手”，大家对你的期望值最高，现在伤了脚还硬撑着去，丢了名次就费力不讨好……

“去！我还能去!”望着老师和同学们关切的眼神，何义海心中禁不住阵阵热浪翻涌，于是义无反顾地断然答道。

去了，上得赛场，第一仗就遇上了急风暴雨似的一百米短跑。韩强奋起一搏抢得了头一名，何义海却跑了 12 秒 2，与兄弟院校的另一位强手并列第二。紧接着又赛过两项。奋力拼杀半天下来，韩强的得分累计仍在参加十项全能角逐的 12 名选手中稳居第一。何义海虽然争得第二名，脚上的伤痛却益发显露，连上食堂吃饭都有点跛了。

“还坚持得住不?”韩强轻轻地扶了搭档一把。韩强心里，甚至荡起了几缕悲壮的涟漪：豹老弟万一真垮了下去。我就只好拼上血本儿背水一战了!

“没事儿!”韩强心头如此紧张，何义海却报之以一个微笑。决无故作姿态的意思，何义海心头真轻松着呢：脚痛不痛呢?是痛。可脚痛就能把豹子搞垮么？上午赛过的短跑、跳远和铅球等三个项目。本来就是韩强的强项，我略逊虎兄一筹也在情理之中，然而，下午恐怕就不是这么回事了……

果然，下午把跳高和 400 米跑赛过，何义海的积分就跃上了第一。而不妙的是，韩强却被兄弟院校的两位强手超了过去，退居了第四名。

“老兄……”这下，轮到何义海来替人担忧了。

“你放心……”莫看韩强平时憨憨厚厚的，在赛场上可也不是省油的灯。第二天上午，头一个项目跨 110 米栏他就奋起直追，第二项掷铁饼，他振臂一掷达 27 米（何义海 25 米，其余强手则未超过 23 米），赢得了全场上下一片喝彩声。第三项便是前面讲过的撑竿跳——便有了本文开头所提到的那声虎吼——虎吼之后. 虽然还有标枪和 1500 米跑两个赛项，这十项全能大赛的名次却已见端倪：冠亚军可能都要归于重庆师专这两位选手了。

在一片喝彩和叫好声中，人们却万万没有想到，正于场上逐鹿的头号人物何义海，却因为脚痛的加剧而使得心情沉重起来：

“垮不得呀。一垮可就要前功尽弃……”

1 500 米长跑开赛的发令枪一响，他刚向前猛冲出去几步，脚下便一阵钻心的痛，痛得两眼都发黑。他强振起精神，反复在心里念叨着前面那句话，努力让思绪离“痛”远些、再远些，两眼就紧盯着面前的旗——从起跑到转弯前，面前是枣红色的重庆师专校旗，冲过椭圆的弯道，又可以盯着大运会会旗跑。再冲过弯道时面前又竖着鲜艳无比的五星红旗——他的耳边有呼呼风声，还听得见老师同学鼓劲的呐喊，可是在他那睁大的眼前，就只有校旗、会旗和国旗的交替出现。1 500 米，400 米标准跑道的三圈零大半圈，他却像足足跑出了九百六十万平方公里！待到终于在欢呼声中率先冲过终点时，他双脚再也站立不稳，一直紧盯在眼中的红旗，变成了一片上下翻飞的红浪……

比起脚痛的何义海来，韩强自然要跑得轻松些。他紧跟在何义海后面冲到终点。而后又扶着带伤的“豹弟”，笑眯眯地走下赛场。

整个十项全能大赛，何义海挣了 5 073 分，韩强的总分是 4 996 分，把曾一度追过他的对手足足拉下三百余分。

不跳狼牙山，也有五壮士

——我校赴省二届大运会代表团的系列报告之三

一

“……您还是要写下我们这些哟！”

眼看着系列报告之一、之二相继出台，什么“虎兄”“豹弟”的都登场了，小精灵陶春华似有些着慌，调皮兮兮地叫起屈来。

“哈哈……”我不禁笑了，连忙告诉他，这次参赛大获全胜，全团上下都是功臣，尤其是他们这些运动员，这一群平时名不见经传的学生娃娃，每个人都值得认真写写，熬穿夜也要把他们“熬”出来——这话我既已郑重说出，总是不会轻易失信的。

“嘻……”听我如是说，他也笑了，竟有些不好意思起来，“我本人倒没啥值得写的，我既是个成功者，又是个失败者……”

几分腼腆，几分谦虚，与平时的活泼和赛场上的骁勇融汇起来，一个活脱脱的陶春华就扎入人脑里，想抹也抹不掉。

那天，10月2日，大运会田径正式开赛的第一天，形势对我们极为不利，参加十项全能角逐的何义海和韩强是遥遥领先，但离最后决出名次还为时尚早，我们别的选手却都给人家压制住了，男女1 500米跑、400米跑和女子的100米短跑，我们都只拿到了二三四名，轮到陶春华跑男子100米，刚上场他也暗叫不妙，这逆向风力好强，跑得动么？但同时另一个声音也在他耳际喊响：“虚”啥场合啊，逆风又不是只挡你陶春华一个人！想着他咬牙奋力一冲，预赛跑了 11 秒 8，和西昌师专选手叶飞并列第一名；下午再咬牙奋力一冲，终于上升为 11 秒 7（相当于没有逆风阻挡时的 11 秒 2），而叶飞却未能突破预赛成绩——陶春华赢了，为重庆师专赢得了第一块金牌！

“啊……”他连喊带跳一蹦老高。那个忘我的兴奋劲儿，仿佛是在弹雨横飞的战场，战友们都被敌人的火力压得抬不起头来，而他却第一个冲上了山顶！然而正所谓赛场如战场，大喜之后常常是大悲，紧接着进行的跳远决赛，陶春华却彻底输了，输得令他的教练老师也连连顿足：

“唉，你咋个搞的哟？”

“我……”陶春华想说：我太兴奋了，短跑后没有时间喘口气……可他实在说不出口，只得在老师和同学们面前低垂了头。

二

如果说陶春华在跳远时留下的遗憾，直到他最后参加男子 4 × 100 米和 4 × 400 米接力赛时才得到少许弥补的话，那么彭伟、宋波等同学在男子 4 × 100 米接力赛中则完全是依靠集体的力量才战胜了强硬的对手，圆了热望已久的大运会金牌梦。

彭伟那样儿和陶春华差不多，也是怪活泼的小精灵一个，且也是体育系 94 级新生，所不同的是，彭伟是我校 12 个田径运动员中唯一的本校教职工子女。

“彭伟，拿不到金牌回去不好交差呦！”碰面伊始，我就曾端着长辈架子笑他。

10 月 1 日是国庆节，也是大运会开幕的喜庆日子，街上和运动场上多热闹啊！彭伟畏畏缩缩地挪到住地大门口，碰上笔者先把脸一红，做个鬼脸儿又自言自语地缩了回去：

“算了，听老师的，就呆在屋头养精蓄锐……”

精既养了锐也蓄了，10月3日上得场去，彭伟果然大展雄风，110米栏跨得了第一，不过发奖时金牌变了银牌——在“体尖”中他确实跨了第一，但加上非体育专业选手的得分一平衡，他就只能算是第二了。

第二天跨400米栏，彭伟仍然只得到银牌。

“……我们的对手太强了！”

彭伟低着头没有吭声，宋波却在旁叹了口气。

宋波也是94级新生，论年纪也只比陶春华大几个月，却显得有些少年老成，肤色黧黑，腿脚粗壮，说话蛮实在，一句是一句的：“真的呀，我们都努力拼了，但是，我们的对手确实太强了！”

宋波比彭伟输得更惨，第一天的100米跑，他竭尽全力才抢到个第三；第二天的200米跑则只争得了第四名。第三天即是大赛的最后一天，大家都感到没退路走了，宋波、彭伟，还有陶春华，败军之将却偏要言勇，与胜了十项全能赛下来的韩强郑重拉过手，便一同迈向男子4×100米接力的赛场。

“小伙子们，都有信心么？”

“有！”回答竟如斩钉截铁般，望着那几颗高昂的头颅，望着那几个雄赳赳、气昂昂的背影，我的心绪也变得激昂了，竟然想起了“壮士一去兮不复还”的那句旧歌词。

果然，经过一阵急风暴雨似的激烈拼搏，他们终于以0.1秒的优势险胜了最强的对手西昌师专队，每个人胸前都挂上了金牌。

三

回头再来说余强和王太全。

也不知道是笔者眼睛有问题还是怎么的，乍看王太全，竟然觉得他似乎会与“壮”字无缘，相反倒显得有些病兮兮的。

当然，后来我知道是自己错了，原来王太全的确很“壮”，即便是在我校雄赳赳的12名田径运动员中，他也要算个杰出的选手。如果说他脸上真的多少有点儿病态的话，也应当被看做是那梁山好汉中“病关索”“病尉迟”一类的人物，不然，他在赛场上的壮举就无法解释了。

开赛第一天，王太全上场跑 1 500 米，鼓足劲跑了个小组第一。可是待三个组共 19 名选手都跑完了来一比较，西昌师专的李毅竟快了他零点几秒，于是我们的“病关索”就只好屈居第二名。

“明天再加把劲，”大家鼓励他，“明天的800米跑争取拿第一名！”

“跑 800 米的高手更多哟！”教练杨老师却敲警钟说，“乐山师专就有 800 米只跑两分零两秒多的……”

“两分零两秒多……”王太全不禁吐了下舌头，“跑死我怕也不得行啊！”

可是第二天上得场子，王太全竟当真以两分零两秒七的战绩拿下了 800 米，捧回了黄灿灿的一块金牌！这不仅令他的对手们瞠目结舌，就连我方的领队和教练也拍手叫绝，说真是大大的超常规发挥，为了母校重庆师专，王太全很可能是跑出了他一生中最好的成绩。

另一位超常规发挥的选手便是余强。与王太全相比，余强自然又是另一番风景：铁塔一样伟岸的身躯，罗汉一样宽厚的笑脸。余强也决非不知忧愁，10 月 3 日晚，领队和教练老师总结了开赛以来的战况，指出了面临的严峻形势，并特别关照要他“大莽”多努把力，他便一夜没睡好觉。第二天上得投掷场地，临场发挥竟格外的好，铅球投掷先夺了金牌，铁饼一掷就 35 米多。一连五掷都压倒了西昌师专那位体重 100 多公斤的“特大型”选手。这已是最后一天的赛事，他个人的胜负与全团的胜负关系甚大，因此心情也太是激动，最后一掷时一脚跨出线，犯规了，掷五轮的成绩和人家六轮比，居然也只少了 20 厘米……

余强是大赛的最后一天才“粉墨登场”的。但从进驻蓉城伊始，他就很难偷得半日闲，训练时常是他搬动笨重器材，入场式举旗也少不了他。开赛后他就更无法“养精蓄锐”了，成天都忙着为同学们端茶递水或者跑东跑西。较之王太全、余强的“超常规发挥”意义更深，范围更广。余强不仅是夺得一金一银的功臣，而且是我校田径队一头任劳任怨，负得重、爬得坡的壮牛犊子！

胸前挂着金牌的我校（原重庆师专）五朵金花。从左到右依次为：章英、向廷敏、王息芬、王焱、童小艳。

敬礼，我们瓜山的“五朵金花”

——我校赴省二届大运会代表团的系列报告之四

一

“对不起——”本文下笔前，我曾不无歉意地告诉章英，写时只顾叙述方便，竟违背了一条时兴的法则，还望几位女同学多谅解。

“没关系——”果然，她宽厚地笑了笑，而后还讲出了一番道理：“真的，办事情就是应该咋个办起方便就咋个办嘛。口口声声喊‘女士优先’的人未必就真正尊重妇女……”

章英在“五朵金花”中排行第二，看着却似大姐一般。她告诉笔者，原也想做个诗人或记者什么的，后来就一心做冠军梦了。从初一上业余体校至今七八年，她已经历了不少赛事，也当真摘取了不少金牌。而赶上了这时隔 35 年才再开一届的全省大运会，还是令她内心激动不已，“我最渴望参加大的比赛了，一旦上了大赛赛场，就像战士上了战场，跃马挺枪，纵横驰骋，把自己扔在蓝天下尽情挥洒，一心就想着夺取胜利，流血流汗又算得了什么呢！”

凭着过硬的本领和一腔豪气，章英在她上场的第一天就摘取了 100 米跨栏的金牌，第二天又夺得了 400 米跨栏的银牌。“这个成绩不算好啊。”她给自己作结论说，“100 米栏没遇上强手，害得我不但连平时成绩都没有跨出来，还因此产生了轻敌情绪，所以第二天只夺到银牌……”

“嘻……只怪你的运气太好了!”章英说时，王息芬在旁笑着直咕哝。倒也是的，比较而言，王息芬算啃着硬骨头了。第一天上场的 1 500 米跑，她根据老师的提示和掌握的信息，就盯准了堪称劲敌的西昌师专选手，又谁知“黑松林冒出李逵”，跑在另一组的阿坝师专选手温永芝比劲敌还劲敌，到头来竟胜了她几秒；第二天又上场跑 800 米，她咬紧了牙关力战温永芝，最后却还是输了一秒多点儿……

会场上的大喇叭又一次叫起来，催促连获两块银牌的王息芬上台领奖。

“我不要银牌……”经不住队友们好意的推搡，王息芬抓紧了看台栏杆，竟石破天惊地叫了一声，泪水成两行淌下面颊。

二

事情大概便是如此，一个好的政治家可以安居于一人之下，一个好的运动员却不会也不应该满足于只拿到银牌。因此，王息芬的这么点儿情绪是不难理解的。

王息芬因痛失金牌而烦恼之际，注定了要在这场大赛中和她多一些瓜葛的队友向延敏正在场子的另一头苦战。上场伊始，向延敏就被“敌人”强大的火力压制住了。200 米跑，她奋力以 28 秒 8 的成绩跑了个预赛的小组第二名，决赛时又把战绩上升为 28 秒 6，可道高一尺魔高一丈，人家却把预赛时的 28 秒 3 升为 27 秒 7 了，另一组还有个跑 27 秒 6 的高手在前面挡着，向延敏只好屈居了第三名。接下来的三级跳远也是依样画葫芦，也有两个寸步不让的强手紧紧压住她，幸亏她还算沉得住气，仍然保住了一块铜牌。

第四员女将名叫童晓艳。晓艳的兴趣可广泛了，歌也爱唱，舞也爱跳，也爱写点诗呀什么的玩玩，上了高中才认真学体育，这次上场跑女子 400 米，预赛竟跑了小组第一，决赛也稳稳地摘取了银牌，但是接下来的掷铁饼，晓艳却彻底把名次丢了（按大赛规定，“体尖”的每个赛项都只取前四名）。过后她说：“还连铁饼都没有摸热呢，老师给我报了这项目，恐怕只是为了兼顾全局……”说着她笑了，竟故作轻松地旋转了一圈儿，“管它呢，权当交回学费算了——学校的大局总还得顾着吧。”

好一个学校的大局总还得顾着，乐天派童晓艳虽败犹荣！难怪赛后作总结时，领队和教练都一致指出，论实力我们本不如人，取胜的关键就在于大家都敢拼搏、讲团结、顾大局。除开童晓艳，男队员任熙和余洋作出了更大的牺牲：整整一个暑假他俩跟大家一起滚打摸爬，一样让火热的太阳烙掉了几层皮，临出发却根据大局的需要把他俩调整掉了，他俩竟都能正确对待。由此又引出了女队员王焱的动人故事来：王焱也是从一开始就参加集训的，可到了上学期末一测验，老师们觉得她成绩较一般，就放了她回家里去休息，她也以为自己已与本届大运会无缘了，潇潇洒洒地玩了个暑假，谁知本期刚一返校，便又根据需要被召回队里，突击训练几天便披甲出征了——于是我们的田径队里，才有了足足的“五朵金花”。

挥之即去又招之即来的王焱也并没有让大伙儿失望，上阵去先争得个 100 米短跑的第四名，而后再咬牙奋起直追，终于在跳远中夺了亚军。

三

这么说着，赛事又进入最后一天了。最后一天的几场大战，即男女 4 × 100 米接力和 4 × 400 米接力，使重庆师专田径队乃至整个体育代表团成就了辉煌，使我们的五朵金花更加灿烂。

上午的女子 4×100 米接力赛，我们队以小金花王焱打头，一棒打出去就拉下了对手好几米；紧接着宿将章英上阵，又一棒进一步扩大了战果；待到第三站的向廷敏交出接力棒时，立在看台观战的我校领队杨洪锦等人便长长地舒了一口气……

因为男子 4×100 米接力也同时夺冠，上午便算是大获全胜了。下午战况却紧张起来，我们的男子 4×400 米接力虽然力克了劲敌西昌师专队，却略逊了半路杀出的三峡学院队一筹。眼看到手的冠军被人抢了去，于是，人们便把所有的希望都堆到了女子 4×400 米接力赛上，姑娘们自己也非常明白，她们现在所面临的，才是一场真正的背水战，她们胜了则全局俱胜，重庆师专队还有可能取得总分第一名；她们败了则再没有回旋余地，重庆师专队便只能是第二第三乃至第四第五名——于是你看看我来我看看你。个个都捏了两拳头汗水。

经过一阵难耐的等待，发令枪响了，上午的后队童晓艳已换作前队，此时自然是一马当先；第二站仍是宿将章英；第三站仍是骁将向廷敏；第四站由王息芬上场换下了王焱……待到向廷敏又要交棒对，对手们已被甩下了 400 米跑道的整整大半圈。胜负似乎又已见端倪。而就在这时，问题又出来了——也不知她俩的心情有多么紧张，向廷敏连交了几下都交不脱棒，王息芬则连接几下都把棒儿接不稳。这样几下耽搁下来，时间便闪过了三两秒钟，看台上，我们的心都蹦到了嗓子眼，像是要随着“王息芬……”的急呼飞上赛场。已于另一组先行跑完的西昌师专队此时便鼓起掌来，像是在齐声奏凯歌了。也不知是为师友们的呼声所感动，还是被对手的掌声所激怒了，王息芬终于接稳了棒，脚不沾地般飞跑起来——真是跑得飞一般快啊，她那修长的腿、飘柔的发，连同那暗红色的紧身运动服，似乎都融入到自己卷起的疾风中去了……

结果，我们仍然胜了——只是胜得来好惊好险，仅胜了刚才拍巴掌的西昌师专 0.1 秒！

这个信息，是最具权威的大运会主席台通过高音喇叭传出的。在这之前，王息芬和向廷敏这对“犯错误”的难姐难妹，汗手握着汗手，泪眼看着泪眼，已经好半天没有言语，此时才“哇”地哭出了声，惹得旁边的姐妹也哭叫起来，直哭得个喜泪滂沱，石破天也惊，令我的双眼也模糊起来，似乎有千言万语自心底升腾：敬礼，我们瓜山的五朵金花！敬礼，重庆师专的巾帼功臣！谁说你们会稍逊风骚呢，你们的运动服，是现代的工人装，是跨世纪新女性自强的战袍！

（本系列4篇文章作者均为夏明宇，为原《重庆师专报》1994年10月25日至12月12日连载；《重庆日报》等报刊转载了其中的部分篇章，其中《韩强和何义海：好一对瓜山的虎兄豹弟》曾荣获1994年重庆市、四川省高校校报好新闻一等奖，重庆市、四川省新闻奖二等奖和全国高校校报好新闻二等奖等多项奖励）

“水”和“毛毛虫”的思与辩

——1998年暑期社会实践散记之一

暑期社会实践活动年年搞，年年倒都有些新的发现。

就说今年吧，原来美术系的郑军燕还是个“人物”，中文系又平地冒出来一个蒋理，对思想准备不足的我而言，都成了一个小小的奇迹。

这话还得从头说起。

那是1998年7月13日，是我们重庆师专今年暑期社会实践活动的第一天，出于对青年学子的关爱之情，刚从外地开会回来的刘定云书记顾不得鞍马劳顿，也欣然随队去了双桥。双桥区的党政领导更是热情，当即为我们举办了一场别开生面的欢迎大会——让大学生与区里以及川汽厂的团员青年们一起开展关于“理想、信念、人生”的座谈和讨论。时势造英雄，就在这场颇具挑战意味的座谈会上，前面提到的两位“人物”脱颖而出了。

之所以说颇具挑战意味，一是事情来得突然，就在我们刚到双桥还喘息未定的时候；二是场面的确热烈，偌大的一间区委会议室挤得满满当当的，几台大功率空调器不停地运转也热浪灼人；三是阵势有些吓人，独具匠心的会议组织者，首先把我校和重庆建专的学生“请”到中间位置上，然后把川汽厂的团员青年安排在左，把双桥区的团员青年部署在右，和风细雨时中心突出，好面对面地接受区领导评判；争起来则可以左右夹击。正是因为如此，座谈在开始的那段时间里并不顺畅，同学们因为紧张而词不达意，甚至于有些结结巴巴的。局面，是在郑军燕开口之后才彻底扭转的。发言伊始，她的坦率、大方，甚至带几分优雅的风度和她那一口接近娴熟的普通话，顿时令人耳目一新。

“作为世纪之交的青年一代知识分子，我们应树立远大的理想和坚定的信念，也应该具备战胜困难的勇气和决心。但是——”她说，“我想，我们没有必要动不动就去拼个鱼死网破。对于横亘在前进道路上的困难和障碍，我们要有水那样的毅力和气度，能立即克服就毫不犹豫地劈开它、斩断它，暂时还不能克服也不妨就绕着它走，迂回曲折地去包抄它——万里长江，千回百折，最终不是东流到海么？”

郑军燕关于“水”的理论刚落地，蒋理那能屈能伸的“毛毛虫”哲学又出台了。我们这两位“小姐”（地方青年的客气称谓），都是听过前面一些过于慷慨激昂的发言有感而发的。蒋理说：“我基本上赞成郑军燕同学的观点。现在是和平建设时期，急风暴雨式的阶级斗争已经离我们很远了。因此，我们前进路上的障碍和困难，基本上都是属于人民内部矛盾，或者说是一些客观形成的自然障碍——我们犯不着动不动就去硬碰硬，碰得个头破血流你死我活的。但是我却不主张像水那样绕着困难走，相形之下，我更欣赏‘毛毛虫’的能屈能伸……”

当蒋理讲到“毛毛虫”总是朝着既定的目标对直往前走，不绕不避但能屈能伸，“缩成一团一滚就下坡了”的时候，人们禁不住开怀大笑，随即就全场爆发出掌声。

平心而论，蒋理也罢，郑军燕也好，我们这两位“小姐”的高论也并非无懈可击（实际上过后也有人说出不同看法来），而多半只是赢了态度分，是她们那不卑不亢的态度和不俗的谈吐得了分。郑军燕说话时，始终面带微笑，剪刀辫向上翘一翘的，显得纯真和朝气勃发；相形之下，蒋理则更显得落落大方，颇有几分“大家”风范。两人的嗓子都好，普通话水平也都近于纯熟，字字句句如珠翠落地。并且，两人都作了形象的比喻，关于“‘水”和“毛毛虫”的哲学思辨，可能会给人们留下较为长久的印象。

坐在主席台上的双桥区领导（包括党委、政府和人大、政协的领导），面对面地亲闻目睹了前述这一切，不禁便开始交头接耳，打听起两位女大学生的底细来，被邀请坐在主席台正中的我校刘定云书记，脸上则带着会心的微笑，说二人只是我们两个比较出色的学生……省略了的话当是说似此二人者校园里面还多着。而看着学校开展素质教育结出了硕果，她自然也是满怀欣喜的。

郑军燕是学校团委推荐给我的，在此之前我还认为她是个见不得场面的小家碧玉呢！蒋理则是我们到临出发时才找来凑数的，不想都派上了大的用场。惊讶之余，我陷入了一种自责的反思，感到自己也太孤陋寡闻，太闭塞了。

1998 年“三下乡”时的谢荣成、蒋理和郑军燕

晒不垮的宣传队

——1998年暑期社会实践散记之二

对于“宣传队”这个称谓，当代人可能不怎么在乎了。而在以往的那些岁月里，它却极为人们所看重。譬如我们党的第一代领导核心毛泽东同志，在总结中国工农红军二万五千里长征取得的伟大成就时，就有过这样一段庄严的宣告：“长征是宣言书、宣传队、播种机……”

我们的暑期社会实践活动，是万不能与红军二万五千里长征相提并论的。但是，我们也的确是过了一些桥，走了一些路；我们每走到哪里，也的确是把党的十五大精神、新科技和新时期精神文明建设的要义以及我们重庆师专的办学情况宣传到哪里，并且因此也的确有不少当地群众把我们称作“这支宣传队”。从“山不在高，有仙则名”这层意思来讲，我们还是可以引为自豪的。

偏巧今年我们开展活动的那些日子，是从7月中旬开始到7月底的那段时间，正是暑假里头最热的那段日子，太阳一出来就火辣辣的，灼得人就像要活活脱去一层皮。7月14日去双路镇敬老院，只是为孤寡老人唱了唱、跳了跳，洗了洗衣服被子，扫了扫院坝，大家当时的干劲都很大，过后却直喊‘热惨了”。7月15日进川汽厂并深入到车间，尽管好心的工人师傅准备了茶水并开了鼓风机，还是有人热得当即中了暑。16日上午又到厂里去作古正经地干了半天，午后见天气好像转阴了，连忙“扑爬礼拜”地乘车到通桥，太阳却突然又从云层后面蹦了出来，并且似乎比之前更毒辣。而我们去的通桥镇敬老院，偏偏又是个典型的农村三合院，一块石灰坝子已晒得火烫火烫的，除了两边屋檐却再无遮蔽处。“怎么办呢？”指导老师谢荣成和陪同我们前往的双桥区团委负责人都有些犯难，我刚说了句“既来之，则安之，硬着头皮上”，同学们已积极行动起来，扫的扫地，请的请观众。一位脚有残疾的孤寡老人，已经被我们的同学背下楼来，嘴里还讷讷不停地说着客气话：“算了哟，算了哟，太阳辣得很……”

从敬老院周围赶来的群众，站在院坝边上也犹犹豫豫地说，就这么个太阳坝，这场演出都干得起么？

而正在这时，演出就“干起”了。

郑军燕特像是有备而来的。作为两校（我校和重庆建专）联袂演出的节目主持人，郑军燕穿一件短袖的棉线汗衫，着一条长筒的牛仔裤，头发成马尾状束在脑后——与她往天的长发披肩和长裙曳地比，少了些端庄与娇艳，却多了些精干与利索。她的开场白是：

“太阳晒不垮我们的意志，天气热不过我们的心情，亲爱的敬老院爷爷奶奶和通桥镇父老乡亲们，愿我们的演出能给你们带来一片小小的心灵的绿荫……”

说着说着，汗珠儿就大颗大颗地挂到了她那长长的睫毛上，并且很快就和她因动情而涌出的泪水融合在一起，溪流般顺着面颊汩汩而下，湿透了她那件吸汗能力较强的棉线短衫。

同样浸泡在汗水和满腔热情里，蒋理一丝不苟地演完了她和陈坤明搭档的小品《打针》。《打针》旨在起讽喻作用，其中一段表现某些医务人员的娇小姐作风的戏耗时间较长，蒋理却把火烫的热板凳当成清凉板凳坐，在烈日暴晒下“悠哉游哉”地哼小调，对着小圆镜梳妆、抹口红，表演得惟妙惟肖且细腻传神，几乎让人忘记了头上正烈日当空……

作为去年远征过黔江西沱的“老宣传队员”，王殿芸似乎更为擅长小品及相声，她的《招聘演员》《麻将害人》等等都曾经使人在笑声中得到启迪，但是这天，由于搭档没有找好，她只是参加了两个合唱。男同学中，何远亮亦是颇为突出的，他善吼高腔，把根据“样板戏”《沙家浜》选段改编的“何记新样板”表演出来，也赢得了一阵接一阵的叫好之声……

这里尤其值得一叙的，是初到双桥区那一个星期，我们是和重庆建专的师生并肩战斗着过去的。虽然力量要相对单薄一些，又只在双桥活动了一个星期，重庆建专的老师和同学，却以他们的能力与品质，以及他们的鲜明个性，给我们和双桥人民留下了难忘的印象。就说 7 月 16 日那个难忘的下午吧，重庆建专的李鹤鸣同学，也是顶着那如火的烈日，阵阵清唱如黄莺婉转。还有两名尚不知晓姓名的建专男生，在如火的烈日下击着竹板为孤寡老人和乡亲们跳舞，跳出了青春的节奏和旋律。还有建专“魏”和“梅”两位青年教师，在那段比较困难的日子里，吃住与学生同甘共苦，演出和学生一样地投入，亦是十分难能可贵的。

演出从下午两点多钟坚持到四点正，我们的师生没有被晒垮，前面提到的那位脚有残疾的孤寡老人，第一个忘情地拍起了巴掌，连说：“好得很，好得很，呱呱叫，呱呱叫……”

为了表达“感激之情”，通桥镇党委负责同志用手扶拖拉机拉来了几箱矿泉水，但我们把它们悉数转送给了通桥敬老院，让我们的孤寡老人在这酷热的夏日里，多得些慰藉，多一些清凉。

一鸣惊动汽车城

——1998年暑期社会实践散记之三

7月17日晚，位于川汽厂生活区中心地带的川汽娱乐城张灯结彩，鼓乐喧天，热闹非凡，我们重庆师专和建专两所高校的文艺宣传小分队，应邀在这儿和川汽厂的文艺爱好者举行联欢，同台汇演。

如果说在这之前的一连几天，我们都是不折不扣的“送文化下乡”，演出活动都是因陋就简地在车间和院坝里面进行的话，这个晚上的条件就应当算是好上了天：拥有了一流的场地、一流的音响设备和一流的观众——演出前一刻钟，川汽厂、双桥区党政领导和干部、职工、群众都早早地到了，整个娱乐城正厅和两厢都座无虚席。

当然，拥有了这样难得的三个一流，又有川汽厂文艺人才的同台献技，我们两校师生的头上，也同时有了前所未有的压力。足足两个多小时的演出过程，大家对自己的每一个动作和每一句台词都非常在意，生怕一不慎砸了这口锅，给学校造成不好的影响。

然而，尽管如此，直到演出都快要进行到一半的时候，在实力雄厚的川汽厂业余文艺演出队面前，我们两所高校的师生非但没有明显地占到上风，还出现了可能被别人比下去的危险。听着身后那叽叽喳喳的品头论足声，直令列于主席台上的我，手心里捏了两大把汗水。

正在这时，奇迹出现了。随着报幕人关于重庆师专的女声独唱的报告声落，我们的编外人员李小玲出现在舞台上，开口一声

“珠——穆——朗——玛”就征服了全场所有的观众和演员，令形势顿时急转直下——

因为，那“珠穆朗玛”四字歌词，出自歌手李小玲之口后，声若天堂里奏响了黄钟大吕，气有雷霆万钧和排山倒海之势，令人不得不为之倾倒，开始那一刹那间，观众们惊呆了，纷纷向前伸长了脖子，似乎要探究舞台上那个娇小的女性身躯里，为何竟蕴含着如此丰富的音乐能量。之后，便是雷鸣般的掌声经久不息，“专业水平”“简直绝了”的啧啧赞叹声亦不绝于人的耳鼓……

现在，让我们来看看李小玲究竟何许人。

半个多月前，她还是重庆师专音乐系一名学生，曾经参加全市校园歌手赛并获大奖；毕业后她回家待分配工作，三天前才又应已经留校工作的同学谢荣成邀请，回到母校“三下乡”社会实践总队的文艺宣传小分队中临时效力。

“你就是李小玲？”三天前我第一次见到她时，也是这样脱口就问。

现在想来，我这人也太“冷酷”了些，我对她的约法三章是：第一，她是来为母校着实帮忙的，不准唱坏只准唱好，并且基本上没有酬劳；第二，生活上也没有特殊照顾，吃和大家一起吃，住跟女同学们挤着住；第三，就她和谢荣成的私人关系而言，帮忙期间要克制，只准并肩战斗不准幽会——以免在师弟师妹间造成不良影响。

上述这些话，我都是开始就一五一十抖落给她的，没想到她竟笑笑就点头答应了。

多好的校友啊！当时她就要远赴浙江省参加工作了，时光对于她和谢荣成来讲真可谓是“寸土寸金”，但她居然就当真把我给他们定下的“清规”遵守得很好——这点儿歉意，我也并非纯放马后炮，而是在她唱红汽车城的第二天送别的时候就有所表露了。

让我们还是回头来说吧。

那天晚上，在川汽娱乐城，李小玲一鸣惊人地扭转了局面，以后的事情就好办得多了。当我们在音乐系主攻舞蹈的谢荣成上台，笑着说希望有人配合着他教（学）几个舞蹈动作时，川汽厂的舞迷和文艺骨干们，都争着上台要“受点专业水平的熏染”，整个演出气氛活跃到极点。直到这场联谊演出活动过去了好几天，还有川汽厂职工和双桥区群众找到我们的驻地来，问我们多久又去唱歌或者教舞。

1998年暑假，原重庆师专“三下乡”服务队头顶烈日在双桥区通桥敬老院慰问演出。

“小打油”做成“大买卖”

——1998年暑期社会实践散记之四

除了宣传和文艺演出，在我们赴双桥开展社会实践活动的队伍中，还有一支农技推广小分队，由生物系姜希泉老师带领着，深入到村社的果园和养鱼塘等处，作调查研究，搞咨询和指导，做了一些力所能及的工作。

还有一个家电维修组，由物理系的五个学生组成，其中两人还仅仅是物理系的成教中专生，兼之由于没有找到合适的指导教师，只好就让刚从四川师范大学毕业分配来的刘承云带领着。刘承云严格说来人还小，家电维修组的规模和平均年龄也小（那两个成教中专班的学生恐怕还不到 18 岁吧）。因此我们都把今年的家电维修活动叫做“小打油”，认为它就只能小打小闹，是万万没法做出去年到黔江地区那么大的成绩了。

因此，活动开始时，我就给他们定了个框框：尽力而为，量力而行，不要贪大，不要求多，彩电不好摸就不要去摸……

可是，他们后来的活动实践，却很快就把这个框框突破了。

7 月 14 日牛刀小试，先为暂且栖身的邮电招待所修好几台电扇以及空调器。

7 月 15 日起进入川汽厂，加上 16 日、17 日在内的三天时间里，他们共为川汽厂的干部、职工修理包括电视、收录机、空调器、电扇、洗衣机在内的各色家用电器数十台……

7 月 18 日已是周末，师生们撤回招待所内，斗胆接下了一台

“有病”的彩色电视机，边察看“病情”边翻阅资料，其间两次打电话回校向老师请教，一人冒着烈日跑到永川买零件，大家合力干到晚上十点半，终于修好了这台“大家伙”，师生们高兴得一蹦老高……

要知道，就是去年远征黔江西沱，技术力量要强得多，成绩也的确不少，但都还没敢问津彩色电视机。修好这台彩色电视机，意味着重庆师专学生社会实践活动有了个新的突破！

紧接着这个新的突破，在以后的一周里，他们相继深入双桥区、双路镇机关及街道、农村，修好了好些台空调、彩电以及VCD。

取得如此巨大的成绩，首先是师生齐心协力、奋勇攻关的结果。刘承云同志是学中文的，让他带领家电维修组，是不折不扣的“外行领导内行”，但他为人谦和又耐得住寂寞，不管外面的花花世界有多么精彩，每天就寸步不离地守着几个兵，服务到位兼鼓励加油，起到了“精神支柱”的作用。作为家电维修组组长，陈亮不但专业上有一套，而且很会当个学生头，虽然他有时也喊冤叫屈，干事却总是冲锋在前。在几个组员中，尤其值得一提的是小精灵王灵华，他年龄最小，又是个成教中专生，技术和素质却相当过硬，是攻关修好彩色电视机的主力突击手。一天午后最是炎热，王灵华一个人在房间里干活儿，文艺组一位同学跑去看他，无意间笔者在后面跟着，听到了这样一段对话：

“哎呀，汗流浃背的，你咋不歇会哟？”

“嘿嘿，这次活动的时间不多了，多做点是多做点的事！”

“你说，我们这是为了啥子呢？”

“为得多哟，为了给学校争光，为了给自己争气，为了多学一点本事……”王灵华家住合川农村，家里花钱送他上了学，他却跑到这里来为人家白干活儿，从表象来看甚是不合算。所幸他自己心里清楚，这儿是在校学习的延续，甚至是比在校学习更难得的学习机会，他现在学到的知识和能力，将来肯定都会派上大用场。

现在，我们已经把王灵华报到共青团重庆市委参加全市的暑期社会实践先进个人评选，如能得到市里批准，他便将成为我校第一个获此殊荣的成教学生。

我校（原重庆师专）“三下乡”服务队在树荫下摆摊设点为群众义务修理家用电器。

勇救车祸重伤员

——1998年暑期社会实践散记之五

两周的暑期社会实践活动“混”起来极快，一切都好像才刚刚开始，转眼便进入收尾阶段了。

这天是7月22日，下午，我正说为写总结作一点准备，忽然有人匆匆跑来，说是杨桦老师他们遇上车祸了。

“啥子呢——”这话犹如一声炸雷，震得我头皮都有些发麻了，直到问清楚事情的原委，这才长长地舒了口气。

原来，这句话的完整意思应当是：杨桦老师他们遇上别人出车祸了，正在抢救……

事情就发生在双桥区正街上，不大却很有些惨烈：两辆迎面急驰的豪华摩托车，突然之间就重重相撞，连人带车蹦起来老高，鲜血与火星也飞溅在一起，红腾腾在烈日映照之下，让人望着尤其胆寒。

由于没有身临其境，我真是有些难以想象，似杨桦这样平时连杀鸡都怕看的娇小姐，如何能从容面对那许多的鲜血？

当然，这天，杨桦的身边还有一群人：和她一起参加社会实践的青年教师刘承云、谢荣成，学生王殿芸，以及回双桥度假的我校体育教师陈泽兵，学生秦先勇。并且，由于他们的救援行动是正义之举，背后还矗立着整个重庆师专社会实践队和整个重庆师专……

然而，时光既流至20世纪90年代末，见义勇为，已不是单凭着“人多力量大”，或者单靠着一点儿良心或者正义感就能够付诸实施的，而往往是包含有大智大勇的人的综合素质的及时迸发——那正是下午四五点钟，随着当街“轰”一声巨响和血与火的飞起，可说顿时就吓坏了不少人，当然也顿时聚集了上百围观者，或咋舌或感叹唏嘘不已，但在我们的师生挤上去之前，就是没有人肯捷足先登；在我们的师生行动起来后，居然也没有人打个援手，生怕那因车祸流出的血，沾染到了自己身上……

再说那两个不幸重重地相撞在一起的摩托车“骑士”，当时都已经奄奄一息了，但是遇上我们的师生，亦算是不幸中之大幸——我们的杨桦这一行人，不管别人是怎么个看法，也不管是不是要担风险，当即分头行动起来，救的救人，拦的拦车，把伤员护送到川汽厂医院，医院已经下班了，他们又只好分头行动，挂的挂急诊，找的找医生，还有的就留下守护伤员。待到伤员都经过急救转危为安，家属也找来了，他们这才带着一身汗水、尘埃和伤员的血迹，乘着夜色悄然“撤退”……

杨桦本是学校派给我的助手，但由于要趁着假期补本科学历，是三天前才赶到队里来的。原以为她就只有帮着做一些收尾工作了，不想竟意外地撞上了这等“好事”，使她和她的伙伴们，为我们今年的社会实践，添上了极为亮丽的一笔。第二天我们开总结大会，身为校友的双桥区副区长胡国强和区精神文明办主任周和平都来了。说到大街上救人这回事，他们脸上的表情都极为复杂：既为母校年轻一代所具备的素质而深感欣慰，又为自己辖区内部分群众的觉悟还不是很高而深感不安……

（以上5篇均是夏明宇撰写的1998年暑期“三下乡”社会实践散记，原《重庆师专报》1998年11月25日到2月25日曾予连载并已为两个作品集所收录）

橘子红了的时候

星湖校区原来有橘子，这要原师专时代的老师和同学才知道。

那是 20 世纪 80 年代中期，刚刚创办的原江津师专生物系在校内（具体说是现“筒子楼”宿舍背后）的小山上创办了山羊养殖场，给教职工家里的婴儿和老弱供应鲜奶，同时又在山坡上栽种了一些良种橘子树。

由于树种好，到了 80 年代末 90 年代初，学校被原国家教委评为全国优秀师专的那些时候，橘子树就结出果子来了，橘子个头又大又色味鲜美，红艳艳的十分逗人爱。就连当时的学校领导都生发感慨说：“对啊，辛勤办学 10 年有余，是该开花结果了——这些橘子不但好看又好吃，而且还颇有点象征意义！”

但是，橘子却少了些。

如果是一个人乍望着山坡上一看，橘子红艳艳的有那么一片，但是对（当时的）全校几千师生员工而言，橘子却实在太少太少了，摘下来只能够给教职工分个三斤五斤的，众多的同学则只能光用眼看。

红彤彤的橘子实在诱人。不平衡的心态于是产生了。每年秋末冬初橘子红了的时候，总会冒出三两个触犯校规校纪的意志薄弱者。有那极个别情节严重的，甚至挨了留校察看的重处。

再后来，原中共永川地委党校迁走后移交给我校的柑桔林（在张家院即现四教楼背后）大面积结果了。这些果树虽然系以广柑为主，但由于也是优良品种，又经过我校生物系专家的精心培育，一树树的也都是色鲜味美，远看去黄灿灿的像一座金山。

这时候，由于学校一年要摘几万斤柑桔果子，就老师学生人人有份了。记得当时的具体分法是：教职工每人一箱 50 斤左右，学生每人五至八斤，按班级去领取，教职工和学生都按略低于市价的“牌价”付费。这个时候，涉险偷果子的人就极少了。偶尔有还偏要硬着头皮往校规上撞的，便连同学也十分的不齿，往往会赏给他这样一句：

“贱，到时候我头上那几斤让给你不好么！”

到了再后来，情况又起了根本的变化，人们光顾的往往是校内商贸小区和校外市场的奉节脐橙和梁平柚子等名牌产品，对于学校种没种广柑和红橘已经不太在意了，这是一方面。另一方面，发展壮大了的学校生命科学系或者现在简称的生科院，也已经不屑于种植“温饱”时期的经济作物广柑红橘，而是在培育“速生桉”和高端花卉等名优产品了。关于橘子红了的时候的故事，留给人们的更多的是一种回忆和象征意义上的思考。

（原载《渝西青年》“记忆文理”专刊第 4 期第 4 版。作者：夏明宇）

驻永川办事处

乍看这个题目，现在的老师和同学们或者会有些诧异：什么驻永川办事处啊？我们学校不是就在永川么，我们的红河校区就坐落在永川新城，校园四周高楼林立，校门口就是通往老城区和本校星湖校区的直通车——还需要什么办事处呢？

可是，以前却不是这么回事。

以前，学校的前身重庆师专只有一个星湖校区，星湖校区又只有一条盘绕翻越黄瓜山才能进永川城的等外级公路，晴天跑起来黄尘滚滚，雨天则一路到头都是泥泞，并且足足有20公里，校车跑要用四十多分钟，若是搭乘公共汽车则要用一个多钟头，平时还好说，要是有急事如重病需救治，像这样颠簸一个多钟头就简直要命了。

因此，当时的师生们都说：我们学校的风景如画，但是，我们学校又太闭塞了！

从20世纪80年代初开始，教职工们就提出了迁校的要求，特别是到了80年代中期，原永川地区并入重庆市以后，以往相邻为伴的原地委党校都搬进城去了，这种要求就更为强烈，学校党政领导尊重民意，屡次向上级反映情况并谋划迁校，可是最后都没有结果。在这种情况下，在永川城区建立一个中转站，以方便学校办事和师生生活，就具有非同凡响的意义。

这个愿望终于在上级领导的大力支持下成为了现实。

1986年1月，重庆市人民政府赵秘书长专程莅校，解决将坐落在大南门的原永川县政府招待所划拨给我校使用的问题，1986

年 5 月，“重庆师专驻永川办事处”在原永川县政府招待所挂牌成立。在充分发挥城区办事处“窗口”作用的同时，在之后的几年内，学校在原永川县政府所移交房屋的基础上进行了扩建和改建，共建成住房近三千平方米，让数十家教职工先期搬迁进城居住，终于使多次谋划迁校未果带来的消极影响得到了一定的缓解。

随着学校升本建院和在永川新城区建设的红河校区的正式启用，“驻永川办事处”的功能逐步淡化，到现在已经完成了它的历史使命。

（原载《渝西青年》“记忆文理”专刊第 4 期第 4 版。作者：刘智）

“师专报”修成正果

“师专报”是人们对原《重庆师专报》的简称或者爱称，好些位曾经出外进修的我校教师，都曾以十分动情的语言或文字表达了他们在外面收到“小小师专报”时的喜悦心情。

原《重庆师专报》曾名为《江津师专》和《重庆师专校刊》，创刊于1982年3月。1999年2月，原《重庆师专报》按规定办好了作为我国一家正式报纸（高等学校校报系列）的一应手续，领到了由国家新闻出版署统一制发的报纸登记证，国内统一刊号（后称国内统一连续出版物号）：CN50-0806/（G）。2009年11月出版的《重庆文理学院校史》，为此曾写了专门的一段，称《重庆师专报》修成了正果。

其实，原《重庆师专报》获得国内统一刊号和此前（1998年）的原《重庆师专学报》获准国内外公开发行，虽然确实有学校党政领导高度重视和报刊工作人员长期以来不懈努力的成绩在里面，但主要还是大形势使然——是党和国家高度重视高等学校的思想政治工作、学术研究和交流工作的必然结果：全国普通高校和省级成人高校的学报都公开发行了，校报都获得了国内统一刊号，这个“正果”又有多大稀罕呢？难能可贵的倒是，从1990年开始，《重庆师专报》即开始在重庆市高校校报中崛起，连续两年在《重庆日报》头版上受表扬，说这家名不见经传的“师专报”连续两年都有文章获得全市新闻奖的一等奖，之后年年好新闻评比在重庆全市高校校报中居于前列，所刊文章并多次在全国及重庆直辖前的四川全省获奖。2005 年，已经叫做《渝西学院报》的我校校报正式被全市各高校校报代表推举为重庆市高校校报研究会的常务理事单位，当时的校报负责人还被大家推举为重庆市高校校报研究会会长。与创办初期的默默无闻比，我们这张小小的“师专报”，倒似乎还真算是“修成正果”了。

（原载《渝西青年》“记忆文理”专刊第 4 期第 4 版。作者：夏明宇）

下篇

文理现世的深切回眸

第五章

激情燃烧的岁月

是做在剧痛中奋起一搏的沸水青蛙，还是做躺在安逸的温柔乡里慢慢消亡的温水青蛙？是努力争取合校升本还是就躺在优秀师专和优秀教院的功劳簿上止步不前？这个话题曾经在原重庆师专和原渝州教院两校师生员工中引起过热议。后来，大家万众一心地选择了前者，并且一同度过了升本前后那段令人终生难忘的激情燃烧的岁月。

牟延林：

行走在“立言”与“事功”之间

引　言

2001年9月12日，时任中共重庆市委教育工委书记、市教委主任的欧可平同志一行莅校，宣布中共重庆市委、市人民政府的任命决定：牟延林同志任渝西学院党委书记、院长。2001年11月7日，渝西学院（2005年更名为重庆文理学院）建校庆典隆重举行，这所由原重庆师范高等专科学校、渝州教育学院合并组建的本科院校，从此开始了新的征程……

2006年6月10日至12日，在我国第一个文化遗产日来临之际，文化部主办的“中国非物质文化遗产保护论坛”在北京国际会议中心举行。中共中央政治局委员、中宣部部长刘云山出席了本次论坛的开幕式晚会。文化部副部长周和平出席了本次论坛的闭幕式并作重要讲话。本次论坛的100余名参会专家均来自国内著名高校、中央研究机构等专业机构。时任重庆文理学院党委书记、校长的牟延林教授作为全国地方院校、重庆市和西南地区高校的唯一代表受邀出席了本次论坛。按照论坛组织者的要求，牟延林教授向大会做了题为“标准化管理在非物质文化遗产保护过程中的应用”的学术报告，就“如何保护非物质文化遗产”这一重大课题从独特的角度进行了详细的阐述，引起了与会领导和专家的高度关注。在三天的会期中，牟延林教授还被邀请作为专家，对文化部起草的《国家非物质文化遗产保护条例》提出了书面修改意见。

参与国家文化政策的制定，是牟延林长期致力于“实践型”研究所得到的学术界和政府操作层面的阶段性肯定，也是重庆文理学院多年来学术研究的重大突破。正如他自己所言：“我们这代人有两个突出特点：从学理上讲，我们的理论首先从实践中来；从经历来讲，我们的很多选择都是被动的。这两点决定了我们的学术有经济的特点。”

经国济世，是他们这一代学者研究的原动力和根本追求，也是我国学术传统“立德、立言、立功”终极目标的现代反响。关注当下社会的热点，提出政策建议和操作方案，则是牟延林教授一以贯之的学术路径。走进牟延林的世界，我们发现，法学、教育管理、文化，构成了他学术思想的三个侧面，而“实践”则是统揽这三个维度的基础和出发点。

法学之维

现代社会是以法律为行为准则的社会，在市场经济条件下，更需要以法律作为规范人们各种经济行为的基本准绳。早在上世纪90年代初，党中央刚提出建立社会主义市场经济这一重大决策，青年牟延林就选择了《经济法》中的产品质量责任问题作为自己硕士阶段的研究方向。哈尔滨工业大学严谨的学风孕育了他崇实、致用的学术品格，良好的学术环境则为他广泛涉猎相关学科提供了条件和可能。

哈尔滨的北国风光美丽如画。对这些，学子牟延林仿佛视而不见，皓首穷经，潜心向学。在短短三年的研究生生涯里，他除对自己的主攻研究方向进行了深入而细致的探索之外，还与导师一道，对当时在国内刚刚起步的标准化管理作了广泛的了解，并将其视为社会行为法律控制体系的必要补充。课业之外，他还从自己的文化兴趣出发，多次参与了对鄂温克、鄂伦春等东北地区少数民族民间音乐、舞蹈的田野调查和采风活动。这一切。都为他后来的跨学科研究做好了学术准备。

作为受过专业法律训练的知识分子，牟延林关注的不是个案意义上的法律问题，更不是现实的法律操作。他立足我国法制建设有待完善这一现实，从社会发展的角度，更宏观也更广泛地对具有普遍意义的法律问题作出了寻根溯源的探索。

从发生学的角度来看，人们总是先有社会行为，然后才提出规范这种行为的准则（包括法律），并且法律也要在其适用过程中不断调整，以适应现实的变迁。基于此，牟延林在对我国市场经济发展现状进行深入研究的基础上，在国内较早提出了“我国销售领域产品质量责任”这一课题，从动机、危害及行为要件等方面对相关行为的法律性质作出了分析和界定。

由于长期从事高等教育及管理，对现代教育的法律控制及其调适，自然成为牟延林长久以来的研究课题。我国是一个教育大国。中国人历来十分崇尚教育，但对教育的功能、对教育的评价，尤其是新中国成立以来至今的教育评价褒贬不一，其症结之一就是对教育的实质分析研究得不够。尽管近几年来国内教育界关于素质教育的论著颇丰，可谓仁者见仁，智者见智，但从法律角度、从人的受教育的实质是教育权利的实现的角度，来探讨我国教育的现状，探讨素质教育与应试教育的法律关系，探讨教育的实现与法律的约束等，却鲜见研究成果面世。

正是基于以上思考，牟延林着眼于对我国教育现状的透视，特别是应试教育对正常教育的扭曲程度的分析，以素质教育为理想目标，以法律学的权利观点为研究主线，着重探讨应试教育与素质教育的法律关系，明确提出必须界定素质教育中的权利意识，第一次在学界提出了体育权、艺术教育权、劳动训练权等法理概念，从法律角度为学校教育设立了相应的权利制度，为进一步用法律观点研究我国的素质教育进行了有益的探索。在依法治国的背景下．牟延林对建构一个可行的、能够进一步提升高等教育质量的法律控制系统进行了全面的研究。他在研究过程中所建构的高等教育质量法律系统主要包括高等教育质量监控系统、高等教育质量的再监控系统、高等教育质量责任追究系统、高等教育质量责任救济系统和高等教育质量理念系统。

牟延林在法学领域的研究成果，其最大的特色就是与现实紧密结合，他的每一个选题，都是在对社会现实深入调查的基础上提出来的，其研究成果，则对社会现实问题的解决极富针对性和有效性。特别是在对教育的法律控制研究中，他突破了以往的研究者的教育理论盲区，将教育规律与法律理念紧密结合，在保证法律权益的同时，也遵循了教育自身的逻辑和规律，避免了空疏的学理分析，富有现实感，为建立教育目标实现的法律保障作出了卓有成效的努力和探索。

教育之用

2001年，刚刚由原重庆师专、渝州教院两校合并升本的渝西学院迎来了她的首任党委书记、校长牟延林。主政渝西学院，为牟延林将自己的学术思想和理念变为现实提供了实现的平台。接下来的几年里．他将“崇实、致用”的学者风范带到了对学校的管理实践中，形成了自己独特的“实践型”学术品格。总而言之，可以概括为“蛙论、标准论、发展论和法治论”等方面。

“沸水青蛙”惹人思

2001年，学校升本建院伊始，当广大师生员工还沉浸在“升本”的喜悦与激情中的时候，以牟延林为首的学校党政领导班子却清醒地认识到学校面临的巨大压力与挑战——“生于忧患，死于安乐”。

为了尽快使大家冷静，将关注的焦点放在学校下一步的发展上来，牟延林在 2001 年 9 月 28 日的学校首次全校教职工大会上讲到了美国康乃尔大学生物学家的一个实验：把一只青蛙放到装着冷水的锅里慢慢加热，这只青蛙开始还悠哉游哉地在水里游动，但随着水温升高，它越来越没有生命力，最后当水沸腾时，这只青蛙活活地被煮死了，但如果把青蛙直接丢进沸水里，它却不会被烫死，而是奋力一跃跳出来，获得生机。

从那时起，全校师生员工就在学校党政领导班子的引导下开始认真思考了：面对舒适安逸的温水青蛙与奋力求生的沸水青蛙，我们如何选择？

经过深入的讨论和痛苦的思考，全校师生员工抛弃了“比上不足、比下有余”的停滞观点，将关注焦点放在了“怎样在高等教育日益白热化的激烈竞争中让学校生存下去，进而把学校建成一所合格的、富有生机和特色的本科院校”这一关系到学校生死存亡的问题上来。通过这次讨论，在短时间内凝聚了人心，“团结求生”，成了大家的基本共识，有效降低了两所学校的合并成本，学校工作迅速走上正轨。

管理标准赋新辞

要从实质上提升学校的办学水平，必须从日常工作质量抓起。基于此，从 2002 年起，牟延林将自己早年掌握的标准化管理思想引入到学校日常工作管理中来，在学校管理上创造性地全面实施了 ISO9001 质量管理体系、ISO14001 环境管理体系和 GB/T28001 职业健康安全管理体系“三标一体”管理体系。经过长达两年的贯彻与实践，2004 年，学校顺利通过第三方认证，成为我国第一所全面通过 ISO9000 族管理体系认证的普通高校。

与国内其他高校相比，重庆文理学院突破普遍认为教育工作不可以标准化的认识禁区，将“提供教育服务”作为学校的基本职能，接受服务的对象就是我们的“顾客”，对服务过程进行监控和标准化管理是可能而且也是应该的。与国外实行了质量标准的著名高校相比，我校打破了单一的质量管理体系的局限，将环境管理体系和职业健康安全管理体系与质量体系融合，创造性地构建了“三标一体”教育质量管理模型。

先进的理念产生先进的管理模式，先进的管理模式带来更高的效率和效益。“三标一体”先进管理模式的运用，从根本上理顺了学校内部的各种关系，最大限度地优化了学校资源，促进了学校的跨越式发展，也为学校赢得了良好的社会声誉。2005 年，牟延林主持的研究课题“高校‘三标一体’教育质量模型的探索与实践”荣获高等教育国家级教学成果二等奖，历史性地填补了学校的空白。几年来，牟延林还通过多层次的学术会议，在二十余所高校对“三标一体”教育质量管理模型进行了介绍，建立起了全国性的学术声誉和影响。

见卓识高存远志

作为一所新生的本科院校，加之远离重庆主城区，如果按部就班地谋求发展，则我校与兄弟院校的差距不仅不会缩小，反而会越来越大，最终不免被一日千里的社会潮流所淘汰。在充分了解我校现状的基础上，以牟延林为首的学校党政领导班子经过详细论证，大胆提出了突破常规，着眼未来，跨式发展的重大决策。

跨式发展，对学校的硬件和软件都提出了全新的要求。在硬件方面，以牟延林为首的学校领导班子做出了“进城办学，建设红河新校区”的决策。因为“三标一体”管理模式的引入，红河校区建设工作得到快速推进，在短短一年的时间里，完成了一期工程规划、设计、修建的全部建设流程。2004 年 10 月 8 日，随着

5 000余师生顺利入住红河校区，一个具有浓厚的文化气息、设施设备齐全、功能齐备的社区型大学校园在永川新城区拔地而起，实现了学校几代人进城办学的梦想。

仅有硬件是远远不够的，牟延林思考的脚步没有停歇，他将目光放在了探索构建现代大学制度上面。围绕这一中心，学校在管理体制层面以“标准化”为基础，从机构设置、人员配置、资源配置、分配制度等方面进行了大胆改革，一时间，“一切为教学科研服务，一切为学生服务”成了学校工作的关注焦点，各项改革措施纷至沓来。在教育教学方面，学校实行“大文大理”的专业布局，以基础学院为依托，以社会需要为旨归，全面改革学校人才培养方式。经过几年的实践，一种以教育服务质量为核心，以标准化管理为手段，以促进人的全面发展为目标的现代大学制度已经在我校基本建立。

明典正则此心痴

即使在多年从事高等教育管理之后，牟延林对法律作为调整人们行为的基本准则这一理念的信仰依然未变。他到任伊始，就要求学校相关部门把我国现存法律法规中涉及高等教育的所有条文进行汇编，使其成为我校所有行为的基本规范。同时，他明确提出了“依法治校”的管理理念，使法律从僵化的条文走进日常的管理实践，并以此来规范所有行为对象（包括他自己）的行为，确保责、权、利在学校内部每一个岗位都得到体现。正因如此的坚持不懈，2006年，重庆文理学院被教育部树立为重庆市高校中唯一的“依法治校”示范校。

短短五年，昔日的渝西学院变成了今天的重庆文理学院，有报道学校发展的文章说我校是“四年四大步，一步一重天”，这个不俗成就的取得，究其根底，它与作为学校发展引路人的牟延林教授的学术思想和学术风格紧密相联，二者和谐地交织在一起。可以说，在重庆文理学院的发展史上，留下了牟延林不可磨灭的功勋和印记。

文化之忧

大学是现代社会知识的原创基地和适应现代生产要求的人才培养基地。文化是大学安身立命的基础，也是大学发展的终极目标，没有文化方向的大学，其发展是盲目的。基于这样的思考。牟延林教授在学校大力进行文化建设，并取得了初步的成效。

在红河新校区的建设过程中，他就要求校园文化建设必须与设施建设同步进行，将校园文化自然、和谐地与校园设施进行融合。在校园规划、设计、建设的每一个环节，文化都作为一个重要指标，作为规划建设的基本依据和出发点。随着红河校区一期工程的建成并投入使用，学海广场、书山校门、历史文化雕塑围墙及以传统节气命名的校园道路、以传统典籍命名的主要建筑，构成了新校区浓厚的校园文化氛围，实现了新校区外在形态与内在气质的统一，形成了一个具有独特风格的“校园文化场”。

就学校整体而言，牟延林致力于打造重庆文理学院（原渝西学院）独特的以“三标一体”为核心的教育质量管理文化，在不断提升教育教学质量的同时，牢牢把握“以人为本，促进人的全面发展”这一根本追求，将以往指标化的教育质量标准提升到定性评价的文化层面，丰富了教育的内涵，使教育目标更加人性化，更具有可实现性。

长久以来，牟延林保持着对中华传统民族民间文化的兴趣和偏爱。特别是2003年，联合国教科文组织通过《保护非物质文化遗产公约》以来，他在全面、细致地研究这一公约的基础上，提出了“重庆非物质文化遗产保护对区域经济发展的作用研究”这一具有现实意义的重大理论课题，并于2004年得到国家社科基金专项资助，实现了重庆文理学院国家社科基金资助课题零的突破。

研究过程中，牟延林教授坚持我国传统学术与现代方法的有效使用，将清代朴学的考据手段与西方现代的文本解读（close reading）有机结合，从《保护非物质文化遗产公约》的中英文本对比研究入手，对非物质文化遗产这一概念的内涵、外延进行了科学的解读和界定，并由此出发提出了非物质文化遗产研究的基本模式、路径和学科体系，为国内学界提供了有益的参考。

近几年来，牟延林以“昌明国故，融化新知”为宗旨，以“弘扬传统，共创和谐”为目标，秉承理论与实践并重的学风，在弘扬中华民族传统文化的同时，也注重吸收其他民族优秀文化成果：一方面通过田野调查等多种途径保持着研究的当下性，另一方面又坚守学术理想和精神追求，强调理论思辨与现实关怀相结合。他带领课题组成员对重庆非物质文化遗产的存在状况进行了田野调查，获取了大量的第一手研究资料，并在调查、整理的基础上，初步完成了重庆非物质文化遗产代表作简明图集的编撰，提出了重庆非物质文化遗产分布带的划分及其与经济状况之间的关系梳理；通过对重庆的分析，提出了具有普适意义的非物质文化遗产经济理论。这些独创性极强的研究，为学校在国内非物质文化遗产研究界建立影响奠定了坚实的基础和学术起点。

为了进一步扩大研究视域，增进与国内学界的交流，牟延林教授在《重庆文理学院学报》（社科版）上主持开辟了“非物质文化遗产研究”专栏，通过专题研究、笔谈等多种方式，就非物质文化遗产研究与学界专家进行了广泛而深入的探讨，在研究界形成了一定的影响。因在非物质文化遗产研究领域取得了显著的成绩，在重庆市政府主办的我国第一个文化遗产日活动中，重庆文理学院作为协办单位参与组织主会场活动并主办分会场（重庆文理学院是该活动唯一的分会场）活动，开创了在非物质文化遗产领域政府和学界协作的良好先例。

与国内其他从事非物质文化遗产研究的学者相比，牟延林教授的非物质文化遗产研究呈现出跨学科、跨领域、与现实紧密结合的特点。他将区域经济理论、标准化管理理论、计量经济理论、法律理论大胆引入非物质文化遗产研究，别开生面，形成了一批自成体系的、具有重要的理论和实践价值的成果，对我国非物质文化遗产研究具有极大的开拓性意义。

不止于此，牟延林认为，非物质文化遗产是中华民族智慧与文化的结晶，是一个民族软实力的体现，也许在当下我们不能看出它的现实意义，但从长远来看，它是一个民族核心竞争力的重要组成部分，对实现中华民族的伟大复兴具有重大意义。正如文化部周和平副部长在“中国非物质文化遗产保护论坛”上的发言中说的那样：“只要中华民族还存在，对我国非物质文化遗产的保护就不会停歇！”

结　语

“五十而知天命”，从生命的意义上讲，现年刚好年届半百的牟延林走进了他最为成熟的时期，而从学术意义上讲，牟延林教授则正步入他的黄金时代。本文结束之际，我们的学术之旅也将告一段落。经历了法学、教育管理、文化三个领域的旅途，我们感受到了牟延林教授作为一个“实践型”学者的独有风范。事实上，这三个方面仅仅是牟延林教授学术思想的突出方面。2006 年 9 月，牟延林同志调任中共重庆市委教育工委委员、市教委副主任（正厅局级），教育管理和科学研究于是都有了更加广阔的空间……

（原载重庆文理学院教工部 2007 年 9 月印制的内部资料《文理学人风采录》。作者：刘壮）

在“三标一体”认证证书颁发仪式上，牟延林高举证书让记者拍照。

出席中国非物质文化遗产保护论坛期间，牟延林（左二）与国家非物质文化遗产保护工作专家委员会副主任委员、我校发展战略顾问乌丙安（左三）在会场留影。

新千年的曙光

对大多数人来说，但凡辞旧迎新的时候都是值得欣喜的，而恰逢千年交替的时刻，更是值得庆祝和期待的。2000年伊始，同在重庆永川的重庆师专、渝州教院两校师生员工，在充满了希望与憧憬的奋勇拼搏中，迎来了新千年的第一缕曙光。

回望刚刚过去的1999，两校师生员工有许多事难忘：

——刚刚过去的1999年，两校全体师生员工在党中央和中共重庆市委的正确领导下，在抗议以美国为首的北约袭击我驻南斯拉夫大使馆、反对李登辉的"两国论"、坚决取缔"法轮功"邪教组织的三场政治斗争中，尽到了自己应尽的一份责任，并从中得到了历练和洗礼。事实证明，两校师生员工在斗争中的表现是合格的，不愧为新时期社会主义中国的知识分子。

——刚刚过去的1999年，两校师生员工围绕着庆祝中华人民共和国成立50周年和迎接澳门回归两件大事，组织和开展了一系列活动，使加强爱国主义教育在全校得到了进一步的贯彻落实，师生员工的爱国热情空前高涨……

——同样是刚刚过去的1999年，在关注国家大事和好事的同时，两校领导和全体师生员工，从学校实际出发，在几年来不断讨论和酝酿的基础上，毅然举起了"兴校升本，唯此为大"的旗帜，继续"练内功，强实力"，加强师资队伍建设和硬件设施建设，不断深化改革，不断提高办学效益和教育质量，进一步为"升本"创造条件。

1999年底，重庆市教委和市人民政府的主管领导明确指示，将重庆师专与渝州教育学院合并建立重庆第二师范学院，于是人们在草拟《关于建立重庆第二师范学院的论证报告》初稿的时候，便不失时机地将口号发展为“升本建院”了。

展望2000，迎接新千年的曙光，两校的前景灿烂辉煌。

进入2000年，两校师生员工围绕“升本建院”开展的各项工作更加紧锣密鼓，国家和重庆市教育主管部门对此也予以首肯，并决定在2000年内对两校合并升本的综合条件进行检查和评估，一块锃亮而厚重的迎检倒计时牌，已经高高地在两校师生员工的心中树起。

正是基于此，2000年1月5日，重庆师专领导遵照重庆市教委领导的安排，会同渝州教育学院领导并约请永川市委领导、永川教委负责人济济一堂，举行了“升本建院”工作协调会，会上，两校领导就齐心协力升本建院，优势互补共谋发展等重大问题达成了共识，永川市党政领导也郑重表示，要从政策上、舆论上等各方面对两校合并升本建院给予大力支持。重庆师专党委书记刘定云同志作大会总结说，这次协调会，就两校合并升本建院而言，具有转折点和里程碑的重大意义。

2000年1月7日，原重庆师专刘定云书记紧急召开党委扩大会，传达了重庆市教委指示：接受省市级升本检查的时间提前！学校领导紧急磋商后作出决定，把“升本建院”口号进一步升华为“迎检升本”，并提出了“团结一心，只争朝夕，迎检升本，唯此为大”的行动口号，号召全校上下立即行动起来，为迎检升本做最后的冲刺。

曙光，在承载光明的同时也孕育着希望，重庆师专、渝州教院两校全体师生员工就在这新千年交替之际，怀揣着“升本建院”的美好愿望一路奋进……

（原载《渝西青年》“记忆文理”专刊第5期第4版。作者：刘智）

第一次圆桌会议

原重庆师专与原渝州教育学院两校合并升本的第一次工作协调会，是于2000年1月5日下午在原渝州教育学院会议室举行的。那是一张真正的大圆桌，圆桌上坐着原两校领导刘定云、贺正一、颜敬先、戴伟、米祖旭、王林、孙泽平、孙天才、江天健等和当时的永川市党政领导刘光全、王义昭、魏寿明、肖坤华等，圆桌周边还围坐着校地三方相关部门的负责同志。这次“圆桌会议”的与会者共有27人。

会议由时任原渝州教院党委书记、院长的贺正一同志主持，原重庆师专党委书记刘定云同志受中共重庆市委教育工委和市教委领导委托，向与会者传达了重庆市有关领导对两校合并升本建院的指示精神，贺正一和原重庆师专校长颜敬先随后进行补充。永川市党政领导刘光全、王义昭、魏寿明、肖坤华以及时任永川市教委主任的曾维模等纷纷围绕主题在会上讲话、发言，一致表示对两校合并升本的工作要从舆论上、政策上和工作上给予大力支持，并就升本建院论证报告的修改、升本建院的舆论宣传和其他准备工作提出了很好的建议。

经过磋商，原两校就合并升本建院在会上达成了以下共识：

一、两校从此要上下一心，抢抓机遇，多方努力，共同为实现升本建院的目标而奋斗。

二、由重庆师专牵头，两校共同组成相关工作小组，搞好上下、内外协调和调研，尽快完善论证报告和迎检升本的其他准备工作。

三、两校领导首先要做好师生员工的思想政治工作，同时要抓紧搞好学校内部建设，继续争取和完成基本建设项目，扎实搞好常规工作，共同为升本建院和建院之后的长足发展奠定基础，凡涉及升本建院的招生指标、基建项目和贷款等大事，都要以有利于今后的共同发展为前提，从现在起两校领导共同商量办理。

（原载《渝西青年》“记忆文理”专刊第5期第1版。作者：夏明宇）

原重庆师专、渝州教院两校合并升本协调会现场。

批文下来的那个夜晚

教育部同意原重庆师专与原渝州教育学院合并组建渝西学院的文件（教发函〔2001〕79号），是于2001年5月11日印发并于当月中旬由重庆市人民政府转发到学校的。批文下来的那天，学校没有安排或布置什么，更没有敲锣打鼓或者作广播，但是大家都很快知道了这一喜讯，有的人笑得合不拢嘴，有的人笑着笑着忽然哭了，也有人开始打电话或者干脆跑出办公楼，把好消息向着更多的人传告。

傍晚下班后，人们开始三三两两或者三五成群地向校门外边的双竹镇走去，纷纷说要自费买点酒喝，“今晚上要彻底放松放松”。

是啊，该放松放松了，两年来原两校师生，特别是校和系处两级负责同志及相关教职工的一根弦已经绷得太久太久。那夜，原两校校园格外的静，人们喝酒的和没喝酒的，都睡得格外的香甜。

（原载《渝西青年》“记忆文理”专刊第5期第4版。作者：夏明宇）

喜迎“国检”的拉拉队

国检者，国家级的检查评估也。在重庆文理学院的发展史上，我们已经经历了两轮国检。第一轮，在世纪之交的2000年～2001年间，是教育部对原重庆师专和原渝州教育学院两校合并升本的考察评估；第二轮，在2007年，是教育部对重庆文理学院本科办学水平的检查评估。这里单说第一轮评估。

当时，原重庆师专和原渝州教育学院两校合并升本，在原两校全体师生员工心目中，在永川、在渝西乃至重庆全市都是件大事。为了让原两校能够顺利通过教育部的考察评估，2000年，重庆市教委组织专家到校进行了两次预评估，学校在迎接预评估专家时组建的拉拉队，从星湖广场一直排到了双竹公寓门口，“欢迎欢迎热烈欢迎”的呼声此起彼伏地响彻天宇，把当时率队到校的市教委领导都感动了，特地叫停车走下来向欢迎队伍致谢问好。

到2001年2月22日，正式迎接教育部专家组莅校考察评估时，学校虽然遵照上级要求，取消了像拉拉队一样呼喊欢迎口号的庞大师生队伍，实际上支持原两校合并升本的“拉拉队”队伍却更加壮大了。在校内，两校师生员工劲往一处使汗往一处流，就连扫地的临时工也能说出几条升本建院的道理来。在校外，当时的永川市四大班子主要领导，渝西其他区县（市）党政领导都直接加入了支持原两校合并升本的“拉拉队”，出席喜迎国检的大会并且发了言，表达了永川百万人民、渝西地区千万人民支持原两校合并升本，希望渝西学院早日挂牌成立的心声。

（原载《渝西青年》“记忆文理”专刊第5期第4版。作者：夏明宇）

第一批“金蛋蛋”学生

我校是于 2001 年升本建院的，但是早在 1999 年，在市教委和原重庆师范学院等老大哥学校的大力支持下，我们就招收了第一届本科生。

这一届本科生共有中文和数学两个班 90 多人，是以当时的重庆师范学院（现重庆师范大学）的名义报的计划，当时的学校领导说，市教委和老大哥学校支持我们试办本科，我们也要把试办本科班当成升本建院迈出的第一步，因此必须高度重视。早在新生入学之前，学校就开了很多次会，对这批特殊学生的后勤保障和教学质量，都提出了特别的要求，专门为他们配备了最强的师资和最好的寝室、教室及一应教学设施。因此，我校招收了第一届本科生，这件事早就家喻户晓。新生入学的前一天，就连两位扫马路的工人也笑着打趣说：“扫干净点，明天要来头一批‘金包卵’学生了！”

这话不太好听，但分析起来却也在理：卵者，蛋也，“金包卵”即“金蛋蛋”，“金蛋蛋”者宝贝也——在当时那种情况下，学校把试办的第一届本科班当成宝贝，把升本建院的“宝”押在能否试办好本科班身上，这是非常合乎情理的。

功夫不负有心人，正是由于全校上下的高度重视，我校试办的第一届本科班办得很成功。到了 2003 年这些第一批“金蛋蛋”学生毕业时，我校已经是一所因初步崭露头角而备受各方关注的新兴本科院校了。在毕业的第一届“金蛋蛋”学生中，原重庆师专中文系的梁丽娜、雷璐荣、龙海波和原重庆师专数学系的熊庆林、王云等，都是其中的佼佼者。

（原载《渝西青年》“记忆文理”专刊第 5 期第 4 版。作者：夏明宇）

朋友，请不要忘记这个寒假

——2000 年岁首纪事

寒假过去了。

虽然学校年年有寒假，但对于重庆师专、渝州教院两校和关心两校前途命运的人们来讲，刚刚过去的这个寒假却非同寻常。

朋友，请不要忘记这个寒假！

一

您也知道，我们刚刚过去的这个寒假，是从公元 2000 年 1 月 13 日开始的。

在此之前的一两个月里，我们果敢地喊出了“兴校升本，唯此为大”并付诸实施，得到了重庆市人民政府和市教委领导的肯定和大力支持，成功地与渝州教院举行了两校合并升本建院的协调会，就齐心协力升本建院、优势互补共谋发展等重大问题达成了共识，组建了有重庆市教委领导、永川市党政领导和两校领导参加的“重庆第二师范学院筹备领导小组”，根据市教委主要领导关于“升本建院的检查评估特事特办”的指示精神，抓紧成立了设在筹备领导小组下面的四个工作小组，赶在放寒假之前的 1 月 11 日召集全校中层以上干部召开了动员大会，制定了“团结一心，只争朝夕，迎检升本，唯此为大”的行动口号——之所以对这段您可能已经熟知的背景材料再作个铺叙，是想借此表明一个观点：

形势的发展，注定了我们这个寒假要轰轰烈烈！

二

但不知您是否还记得，1月13日那天早晨，淅淅沥沥的夜雨停了，树梢头还有水珠儿滴落，路并不怎么湿，风也并不怎么紧——似乎仍然和以往任何一个寒假开始的时候一样，校园一下子变得格外的冷清与静谧。但是几只不大怕冷的喜鹊儿，就立在路边的树枝头叽叽喳喳地，像是在预告一个崭新的热闹的开始，或者说有什么好事情要发生……

果然，一会儿这静谧就被打破了，响起了隆隆的马达和鼎沸的人声，之后还夹杂着轰轰的巨响，学校中区——被大家戏称为“解放碑”的那一大片低矮的古老建筑开始被拆除，随着那一堵堵“干打垒”土墙的轰然倒下，人们一个个面露喜色甚至欢呼，说是像在拆除一座什么破旧的城堡似的。

平心而论，这儿的确有点像是一座旧城堡。学校草创时期，这儿集中着总务处、财务科、膳食科、教工食堂和日杂百货店，是学校的后勤保障中心，为重庆师专的建设发展立下过汗马功劳。后来，学校发展壮大了，工作重心向别处转移，这儿便让位给一些教职工家属经营饮食和小百货等，成了所谓的“好吃街”——虽然仍然不失为学校后勤工作的一个补充，为师生提供了一些方便，但处于校园的中心地带，保留着一座破旧的城堡，常常有划拳声震耳欲聋，终究不是个长久之计……

多亏学校各有关方面，思想政治工作做得扎实，准备也充分；也多亏作为摊主、店主的家属们深明大义，以实际行动支持学校迎检升本，才使“好吃街”顺利拆除——一如后来您亲眼所见，两天之后，即14日傍晚，偌大的“好吃街”就只剩下了一堆瓦砾。而若是在平常，这个问题很可能再过两年也无法解决——而现在，按学校的总体规划，在两年内将有一座崭新的集学生食堂、学生活动中心和超市等为一体的大楼拔地而起。

与此同时，已经启动的西区物理电教综合楼和中心广场等几项工程，也都从1月13日这天开始加紧施工，挖土机、推土机，轰隆轰隆地运作个不停，载重车喘着粗气往来如穿梭。办公楼改建工程则已经进入了精加工阶段，13日这天，工人师傅们已经开始筹划往墙上贴瓷砖和安装铝合金窗户……

三

1月13日，即放寒假的第一天，校园内的另外一个热闹场所，是处于制高点位置的图书馆大楼——因为学校已开会决定，为升本建院迎接专家检查评估的校情展览就设置在这里。

12日傍晚，壮怀激烈的周忠言馆长主持召开了为学校迎检升本，准时保质做好校情展览的誓师大会，与会者有图书馆干部职工、学校其他单位和渝州教育学院配合这项工作的相关同志共数十人，校党委成员、副校级调研员徐明到会讲了话。13日一清早，向来雅静的图书馆就闹腾起来，到处是搬桌子、移板凳的乒乒乓乓声，夹杂着人的吆喝和嘻哈打笑，真个就是“麻子打哈欠——全体总动员”，全馆干部职工都来为设置展厅腾屋子、搞搬运。周忠言身先士卒，单穿件棉毛衫仍汗流浃背，副馆长吕庆华巾帼不让须眉，带着她的娘子军忙进忙出来去如梭，两只红衬衫袖子都卷上了臂膀……

话说到这里，或许您会问：还有图书馆的党支部书记蒋永平呢？你是有意抛开他不提，让他们图书馆“三套车”跛起一只脚，还是蒋永平当真就躲到旁边偷闲去了？

蒋永平当时是呆在旁边，但是没偷闲——为了保证制作校情展览的任务能如期完成，他已经接下了替周忠言出门，为成教学院办学点上课的苦差使，此时正躲在屋角里抓紧备课呢！

这就叫配合。三套车就是三套车。事后周忠言告诉笔者，原以为要三天才腾得出来的展厅大屋，结果一天半就腾出来了。

四

有必要再交代一点儿“背景”：

您或许也知道，放假前部署迎检升本工作时，学校在筹备领导小组下面设立的四个工作机构，分别是规划建设组、展览宣传组、材料组（文件起草）和办公室。寒假的开始，也就成了四个工作机构正式运作的开始，大家抱着对党和人民的教育事业高度负责、对全校师生员工高度负责的工作态度和拼命也要让迎检升本取得成功的奋斗精神，立即投入了紧张的工作。前面两段文字所谈到的，其实还只是其中的两个组所做的一小部分工作……

1 月 24 日，刘定云书记召集在校党政领导和上述工作机构负责人会议，听取了各个机构运作十余天（也就是学校放寒假后十余天）来的工作汇报，进行了及时的督导和调整。遵照这次会议作出的安排，笔者作为负责迎检升本宣传方面工作的负责人，从 1 月 25 日起率队赴荣昌、江津、璧山等地搞了两三天调研。

这次调研活动，是在元旦前学校已派人到合川、铜梁等地调研的基础上进行的，我们除了对所到之处现有中小学教师学历结构、未来十年对本科学历师资的需求等情况有了较为详尽的了解，还捕捉到一个崭新的信息：本市和我们办学性质相近的一些兄弟院校，正在积极地“抢夺”我们的“市场”——在我们多年以来赖以立足的渝西地区各区县（市），以极其优惠的政策和积极的姿态抓培训、抢生源、搞合作。市场经济的基本法则上本身就大书着“竞争”二字，这些兄弟院校为谋求自身发展的上述做法是无可厚非的，却颇值得引起我们学校的高度重视和警醒：千万不能丢失自己的"根据地"！对于这个问题，一些县（市）教育行政部门的同志已经在替我们着急了，他们说："多年以来，我们把重庆师专当成我们自己的师专，依靠她、依赖她，希望她越办越兴旺发达，当然会全力支持她升本建院；同时也极不情愿让别人来抢占她的市场。"

这话是说得颇为恳切的。

开展这次调研活动的队伍，由笔者、我校数学系党总支书记何独明、渝州教育学院党委办公室副主任杜勇等同志组成，是两校齐心协力迎检升本这个基本精神的一个充分体现。

此外，教育系副主任何祖祥同志也不负重托，只身赶回原籍潼南，帮助我们完成了对潼南县的调研任务。至此，我们对渝西地区九区县（市）的中小学教师学历结构及其未来十年对本科学历师资的需求、对重庆师专、渝州教院两校合并升本建院所抱态度等，都有了一个明晰的了解，可说是没有辜负市教委和两校领导的重托，可以草拟调查报告了。

五

我们外出调研返校的 1 月 27 日，市教委王开达副主任就到校检查工作来了。

此时已逼近农历年关，王主任来校的一个目的就是拜年，慰问留在学校为升本建院作贡献的师生员工。然而，他作为市教委副主任、市高教工委副书记和待批的重庆第二师范学院筹备领导小组的组长，在这个时候来到学校，更直接更重要的目的当然是促工作，即检查指导和督促我们迎检升本的工作。对于这种意义和情感，王主任自己也毫不遮掩，还在到校伊始巡视校园和慰问教师代表时，他就热情洋溢地一次接一次地重复着这样一句话：

"我相信明年再来拜年的时候，这儿已经是重庆第二师范学院了!”

待坐进学校的会议室里，听完刘书记、颜校长的汇报时，时针已走过午后一点，王主任却依旧精神饱满和神采奕奕，他说:“学校把旧房子拆了，小操场也填了，校园显得乱一点，这是好事，因为从乱中看到了希望，同志们在艰苦条件下艰苦创业的精神应高度评价。由此我坚信，要么是今年要么是明年，你们一定能够把师专变成师范学院!”

王主任说，前几天他才去过北京，教育部的一些同志说，从特事特办的角度来看，努把力也许还能搭上早点那趟车，“关键是你们要先把自己的事情办好。”因此他指示，应当争取赶在过春节之前，完成重庆师专与渝州教院合并组建重庆第二师范学院、涪陵师专与涪陵教院合并组建涪陵师范学院的省（市）级专家组检查评估，学校必须抓紧作准备，他自己也要马上着手抓这件工作……

这天，王主任一行、学校党政领导及有关工作人员都是忙到午后两点多钟才吃上午饭——这样“怠慢”上级领导，在我校的接待史上也恐怕还没有过先例。

六

王开达副主任来校“拜年”之后，学校迎检升本工作的节奏果然进一步加快了。第二天即 1 月 28 日晚上，刘定云书记就从市里带回了《关于同意成立重庆第二师范学院筹备领导小组的批复》。批复决定：重庆市教委主任欧可平、永川市委书记刘光全、市长王义昭担任筹备领导小组顾问；重庆市教委副主任王开达为筹备领导小组组长；重庆师专党委书记刘定云为常务副组长；渝州教育学院党委书记、院长贺正一，重庆师专校长颜敬先，永川市委副书记魏寿明、副市长肖坤华为副组长；重庆市教委有关处处长严欣平、程明亮、邓睿，重庆师专党委副书记、副校长戴伟、副书记米祖旭、副校长王林，渝州教育学院副院长孙泽平、孙天才，重庆师专纪委书记江天健，永川市教委主任曾维模为筹备领导小组成员，并同意筹备领导小组下设四个工作机构，负责重庆第二师范学院筹建过程中的各项具体工作。

至此，申报已久的重庆第二师范学院筹备领导小组正式宣告成立了。本着“特事特办”的精神，市教委还在1月28日一天之内，按照市人民政府的委托组建了省（市）级专家组，决定1月31日即到校实施检查评估。

1月29日，学校紧急召开全校中层以上干部会议，部署迎接省（市）级检查评估事宜。那是个霜冻严重的寒假的早晨，全校五六十位中层以上干部于8时30分准时到会，精神抖擞地接受了任务，亦算是进行了一次迎评的预演。

1月31日下午5时，盼望已久的省（市）级专家组终于在市教委王开达副主任的带领下莅临学校。在此之前，我们这些做具体工作的同志和学校领导，已经踮着脚尖朝着校门外盼望了许久，惴惴不安地在办公楼走廊上和办公楼当门马路上徘徊了半天，王林副校长则站在永川高速路口吹了两个多小时的西北风。而大家发言的第一句话却是:“只要重庆师专和渝州教院能通过升本的检查评估，再等两小时甚至两天心头也高兴。”

等待，差不多成了这次迎检的一大特色。当天晚上，刘书记和颜校长到专家组住处与专家们座谈，听取专家的宝贵意见，其余校领导和我们这些做具体工作的人员，就呆在一旁静静地等待，一直等到临近午夜学校主要领导和专家组的座谈结束，听领导扼要传达了专家们的意见，又商谈了一会儿第二天陪同专家组检查的事情，时间便已经是第二天凌晨。已经五十八九岁的副校级调研员徐明坐着就直是打喷嚏，肯定是冻感冒了。

与此同时，渝州教育学院那边也在执著地等待着，1月31日下午，全院干部职工就在院领导的带领下一齐动手，把数十亩校园打扫得干干净净，把办公室和图书馆的桌椅都擦拭得一尘不染，把厕所都冲洗干净并喷上清洁剂，但晚风又吹落了满校园的树叶，他们就不待天亮又去打扫了一遍，然后静静地等到上午 11 时……

我们等得苦，专家们也极辛苦——单从他们的工作日程就看得出来：1 月 31 日下午 5 时到校立即坐进会议室，听取重庆第二师范学院筹备领导小组常务副组长、我校党委书记刘定云同志的汇报和永川市王义昭市长代表地方党委、政府的发言，晚饭后和我校党政领导座谈、讨论到深夜。2 月 1 日早晨 7 时即起床，7 时 30 分早餐，8 时准时开始对校园和软、硬件设施的检查，10 时 30 分在我校检查完毕立即赶往渝州教育学院，11 时 40 分结束对两校的检查后，边吃饭边和两校领导再交换意见，之后马上赴新的征程，对我们的最后的评估结论则准备在去涪陵的船上完成——让我们永远记住他们，这些在春节前夕还在为我们奔波劳碌的专家和领导，他们是：专家组领队、重庆市教委副主任王开达教授；专家组组长、国家院校设置评委会委员、重庆商学院原院长周万钧教授；专家组成员、西南师范大学副校长何向东教授；专家组成员、西南师范大学原副校长何良骐教授；专家组成员、重庆师范学院原院长秦志仁教授；专家组成员、重庆教育学院党委书记、院长王乃武教授；专家组成员、重庆市计委社会发展处张量衡处长；重庆市财政局行政财务处罗荣容处长；专家组成员、重庆市政府办公厅六处赵幼渝副处长；专家组成员、重庆市教委高教处处长严欣平教授；专家组成员、重庆市教委计划建设处处长程明亮教授；专家组成员、重庆市教委师范处陈清副处长。

七

2 月 1 日下午，即送走省（市）级专家组的当天下午，学校又紧急召开了全体中层以上干部会议。

真的，虽然已经通过省（市）级专家的检查评估，我们却一点儿也不敢放松。因为，事情如果能够按照市教委领导和我们两校自身的愿望去发展，我们在春节后的 2 月中旬就将要接受教育部专家组的检查评估。2 月 1 日到 2 月中旬，就那么十来天，中间还隔着一个通常被称作“年关”的春节。况且，省（市）级专家组在对我们已经取得的成绩给予高度评价，一致认为“重庆师范高等专科学校与渝州教育学院合并建立重庆第二师范学院的条件已经成熟，基本达到了普通师范本科院校的设置标准，并有良好发展前景”的同时，站在关心和爱护的立场上，对我们迎接教育部专家检查评估的具体的工作，诸如汇报、材料和接待方式等，提出了一些整改意见……

由于这些意见既涉及学校又涉及系处（汇报包括学校的汇报和系处的汇报，接待也包括学校的接待和系处的接待），学校决定再次紧急召开全校干部会，意在引起全方位的高度重视和警觉。刘定云书记在讲话时，更是侧重强调了尚且存在的问题、不足和面临的困难，要求立即加以克服和整改。殊不知会议在收到正面效应的同时也产生了“副作用”，一些同志用逆向思维想：既然你说得那么严重，就很可能是省（市）级评估都没有通过；又听说第二天材料组要开会，便推断很可能是材料上出了问题——虽然都是些关心学校前途命运的善意担忧，却弄得材料组的同志有些委屈。

如果说整个迎检升本的工作都很辛苦的话，材料组的工作就更加辛苦。从 1999 年底开始运作到 2000 年 1 月底接受省（市）级专家组检查评估，满打满算也就才 40 多天，材料中的论证报告等主体部分，就已经起草和修改了 14 稿！且莫说起草和修改论证报告有多么艰难，要跳出学校工作人员的局限，站在市教委乃至市人民政府的高度去纵观全局，然后用心去写，就是材料中一个无关大局的调查报告，就曾经难倒过几员大将。笔者于 1 月 30 日上午奉调草拟，规定在 1 月 31 日上午打印成稿，整整一天零一夜磨钝了脑筋，才好歹交出个可以应付公事的初稿——是的，论证报告修改14稿次数不算多，好些兄弟院校都有一年、两年乃至三年的准备时间，我们满打满算才40多天呀！这40多天，经历了多少奔波劳碌，度过了多少不眠之夜，又有多少时间在面壁苦思，当然只有涉及材料本身的那些同志自己才清楚。

委屈归委屈，2月2日上午，材料组的同志还是和校领导一起把整改会开了，并且大家都憋足了一股“卧薪尝胆”的劲头，发誓说即使自己“年都不过”，也要把论证报告等一律修改好。

话说到这里，就要有几句自我批评：您也知道，2月2日清晨，已经是农历的腊月二十七了，由于为老家的琐事困扰，我就想赶在年前回江津一趟，哪怕当天就返校也好。殊不知刚走到附小当门马路上，就被徒步从大校门过来的刘定云书记撞了个正着。

“迟点走好不好——不是说今天要开会么？”刘书记以商量的口气温和地对我说。

“我，我晓得要开会，只是想到自己不是材料组的……”我有些尴尬，说话竟显得语无伦次，脑海里却清晰地闪现出一个沉重的字幕：逃兵！

于是，整个寒假，除了两次短暂的因公出差，我一刻也没有离开过学校。

2月3日，即农历大年三十的前一天，颜敬先校长和戴伟副校长到办公室和材料组的同志一起起草一个应急性文件，笔者也参加了，担负定稿的最后一次修改工作。

农历大年三十和正月初一、初二，我把它当成一个空隙，赶着做了一些学报改稿等以往要靠假期值班做的常规工作。

果然，初三一清早，办公室就来电话通知开会，和材料组的同志碰面一应证，果真是谁也没认真过年，领头做材料工作的校长助理兰刚还算了个账：他本来在大年三十下午耍了半天，但初一、初二两个晚上都连着加班，两相迭除就等于一点儿没有耍。其余如人事处处长刘灿国、校办公室副主任周洪亮、监审处副处长魏良福、组织部干部杨家强等，都是把老婆孩子打发回老家过年，自己留在学校为升本建院搞规划、写材料，见面时都互相戏称着“单身汉”。

从初三清早一直到初八的午后两点，在周围一片烟花爆竹和猜拳行令的过年余韵里，材料组的同志就天天赶材料，中午都是匆匆地进食店吃个工作餐或者聚到某家煮面条，期间少不了校办公室主任周及至同志的协助和督导，还牵动了他手下宋明江、黄朝霞、蔡华锋等一干工作人员。正月初八即公历2月12日午后两点，经过我校和渝州教育学院两校领导审阅修订的所有材料终于修改装订完毕；2月12日当晚，随刘定云书记送材料到重庆去的兰刚助理电话通报说，材料已经得到市教委有关负责同志的认可和一致赞许，几个人的心里，才犹如一块石头落了地。

八

2月14日也是一个我们大家都不应该忘记的日子。

2000年2月14日，政府部门过完春节才刚刚上班，戴伟副校长和刘灿国同志带着重庆师专、渝州教院两校师生员工和市有关领导的重托，和市教委计划建设处宋建英副处长一起，把《关于重庆师范高等专科学校与渝州教育学院合并组建重庆第二师范学院的论证报告》《关于组建重庆第二师范学院向教育部专家组的汇报》《重庆第二师范学院章程》（草案）、《重庆第二师范学院2000—2010年事业发展规划》（草案）、《关于重庆师范高等专科学校与渝州教育学院合并组建重庆第二师范学院的专家考察报告》以及涪陵师专的相应材料报送到了中华人民共和国教育部，并且得到了教育部有关负责同志的热情接待和受理。

可是，我们没有捷径可走——不能像所期望的那样在2月中旬就接受教育部专家组检查评估，而必须一切都按部就班地进行

——待到2000年下半年再接受教育部专家组检查评估。按报送材料的先后顺序，听说我们也已经排到了2000年的第六号上。

这个结果，应该说也在我们意料之中——忠厚老实的黄瓜山人，虽然本来早已作了两手准备，但是从校领导到工作人员，大家的心情还是沉重了许久。

2月14日，迎检办公室召回了原来选定的近三十名学生礼仪队员，正准备按计划实施培训，现在都只得做好安抚工作，让他们又各自打道回府。

2月15日，图书馆大楼内，气象万千的校情展览如期完成。笔者端着采访本赶到那里，但见周忠言馆长和他的几十员大兵大将（其中多半是娘子军），还有美术系、教务处、档案室等兄弟单位和部门的“友军”，正在对展厅作最后的布置。虽然大家都知道教育部专家组暂时不来了，但是按预定计划保质保量地完成了这偌大工程，大家的轻松愉快之情一个个都还是溢于言表。周忠言依旧撩衣挽袖，指挥若定就像个将军。

是啊，无论如何，总算是排除万难取得了胜利——我们的迎检升本工作取得了阶段性成果，大家都应该歇一口气了。

2月17日，学校党委召开扩大会议，在听取刚从北京归来的戴伟、刘灿国二同志汇报之后，会议作出了如下结论：

总的说来，我校与渝州教育学院从1月初正式启动的迎检升本工作已经取得了成效。

第一，我们已经促成并通过了省（市）级专家组的检查评估；

第二，我们找到了升本建院尚存在的差距和弥补办法；

第三，经过探索，我们已经摸准了升本建院必经的手续和途径。

会议在对所有参加迎检升本工作的人员予以慰勉的同时，决定从即日起开始休假，到3月5日正式上班。

我们的迎检升本工作暂告一个段落了，有许多经验值得总结，有不少人和事值得铭记。

比如说展览。您可知道，在大年三十和初一、初二那过年的两三天，偌大的展厅内就只有周忠言和人事处干部王天文、附中青年教师周洪波，以及周忠言的儿子周相宇等几名“志愿兵”坚守在岗位上，一遍接一遍地修改着展览前言，在微机上制作展览图片，年饭互相邀请着吃，事情大家商量着干。初三之后，吕庆华返校了，立即投入到展览制作中。从正月初六起，图书馆党支部书记蒋永平，美术系主任李云松、副主任薛效成、教师张洪彬，教务处副处长高志强等专家和生力军也陆续归队参加战斗，中午就在展厅内吃了方便面接着又干，晚上还要在灯下加班。单身汉张洪彬忙得来好几天没有顾上洗衣服、洗澡甚至没洗脚，脱了鞋爬在展板上贴图片，臭气竟熏得别人差点晕倒……

又比如筹备领导小组办公室，即所谓迎检办。办公室的事情历来复杂而且琐碎，具体到迎检办公室而言，一要抓学生礼仪队员的培训，二要作迎检物资的准备，三要搞迎检工作的督查，四要掌握信息和内外协调等，但在富有经验的学校办公室主任周及至、工会主席游祥国、团委书记李德全等同志手里，一切都进行得有条不紊。迎检工作暂告一个段落了，周及至办公室的门却依然天天大开着，在开始为即将到来的新学期作开学准备了……

再比如规划建设组。迎检工作暂告一个段落了，他们的工作却不能暂停，从放寒假开始一直忙到农历年底，从农历新年之初又一直忙到开学并且延伸到开学以后。较之办公室的琐碎和材料组的“隐秘”而言，他们的工作是最具显性的，办公楼改造工程和运动场改造工程的即将竣工，青年教师公寓的即将竣工和中心广场、女生公寓、物理电教综合楼的加紧施工，202 电话的即将进入学生宿舍等，无不是响当当、硬邦邦的硬件建设，无不浸润着总务、基建、设备、计财等部门人员的汗水……

迎检升本工作暂告一个段落了，治安保卫工作却不能暂停。寒假期间，保卫处请来重庆市公安局六处、永川市公安局领导及有关派出所负责同志，隆重召开了重庆师专周边治安环境协调会，24 小时不间断值班巡逻守护校园，总体上做到了确保校园一方平安，起到了为学校升本建院保驾护航的积极作用。

迎检工作暂告一个段落了，人事处为学校升本建院招兵买马的工作也没有暂停。寒假期间，他们既走出去又请进来，常常是马不停蹄地奔波劳碌，聘定了一批兼职教授和客座教授，还引进了一些研究生。

迎检升本工作刚暂告一个段落，2月20日，重庆市精神文明建设办公室突然来电，说3月上旬即将组团来校进行市级文明单位的检查和考核。于是，作为学校文明办的党委宣传部又忙碌起来，准备各种迎检材料直到开学……

总而言之，这个寒假，除了筹备领导小组下设的专门机构，两校乃至各系处部室，还有工会、团委等群团部门，都为升本建院贡献了力量。还有学校老协的离退休老同志，寒假期间也没有闲着，或者为学校升本建院出谋献策，或者为学校与外界合作办学牵线搭桥——都在实实在在地奉献着余热。

这个寒假，极不寻常，无疑将在重庆师专的建设发展史上，留下极为凝重和光辉的一页。原来您也常感叹学校十年无变化，现在却不得不惊呼学校大变了——虽然这变化还不能算是尽善尽美，但是从总体上讲，是变得生意盎然和大气磅礴了！

这个寒假，我们升本建院的系统工程，算是全面地正式启动了。这个寒假到下个寒假，则是我们能否升本建院的关键时刻——朋友，愿我们都不要忘记这个寒假，更愿到了下一个寒假，我们都能够坦坦荡荡地微笑着说："扪心自问，我为学校升本建院做了应做的一切！"

（原载《重庆师专报》2000年3月10日第2、3版。作者：夏明宇）

“贯标”的那些故事

提到重庆文理学院，提到“唯一”，不得不说它鲜明的管理特色——迄今，重庆文理学院依然是全国唯一一所引进并实施“三标一体”管理模式的普通高校。“三标一体”究竟是什么？选择它的原因及实施的过程又是怎样？带着这些问题，让我们再次追寻我们的文理记忆。

“三标一体”，说起来其实就是将 ISO9001 质量管理体系、ISO14001 环境管理体系和 GB/T28001 职业健康安全管理体系三个国际和国家的管理标准，整合成为一个有机统一的管理体系，运用到学校管理之中，行话叫“贯标”。

“三标一体”，无论如何，听起来都陌生而拗口，现如今却已经在每一位文理人身上打下了深深的烙印，甚至连一些关心、关注重庆文理学院的各界朋友也不例外。《光明日报》驻重庆记者站的站长张国圣，就是这其中的一位。直到前不久的 2010 年 7 月 23 日，当他再次来到重庆文理学院时仍一开口就问：你们学校的那个“三标一体”现在怎么样啊？

2004 年 7 月 3 日，重庆市教委在学校召开全市学校管理工作研讨会，张国圣作为媒体代表对大会进行采访，第一次接触到“三标一体”。作为一名高级记者，见惯了许多大场面，可是他却对学校为什么会选择“三标一体”感到迷惑与好奇，在采访了当时的学校党委书记、校长牟延林教授以后，他依然没有消除相关的疑问。于是，2004 年 8 月 23 日，他以《标准化管理：孤军奋战还是大势所趋》为题在《光明日报》发表了一篇专题报道，字里行间隐隐透出他对这种标准化管理有没有必要、有没有效果、能不能坚持等问题的担忧。

时隔六年，当他再次走进这所充满生机活力的校园，当他听说“三标一体”获得了国家级教学成果奖，学校成立质量管理部继续坚持“三标一体”且运行效果也越来越好时，不禁感慨地说：“六年了，这个模型不但没有消失，反而运行得越来越扎实，影响越来越大，这的确是一个奇迹！”

张国圣的疑惑确实很有道理。“贯标”之初，除了党委书记、校长牟延林以外，全校几乎找不出第二个对这套管理体系有所认知的教职员工，了解多一点也只是在一些机电产品、建筑材料、食品药品等外包装上偶尔看到过相关的标识，但也从来没有去关心过这些土洋夹杂的名称究竟说的什么意思。因而，从“贯标”专家口中讲出的“记录”“产品”“服务”“顾客”等专业术语以及标准条文让人感到分外生涩，难以理解。但是也有一些敢于吃螃蟹的人。经过了一段时间的摸索，一位老师提出了这样一个理解——她说：备课即策划，上课即为实施，批改作业就是检查，教学反思就是改进。今天看来，这个描述，其实就是对过程方法（也称 PDCA，即戴明循环）的比方。这样的描述和理解，仿佛推开了一扇窗，人们一下子瞥见了 ISO 的美丽面容。人们醒悟了：原来，标准语言必须在学校环境中得到具体的诠释。

于是，学校确立了“移植、改造、融合、创新”的八字方针，着力推进 ISO 标准的“教育化”“校本化”。在时任管理者代表的刘定云副书记的具体组织下，贯标办的一群人和其他职能部门的同志们开始了艰苦的探索，一个个术语在教育语境中得到了具体的解释，一个个条款在学校背景下得到了贴切的理解，一项项规章制度开始融入了质量、环境和职业健康安全的新理念、新方法、新要求，工作流程得到全面梳理，质量标准逐渐完善，岗位职责得到明确，一个着眼于办学质量持续提升的现代高校质量保证体系终于呈现出基本模样。这个时候，很多人累弯了腰、熬白了头。

2004年4月23日，当认证机构的专家们进校开始现场审核时，时任学校管理者代表的刘定云副书记只能坐在办公室打着点滴接受专家审核。4月26日，当审核专家组组长宣布现场审核顺利通过时，贯标办一位女老师眼泪不禁夺眶而出，也不知道这是高兴的还是累出来的，是甜蜜的还是酸楚的，可能是五味杂陈吧。是的，这个时候他们都是“沸水青蛙”“耳聋青蛙”，这样浩大的工程绝对不是“温水青蛙”所愿意尝试和能够成功的！

现在看来，把一个现代管理模式植入大学这种具有保守性质的社会组织，其过程注定艰辛而复杂。出于人类的工具理性，人们自然十分关注运行的实效，而任何事物的发展的确是一个螺旋式的上升过程。走过依样画葫芦的初级阶段，人们已经不再满足其规范工作流程的表层效果，轮廓初具的“三标一体”教育管理模型，必须不断地充实内涵、提升境界，与此同时，质疑者也没有停止过怀疑和批判。

学校党政领导及时关注到人们对“三标一体”的发展要求，果断指出，要超越“三标一体”，从管理模式的探索走向办学模式的创新。变化首先出现在办学新观念上，“教育即服务”“学生即顾客”等新理念确立了，“有思想的劳动，有创新的落实，有质量的发展”的号召走进干部的头脑，“学习与思考，调研与策划，执行与实施，记录与跟踪，整改与进步”等“五种能力”作为全体教职员工进步的标尺树立起来了。“三标一体”的整体改进势在必行也时机成熟，年轻的体系运行管理办公室主任一头扎了进去，国家本科办学的条件要求和评估体系得到了有机整合，目标管理模式全面采用，体系运行从顶层走到了底层，从办公室走进了课堂，重心下降了，运行更加平稳，大多数人逐渐建立了新的思维方式和工作习惯。

正当“三标一体”基本成熟，在学校管理工作中日益发挥巨大作用的时候，一场考验也不期而至。2006年9月，新一届领导班子走马上任，许多人纷纷猜测：“贯标”的旗帜到底能打多久？

让人们振奋的是，新一届领导班子充满了理性，校长孙泽平代表学校党政班子郑重宣告："三标一体"是学校集体智慧的结晶，我们承认某些个人在其中的特殊贡献，但更主要的是全校主动探索的结果，我们没有任何理由不继续坚持！我们唯一能做的，就是秉承持续改进的理念，做得更务实，让成效更明显！2006 年 10 月 25 日，新一届领导班子集体学习"三标一体"，并提出"巩固、深化、提高、发展"新八字方针，作为新时期"三标一体"运行与建设的指导思想。在推行大部制改革时，全国高校独一无二的管理机构——质量管理部应运而生，质量管理的专业化队伍建设进一步提升，其影响也遍及全国，作为一个管理品牌受到了社会各界的广泛瞩目。

国家领导人称赞，教育部部长表扬，高校的同行佩服，新闻界深度观察，兄弟院校纷至沓来，专家学者开始解剖……也许，属于"三标一体"的精彩才刚刚开始。

时光如水，岁月如梭。不知不觉，"三标一体"已经走过了七年光阴，从接触 ISO 的术语到构建"三标一体"管理模型，从编写体系文件到提出"教育即服务，学生即顾客，质量即生命"的办学理念，人们的内心疑惑逐渐消散，进而自觉追求工作质量，"三标一体"管理模型从一种概念变成了全校师生员工的工作习惯和生活方式，一种外在的标准已经悄然演化为内在的文化，勇于创新、坚韧不拔、创造成功等创业者独具的品质深深地扎根在这片希望的田野，绽放出枝枝新绿！

自此，"三标一体"作为一个文化事实，已经牢牢地镌刻在学校史册，熠熠生辉，成为每一位文理人的骄傲！

（原载《渝西青年》"记忆文理"专刊第 5 期第 1、4 版。作者：刘仲全、孟磊）

学生监考老师

学生监考老师，乍听到这事情，真新鲜！但这事确实就发生在我们重庆文理学院。2006年，对于重庆文理学院来说是不同寻常的一年，这一年文理人万众一心迎“国检”，这一年在文理人心中也留下了许多难忘的故事，而“学生监考老师”则只能算是其中的一件。怀着好奇的心情，我们采访了现任应用技术师范学院党总支副书记的刘中胜老师（原为学校评建办常务副主任），急切希望从他那里一探究竟。

说到学生监考老师这事，刘中胜老师记忆犹新。他谦虚地告诉我们:“当年学校为了全面检查教师的评建知识掌握情况，指示评建办负责组织这次考试。评建工作领导小组有人提出一个新方案，打破以往传统的教师监考模式，实行由学生担任测试场巡视员的新方法，这一提议当即得到大家肯定。最后考试效果也让校领导和测试组织方相当满意。”刘中胜在讲述中，自豪之情溢于言表。他本人针对这场特别的考试坦言:“当时是学校第一次采取这种方式，是一种创新，更是一种尝试，大家心里都没有底。但是最终的效果证明，当时的这种做法是值得肯定的。不但对全校各级干部、教职工掌握评建知识起到了较大的促进作用，还对学校严肃考风考纪起到了良好的促进作用，因为为人师表是我们教师的天职，谁也不想给自己的学生留下老师也作弊的坏印象。”我们有理由相信，当时学校安排这样别开生面的考试，对促进学校师风师德建设，提高教师综合素质也很有意义。考试卷面考的是老师的业务水平和评建知识，而对学生而言，考的却是教师的师德。

2006年9月29日下午4时10分，在我校星湖校区和红河校区，学校所有科级岗位人员、一般教学管理人员、评建办人员、党委和教学部科级岗位以下人员、教学执行部门评建秘书等工作在学校各条战线的老师，整齐地坐在考场内，接受关于评建知识的综合测试。站在这些教师面前监考的，除了学校总负责人兰刚副校长以外，考场内安排的"监考官"均为在校大学生。"考场内考试的考生都是平时执教鞭的老师，佩戴监考证件进行监考的是老师们熟悉或不熟悉的学生"，这一情形让人耳目一新，让在座的"考生"都有些惊讶。

一位当年参加考试的老师回忆说："之前根本不知道是学生来监考，进了考场才发现，自己还有点紧张呢，不管怎么说在学生面前咱也得做个榜样，自己平时怎么要求学生的，考试时就得怎么做。"老师们在考试中以身作则，自觉地遵守考场纪律，让学生亲眼目睹了老师是怎样对待考试的，这对教育学生今后如何正确对待考试和学习是大有裨益的。

本次测试的总负责人兰刚副校长介绍，过去都是老师监考学生，这次让学生监考老师，是对老师的考验，同时也能培养学生的诚信和责任意识。他又说，当时，随着迎接国家教育部本科教学工作水平评估工作的全面展开以及学校师风师德建设的需要，客观上对教师的各项业务素质提出了新的要求，由于长期形成的固定思维和教学—考试模式的作用，在部分教师中产生了一种"倦怠"情况。通过考生和监考员的角色互换，可以有效维护考试公平、公正，同时，对教师以身垂范、树立诚信意识而言也是一次成功的尝试，甚至在今后的各种测评中也值得推广！

（原载《渝西青年》"记忆文理"专刊第5期第4版。作者：王玉辉）

第六章

山外面有了新家

2003年，刚刚升本建院两年的渝西学院（现重庆文理学院）在校全日制学生已由2001年的四千五百多人增加到九千多人，进入“万人大学”行列。发展了的渝西学院需要拓展生存空间。经过一段时间的酝酿和一轮寒暑的奋力拼搏，地处当时尚属规划中的永川新城中心地带的学校红河校区一期工程高效率、高质量、低成本建成，六个教学系五千余师生于2004年国庆期间首批入住，渝西学院人在山外面有了自己的新家！本章以当时历史见证者的真切视角，记录了新校区建设的实况以及建设者的豪情和种种艰辛，记录了师生们在新家落成时的欣喜和对老家的眷恋之情……

回顾：建设新家是又一次拓荒

信步廊桥可揽月，通理知津达博文。在十年、二十年前，人们谁也没有料想到这儿会崛起一座新城，会崛起新兴的重庆文理学院红河校区，会有这么多高楼拔地而起，学海广场百花斗艳，揽月湖中群鱼逐波——在山沟里呆了近三十年的重庆文理学院人，终于在山外面有了新家！然而，你可知道，这新家的建设，却是继星湖校区建设之后的又一次拓荒；这一切的得来，又着实经历了一番艰苦卓绝的奋斗历程……

2001年学校成功升本后，办学规模发展很快，2002年就由升本时的4 500人增加到8 000余人，2003年秋季招生后已经是拥有在校全日制学生 9 000 多人的“万人大学”了！这所快速发展的新建本科院校急需拓展自己的生存空间，新校区建设理所当然地被提上了议事日程。可是，在哪里建设，又怎么个建法，在全校曾经引发了一场讨论，最后决策的学校领导班子也颇费踌躇。待终于达成走出山沟办学，到正在规划建设中的永川新城区发展的一致意见时，新校区到底建多宽多大又有过争议——这儿有一个至今鲜为人知的天大秘密：是时任学校副校长的孙泽平同志，在当时学校党政主要领导的大力支持下，与永川开发区负责人一道连夜飞深圳，找到负责永川新城规划的东南大学深圳设计院专家修改图纸，把当时渝西学院用地由最初拟定的 400 亩改为 800 亩，才有了我校现在这气象宏伟、功能齐备的红河校区。

土地的问题解决了，当时的永川市政府也明确表态要全力支持红河校区的兴建，校地双方于 2003 年 9 月 13 日在当时还是一片荒芜的红河举行了隆重的奠基仪式，可这才是万里长征走出的第一步。

2003 年 8 月，施工队正式进驻红河。那时的红河校区除了荒地杂草外，只有几间因拆迁而废弃的民房，这几间民房便成了最初的红河校区建设指挥部，包括王林、孙泽平（当时均为学校副校长）两位副指挥长和时任学校纪委书记的江天健在内的二十几名工作人员曾挤在这里办公。大家一年到头没有节假日，没有星期天，也不分晴和雨，直至大年三十家家团聚时，他们还围在一起商量着各种各样的建设问题。为了保证学校发展的需要并立足长远，他们承担了一个异常艰巨的任务：高质量、低成本、按期完成红河校区建设，保证学生在 2004 年 10 月入住！于是，一场硬仗打响了。为了降低成本，指挥部工作人员多方调研比价，磨破了嘴皮也跑断了腿。皇天不负有心人，结果当然是明显的，就拿平基土石方来说，其市场价为 16 元/平方米，而他们硬是把价压到了 8～9 元/平方米，60 万平方米的校园仅凭此项便节约了近 300 万元的建设费用。因为既要少花钱又要建设出设施齐备、耐用美观的校园，所以他们在每一个细节上都不手软，对施工队的要求也就显得尤其“苛刻”。为了防止偷工减料，影响工程质量，指挥部的二十几名工作人员推行了 24 小时分组轮流监工制度，在划分出每人的固定责任区后，又将工作人员分作三组，王林、孙泽平、江天健三位校领导各带一组，每天在工地各处对施工的各个环节进行检查，对整个工地实行了严格的过程控制。八、九月份的重庆被喻为火炉、蒸笼的确毫不夸张，坐在家里什么都不干尚且浑身直冒汗，更别说要在施工中的高楼里爬上爬下，检查墙体、测量钢筋。尤其是 18 层、32 层高的教职工住宅楼，每检查一次便令工作人员们浑身湿透，汗流如注，衣服整个儿裹在身上。而万一赶上了雨天，却又是泥浆裹满裤腿。在监工过程中，有人甚至还曾经面临生死考验。当时任施工项目主要负责人之一的陈品忠谈起他从 18 楼坠楼的经历仍心有余悸。由于值班领导在第一天的检查中发现教职工住宅楼上的钢筋没有达到规定的标准，不仅规格不同，连间距也被拉宽了，便要求施工队停工整修。因此，第二天陈品忠便与其他几位同事再次去检查，谁料想由于施工队的一时疏忽，18 楼作为临时通道的木板只绑扎了一端，他一脚踏在未绑扎的那端，整个人便从 18 楼跌了下去，幸亏他于情急之中抓住了伸出 15 楼外的一节钢管，荡进了 15 楼的阳台，这才捡回了一条命，但是却因脚踝的粉碎性骨折而进行了两次大手术。

陈品忠还告诉笔者，当时红河校区工程建设指挥部的工作人员，不仅面对着巨大的工作量和艰苦的工作环境，还承担了常人难以想象的心理压力。因为工程的进度和质量都同等重要，都关系着学校的生存和发展，全校师生员工和社会各界都在关注着！指挥部的工作人员中很多不是建筑科班出身，为了将高质量低成本的校园建设规划变为现实，他们刻苦研究图纸，每一个细节都不曾放过。为了让全校师生对工程放心，他们制订了公正公开的监督体系，使每位关心新校区建设的师生都看得到他们每天在做些什么。他们不吃请也不讲情面，高标准严要求敢于逗硬，一切以建设高质量低成本的新校区为宗旨。因为如此，相关领导甚至不止一次地遭受恐吓和威胁，但是他们却坦然面对，他们说：我们行得端坐得正，没有什么值得害怕的！

如今，城市社区型的重庆文理学院红河校区早已以一座现代化大学校园的崭新面貌屹立在永川新城。但是，她现在又已经不能满足学校快速发展的要求了，于是，红河校区 B 区建设工程全面启动。根据学校规划，占地 200 余亩的红河校区 B 区，将建成有 5 000 个座位的大型体育场馆和设施先进的教学楼、实验楼，这都将成为重庆市永川区的大型地标性建筑！因此，我们又开始了新一轮拓荒……

（韩青、孟磊写于 2011 年 5 月 30 日拜访孙泽平校长之后）

初访红河

红河校区在建设没有，建设进展究竟如何，一直是全校师生十分关注的话题。鉴于此，本报记者于2003年8月19日，随慰问红河校区建设工程指挥部的学校工会、学校办公室的负责同志一起，走访了施工现场和指挥部。

据了解，施工单位是8月6日进驻红河的，8月8日正式展开地基平整工作，计划在9月初，举行全面施工建设的奠基典礼。

同日，市教委和计委的有关负责同志送来了同意第一期工程施工的批文，包括教学楼、图书馆、综合楼、学生食堂、学生宿舍等在内的大约13万平方米的项目。王林副院长、孙泽平副院长（皆是指挥部的副总指挥）陪同他们一起到工地上作了实地考察，介绍了相关情况。

随同指挥部和市教委、计委的同志一起，我们在施工现场看到：800多亩的土地上，四处是推土机、挖土机和装卸车忙碌的景象。推土机和挖土机的巨掌已被打磨得像银镜一样雪亮。据说，两个施工单位，岳阳公路桥梁基建总公司和重庆大渡口市政工程有限公司日夜奋战，24小时不停地施工以保证工程进度。从正式开始施工到8月19日，也只有12天的时间，然而，在工地一角，我们却发现了十几个用坏的轮胎，即是说，几乎平均每天都有一个轮胎被跑坏。难怪有同志说，工地上现在是一天一个样，几天就大变样。也难怪，整个校园的轮廓已经初见端倪了；更不难明白小山坡的所有绿装为什么这么快就被脱了下来，遍地取而代之的是新翻的泥土和履带碾压过的印迹。工地上施工的白线和标杆不能不让人联想到一座座宽敞明亮的教学楼，或是图书馆，或是艺术馆，使你产生无限的向往，巴不得它们即刻出现在面前。

在校园网上有一张照片，拍摄于 8 月 6 日前，照片记录了施工前的情景：两幢废弃房屋的颓垣断壁坐落在小山头的东边，它们见证着这里发生的一切，同时似乎还告诉我们，房屋的主人已经住进了舒适的新居。而废弃房屋所在的小山头，已经大概有半年时间没种庄稼了，墨绿的一片草，只是未见昔日的竹木，大概是老百姓临走的时候移植了或是砍掉了。曾经是一片庄稼的土地，完成了生产的使命，经过这短暂的休息，似乎给人一种处女地的感觉，紧接着开垦她的不再是农民，而是一群头戴黄色安全帽的建筑工人。人们期待着，不久的将来，一座美丽的新兴校园将在这里拔地而起，从此不断地传承人类文明。

如果说，工地上的一切活动是在执行着一种命令的话，那么，指挥部就是发布命令的中心。

指挥部设在连接城区和施工现场的那段土路的尽头，是因陋就简地利用一家废弃的农居改建的。两层的砖木结构楼房，虽说是改建，其实也只不过是用办公桌取代家具，把卧室改为办公室，在客厅增设了两张乒乓桌，凑合着作为会议室而已，一切简朴而井然有序。指挥部的工作人员每天就在这里办公，我们走进去的时候，王林副院长正在和电工们商量铺设电缆专线的事，他们的讨论分析和安排，详尽周密而有条有理。

小楼房的前面有一小块院坝，院坝边只剩下了几棵低矮的白杨树。原来小楼的后院和右边有竹林可以遮阴，现在却因施工的需要已被砍掉了，剩下一座光秃秃的小楼。太阳从早晨到傍晚一直照射着这里。指挥部的一位同志说，8 月上旬罕见的高温天气里，小楼还没有空调，热得像个蒸笼。即使现在，当我们走上楼去，仍然感到闷热，而当天的温度，据中央电视台预报是 23 °C~32 °C。真不敢想象，烈日炙照下的指挥部在 40 °C～42 °C 的高温天气里是怎样的情景。想到这些，我不禁对“指挥部”，对工地上的建筑工人们肃然起敬。

然而遗憾的是，我们在当日下午就离开了施工现场，不然，也许还可以看到晚上一片灯火通明的施工景象，在神秘的月光下，在闪烁的星星注视下，那将是一片什么样的景象呢……

（原载《渝西学院报》2003 年 8 月 25 日第 4 版。作者：李文富）

图为 2003 年 9 月 13 日举行的红河校区奠基仪式现场

沸腾的红河校区

自去年 8 月份破土动工到现在，红河校区的建设已经历时半年，半年来其建设情况一直被全校师生密切关注着。为此，本报记者于今年（2004 年）2 月 19 日再次走访了红河校区指挥部和施工现场。

指挥部坐落在红河校区最西北角，是临时修建的两层内廊式楼房，远看像一个长方体的盒子。底楼是办公室和简易的食堂，二楼为四人一间的寝室。如果把红河校区的建设比作整个神经系统在执行命令的话，那么指挥部就是发布命令的大脑。走进指挥部，你立即便会感受到一种严肃、繁忙而又有条不紊的气氛，令人肃然起敬。电话铃声、开会的讨论声、果断作决定的铿锵话语……使指挥部并不安静却和谐而不嘈杂。

指挥部下辖办公室、工程组、材料组等七个工作机构。在指挥部办公室里，吴主任和汤副主任先后热情地接待了我们。根据他们的介绍，我们眼前立即浮现出感人的景象：

正月初三清晨 7 点，星湖校区还是一片寂静，煞白的路灯在朦朦胧胧的水汽中，发出微弱的光，似乎还一闪一闪地颤抖着，准是被酷寒冻得瑟瑟发抖。人们此时正窝在暖和的被窝里做着带“年”味的美梦……但是当你稍微留心一下，便会发现：在星湖校区广场边，一辆在雾水中静静等待的中巴车已开始了一天的工作。紧接着一阵“笃、笃、笃”的急促而清脆的脚步声从广场四面响起，直奔中巴，不一会儿，中巴车就向校外疾驰而去，归还了校园清晨的寂静……

大约 20 分钟后，还不到早上 8 点，天才蒙蒙亮，中巴车已经停在了红河校区建设工程指挥部……指挥部又一天忙碌的工作便从中巴车停稳的那一刻正式开始了。

而对十八冶（中国第十八冶金建设公司）、重庆二建等建筑公司施工队的职工而言，这时是又熬过了一个不眠之夜。不难想象，昨晚他们又像往常一样，留下了怎样令人钦佩而感动的镜头：红河校区的边沿外是农村，寂静的深夜里，偶尔能听见一阵犬吠声从那丘陵外传来，而工地上还是一片灯火通明，浇铸水泥的轰鸣声，塔吊起重的呜呜声……在这寒冷却火热的夜晚里，惊醒了凌晨星星点点的黑山的眼睛……

黑山的眼眸一眨一眨的，闪动着惊奇的眼光：这一群昼夜不息的人们在干什么，为了什么？

在指挥部办公室，汤副主任面含微笑，回答了这个问题。他响亮地说，按计划，今年 6 月 30 日，红河校区所有的一期工程，包括第一教学楼、图书馆、学生活动中心（即学生一食堂，与星湖校区活动中心的功能大同小异）、四栋学生宿舍等将全部完工。七、八月份，所需的基本设施将安装完备，以保证学生在九月份能按时顺利入住，新学年的教学活动能够按计划运行……

出了指挥部，我们参观了在建的 8 个单体工程。工地上，机器轰鸣，重型卡车进进出出，到处是忙碌的身影。整个一期工程中的 8 个单体工程建筑位于校区的东南面，处在同一平面上。第一教学楼矗立在 8 个单体工程的中间，格外引人注目，有 5 层高，180 多米长，分 A、B、C、D、E 五个区，建筑面积达 3.6 万余平方米，可以容纳 1.1 万余名学生同时上课。眼下 A、D、E 三区已经“短水”（即楼房已修建到顶端之意），B、C 两区已建到第四层。教学楼的南面是综合实验楼，建筑面积达 2.3 万余平方米。宏伟高大的图书馆坐落在教学楼与综合实验楼之间，建筑面积两万多平方米，是星湖校区图书馆的五倍多。位于教学楼北面，与教学楼相隔 50 余米远的是学生活动中心，其东西两侧各是两幢学生宿舍。东面一、二幢为单元式，西面三、四幢为内廊式。在正对教学楼的东面，将建成一个面积达三万多平方米的广场，为广大师生提供一个活动的大舞台。与广场相连的是标准化运动场，包括人工草坪（足球场）、塑胶跑道、篮球场、排球场、乒乓球场……

快离开红河校区时，一幅红河校区鸟瞰夜景图吸引了我们。安静而灯火通明的图书馆，似乎亲近地告诉我们，它的怀抱中莘莘学子正在知识的海洋里自由遨游，美丽动人的广场洋溢着年轻人青春的气息，而学生活动中心似乎正飞扬着年轻的热烈、嘹亮的歌声，和着清脆的钢琴伴奏……一幅多么令人陶醉的图画啊，年轻、奋进而激情飞扬的红河校区！

——六个月后，我校部分同学即将入住这片美丽的校园！

（原载《渝西学院报》2004年2月25日第4版。作者：李文富、刘勇）

美丽的红河校区

还有不到四个月的时间，新的学年便将来临。随着时间的推移，全校师生关注红河校区建设进展情况的心情也愈加迫切。为此，本报记者2004年5月7日再次走访了红河校区指挥部和施工现场。

5月的阳光照在脸上，让人感到暖洋洋的。午后2点30分，我们一行4人在会展中心下车，途经新建的永川市委、市政府大楼，顺红河大道步行来到红河校区指挥部。今天是"五一"长假的最后一天，但指挥部办公室里早已十分"热闹"，各相关职能组的工作人员进进出出，一片繁忙景象。

在指挥部办公室，吴主任热情接待了我们，并介绍了工程进展情况。他说，红河校区一期工程的8个单体建筑将于5月10日前基本封顶。眼下，各单位正在进行内、外墙的装修工作。相关配套设施工程也正在紧锣密鼓地进行：学校大门建设已进入倒计时阶段；整个校区的景观绿化工程施工人员已经进场；天然气、电力工程已经与乙方（承建方）谈妥，合同签订后即将进场施工；运动场场地的平整和清水池的粉刷工作已展开；全校道路工程及体育场看台工程即将举行公开招标。另外，红河校区二期工程设计也在紧张进行之中。从5月至8月，在学校党政部门的领导下，各职能组将在不到四个月的时间里完成红河校区一期工程8个单体建筑装修及相关配套设施的安装与调试等工作。尽管任务十分繁重，但是大家都信心十足，将排除万难，力争在9月份让同学们顺利入住。届时将有5 000余名同学首批入住美丽的红河校区。

尤其值得一提的是，由于受市场经济规律的制约，材料价格不断波动。学校相关领导及指挥部材料组的同志们在面临重重困难的情况下，千方百计地保证了工程的高效进展。

出了指挥部，我们再一次参观了一期建设的 8 个单体工程。工地上，依旧到处是忙碌的身影，学生宿舍首先映入眼帘，工人师傅正在忙着往外墙上贴瓷砖呢！围着一期工程的 8 个单体工程转了一圈后，我们发现，校区周边环境也发生了变化。校区东面，由永川市政府主持修建的运动休闲广场工程正有条不紊地进行施工；校区南面，永川市公安局办公楼、住宅区也开始破土动工；校区西面，不久将建成颇具规模的商业园区；校区北面，绿树成荫，繁花绿草之间，几幢农家小楼点缀其中，一幅清新自然的乡村图画尽收眼底。

我们不难想象，在不久的将来，永川市高新技术产业开发区将成为最繁华的商业、工业、文化区。渝西学院红河校区则是这个区间的一座新兴大学城。

（原载《渝西学院报》2004 年 5 月 10 日第 2 版。作者：李文富、刘勇）

梦绕星湖　情牵红河

去年，也是这个时候，我站在星湖校区的演讲台上，与同学们一起展望了渝西学院的明天。相同的时节却有着不同的心情，而今踏在红河的土地上，我感慨万千。

忘不了青青的黄瓜山、静静的卫星湖；忘不了美丽的桃花岛，长长的林荫道；更忘不了奔波于一、二、三教楼之间上课的充实与激情，记忆中关于星湖校区的点点滴滴都是那么美好。原以为在离开它的时候我会伤感，却不曾想刚与红河校区见面，便深深地被它吸引住了。红河的天空是那么明朗，于柔婉中蕴藏大气，于寂静中彰显了活力，于简朴中弥漫浩瀚，一幢幢高楼像是在等待渝西学子的到来，又或是在向大家倾诉它的满腔热情。原本那怎么也化不开的深蓝色的心事，在这片天空里消融得无影无踪。有时候，我真的感谢母亲给我选择了一个幸运的日子让我出生，让我在20岁的时候见证了渝西学院历史性的变迁。20岁是一个懂得失去和拥有的年龄，尽管20个年轮在渝西的发展岁月中，只是短短的一瞬，但这至少让我在成长的岁月里体味到了她的变迁，足以让我浅薄的思想中有了一点沉淀，给我以后的生命加上几个沉郁的音符，或许，这才是真正的幸福吧！

新的东西总是新生而蓬勃的，我们崭新的校园带来了新的面貌和新的气象，一群群奋进的渝西学子掀起了红河的考研热。校园里以诗情画意命名的建筑无疑让我们领略到了红河蕴含丰富的人文情趣；金科物管给人的温暖，恰似一缕清风徐来，吹遍了校园的每个角落。是的，渝西学院在发展，从风景宜人的星湖步入生机勃勃的红河，从幽静的田园山乡跨进具有现代气息的都市，红河校区也在飞速前进，路旁那一排排笔直的小榕树可以作证，平地而起的现代化教学楼、实验楼可以作证，还有那些还在施工建设中的运动场，学海广场也可以作证……是它们，见证着红河的诞生，演绎着红河的激情。

在这里学习，脚下是红河的热土，头顶亦是红河辽阔的天空，想想未来的路，不管是惊涛骇浪，还是风平浪静，我们的心都会与红河紧紧相连。亲爱的同学们，在渝西学院发展的长河里，我们的人生之舟定能乘长风，破巨浪，挂云帆，济沧海！

（原载《渝西学院报》2004 年 12 月 10 日第 3 版。作者：覃鑫）

星湖红河两相望

“好想好想和你在一起，一起看瓜山的星星，一起尝卫星湖的鱼。我们爬黄瓜山，我们游卫星湖……”

当听到菊苑 610 室的同学唱这首自己填词的歌时，星湖的山山水水就浮现在眼前。相信我们同样都有这样一个感觉：星湖校区依山傍水，宛若一个世外桃源。因为，水之柔美赋予了它崛起的力量。对星湖校区，我有些眷恋，眷恋黄瓜山的野花，眷恋卫星湖的游鱼，眷恋洋溢着浓郁书香的图书馆，眷恋那儿一切的一切……

还在星湖时，就听那些按捺不住激动的心情前往红河“实地考察”的同学提起的点点滴滴。有人说，这里是一望无际的荒草田埂，大风刮过，黄沙满天，颇有一番飞沙走石，暗无天日的壮美；有人说，这里是成片成片的高楼大厦，车水马龙，人流如织。我不置可否，心里虽然十二分的向往，却一直未掀开这层神秘面纱。因为我知道，这一天不会让我等得太久。

日子就这样悄无声息地飞逝着，现在这一天终于来临了。当红河的一切映入我的眼帘时，我欣慰地笑了。缘蝶之美在于变，不变则为蛹，由蛹而蝶，蝗变之形气转为神气，是为真美！如果说星湖校区是一种质朴典雅的古典美，那么单看这气势磅礴的红河大门，你就觉得大气非凡；把自己扔在教学楼大门前，你才会发觉自己是多么的渺小；再看那一根直冲云霄的水晶柱，一种气势便凌空而降，这是何等的气魄，何等的大气！

四栋学生宿舍也以花中四君子来命名，这使我立刻想到了：

剪雪裁冰，一身傲骨的梅；空阁出香，孤芳自赏的兰；筛风奔月，潇洒一生的竹；以及凌霜自得，不趋炎热的菊。还有那窗明几净的学生食堂，标准化的操场，优美的音乐铃声，别具风格的学海广场……

相比于卫星湖小家碧玉的清秀，红河，则更多地彰显出大家闺秀的大气。更难能可贵的是，大气中不乏精巧，庄重中不乏典雅，喧闹中不乏祥和。

夜，是这样静谧，静谧得让呼吸都不敢大声，害怕我会惊扰了楼群均匀的呼吸，花草的窃窃私语。在如此万籁寂静的环境里，烦恼的心灵会平静，疲惫的灵魂会歇息。我想在知识的海洋里徘徊，在浩瀚的知识里吮吸养分，让知识来武装自己，让思想来塑造一个更为完善的自我。

路漫漫其修远兮，亲爱的同学们，让我们携起手来，共同为红河更为辉煌的明天而努力奋斗吧！

（原载《渝西学院报》2004 年 12 月 10 日第 3 版。作者：彭足）

永远的星湖校区

当要离开星湖校区的时候，我才突然发现平日里司空见惯的一切中，竟有那么多的地方让自己依依不舍……无论是青青的黄瓜山，还是静静的卫星湖；无论是美丽的桃花岛，还是长长的林荫道，甚至曾经抱怨的男一舍……当要挥手作别的时候，这一切又立刻显得亲切起来，竟不得不承认自认为的坚强中也有淡淡的伤感。怎么就能这样爽朗地舍得呀？毕竟在这个世外桃源般山清水秀的地方留下了自己三年来实实在在的足迹，尽管这里不算繁华，甚至可谓还有些闭塞，可这却是青春岁月中黄金般的三年，也是大学时代一去不复返的三年啊！三年前那个火热的夏天，背着行囊来到这陌生的地方，憧憬着该憧憬的美好的一切，也准备着必然要经历的考验，一千多个日日夜夜，这里面几乎蕴涵着成长的所有味道。对学业的执著追求，让我认识到知识的博大浩瀚，我始终努力着，这里面的苦也是一种甜；对美好爱情的遐想，也有过一段让人心醉和心碎的情感历程，那是第一次的感觉，激动，纯粹，虽然没有结果，但这酸酸的味道足以让我终生难忘；对友谊的珍惜和呵护却让我总结出了对待朋友的基本准则：君子之交淡如水。算不算应了那句老话：朋友如水，太冷了，寒心；太热了，烫口——什么时候自己也变得老到了？在星湖生活的三年到底是一种什么样的味道呢？我还没能细细品味出来……

就要离开了，作别星湖校区到红河校区去，忘不了风格简朴素雅的一教楼，涂满绿色油漆的走廊那略显肃穆的庄重，还有站在二教楼平台上望卫星湖时的淡淡忧伤和偶尔的莫名的兴奋……

别了，如“迷宫”般的三教楼，在我还没能完全熟悉你的时候，就要说再见了，什么时候还能在“3206”或是“8阶”再上一堂课呢？

……

有欣喜的成功也有不足的遗憾，星湖校区留给我的是快乐与失落交织在一起的最真实的矛盾的记忆，这一切终将永藏心底。

尽管这不是最后的离别，也许红河校区会更加热情，但我总忘不了星湖校区的淡雅和秀丽。在这离别的时候，我唯有的心愿就是愿她的清秀雅丽能够润泽更多的青年！

（原载《渝西学院报》2005年6月25日第4版。作者：苏波）

星湖校区的翠堤春晓

一位老教师的惊喜

三年过去了，在2004年秋风送爽的国庆节前夕，我们又踏上了回校之路。

学校领导热情地接待了我们，并安排我们住在了桃花山庄。忆往昔，那里是一片荒凉的坡地和一个烂鱼塘。现如今，到处一片葱绿，对我们这些常年见不到日出日落，见不着月亮星星的人来说，这里是仙境，是人间天堂。站在宾馆的走廊上，下可俯览明镜似的静悄悄的卫星湖；抬眼望去，人造的林园秀山中夹杂着几栋小楼，在细雨微风中，飘飘然恰似神仙云游之地。吸的是新鲜空气，饮的是山泉净水。黄瓜山一经“包装”呀，竟是如此美丽多娇。我多年失眠，那天夜里，我一觉睡到天明。

“一年一个样，三年大变样”。三年来，校门口林荫道旁的香樟已长成参天大树，卫星湖边几丛竹林高耸入云，办公楼旁的小树已长成小小的一片森林，迢迢道旁的小榕树郁郁葱葱，枝叶繁茂，长势正旺。围绕学校的山崖都已披上绿装，站在广场边，举眼望去，整个学校的楼房几乎都掩映在树丛之中，恰似一片绿色的海洋。新建的人行道，色彩斑斓，好似一条彩带，沿着绿色的树根，伸向看不见的远方。

渝西学院随着国家的发展步伐在发展，如今已是新领导承诺的万人大学校，黄瓜山再美丽也容纳不下这么多的学生呀！于是学校在永川城边购置土地建设了红河新校区。我们就是冲着它回来的。

回校三天多，学校曾两次组织我们参观新校区。当我们乘车去到那里时，惊奇地发现在永川城边，竟有这么开阔的一垄大平原。新校区只占据它的一小部分，更惊奇的是学校只用了一年左右的时间，快速而成功地完成了第一期工程，那里已经展现出教学大楼、图书馆、实验楼、饭堂、学生宿舍等能容纳几千学生的、初具规模的校园。我们曾一度担心学校购地时间晚（比外地各学校晚了半年多），能否在国家紧缩耕地前完成修造工作呢？后来证明这种担心完全是多余的，学校在购置土地后，马上招标，采用八个工程队竞争修建，竟把失去的半年时间夺了回来。看到新校区庞大的建筑群，我们从内心感谢新的学校领导有眼光，有魄力，有计谋，这真是一着妙棋呀！

新校区的布局较合理，以教学大楼、图书馆、实验大楼为中心，向四面展开，色调和谐，大气磅礴，是我见到的一流校区。我们最感兴趣的是那饭堂和学生宿舍，宽大的饭堂里，摆放着红色的坐凳和长条桌，每个学生吃饭都有座位，这是过去的学生不能享受的。学生宿舍排列有序，四人一间，每人有床、书桌、衣柜，还有卫生间、洗衣台、电视机、电话等，这和中等收入家庭差不多的居住水平，真叫我们羡慕，如今的学生太幸福了。

看到红河校区的修建，便回想到建校初期的艰苦岁月，那时，还处在改革开放初期，国家穷，学校更穷，有两件事我还记忆犹新：一是为了迎接全国师专工作会议在我校召开而抢修的校门口到校园的那条马路；另一件是从山谷里挖出的一个四百米的大操场，那时用不起挖土机，全靠附近农民工和全校师生员工用肩挑、用背背、用手推，是用“让高山低头，河水让路”的“愚公移山”的精神平整出来的。相比之下，今天，工地上基本现代化，没有一个学生参加劳动，建设在高速度、高效率中完成，应验了邓小平同志提出的“发展才是硬道理”的正确性，没有国家的发展，就没有学校的发展。

红河校区建设的现实，不由让人联想到当年师生员工的迁校要求。那时，校区离城远，交通不便，信息闭塞，生活上感到不少问题。因而，师生一致要求把学校迁到永川城区，那一次次的签名，一次次的失败，真叫人心碎！今天，学校终于跨出了这一步，实现了两代人的夙愿，我们十分满意，也十分兴奋！

渝西学院在发展，在前进，不论在硬件或软件建设上都取得了成绩：新校区建成，学校实行了竞争上岗的干部制度，有两个专业获得副教授的评议权，开始接受留学生，聘请了数名外籍教师，发展了成人高等教育等。这些成绩是不可低估的，是全校师生员工共同努力获得的，我们应该珍惜！但学校发展速度太快，规模庞大，今后还有很多工作等待着我们去做，如红河校区的二期工程，两校合并的充分磨合，领导干部的调整，教职工素质的提高，学生管理工作和思想品德教育，新旧三个校区的管理。今后的工作仍然是艰苦的，但也充满改革和发展的潜力。希望渝西学院再接再厉，蒸蒸日上，办成名副其实的有名大学。

（原载《渝西学院报》2004 年 11 月 10 日。作者戴敦佑系原重庆师专体育系党总支书记、原重庆师专校长黄正禄的夫人，退休后夫妇二人定居成都。她于 2004 年 10 月回校参观新校区后感触颇多，故作此文）

校园里活跃着一群“海归”

编者按：“走遍了南北西东，也到过了许多名城，静静地想一想，我还是最爱我的北京……”这首很受留学生欢迎的歌，让很多“海归”至今铭记在心，也恰是因为这种祖国之情、故土之思，我校也有一群教师出国留（访）学后毅然归国，他们带回了新的思想和前沿的研究项目，为学校的发展作出了突出的贡献。让我们走近他们，享受不一样的文化体验。

赵冬艳：美妙的俄罗斯音乐之旅

赵冬艳：现任音乐学院副院长，2003年参加了教育部艺术人员赴俄学习项目，从2003年3月至2005年9月在俄罗斯莫斯科师范大学进行研究生学习。

刚到俄罗斯时，由于国内打下的那点俄语基础根本不能应付正常的学习，每天几个小时的语言学习让赵冬艳仿佛又回到了中学生时代。在艰难的过渡期后，她上课时基本上能听懂老师讲授的内容，这时她把更多的时间用在了提高专业知识水平上。

20卢布（约合7元人民币）的大师级音乐会让她沉浸在美好的音乐世界里，莫斯科的音乐厅、剧院都留下了她深情聆听的身影。俄罗斯可以预定的免费学生票更是让她欣喜不已，她常常流连于舒伯特、柴可夫斯基的美妙乐章中。这时候，亲身体验世界上最优秀音乐家的演出，成了她课余最好的休闲方式。

她说，留学俄罗斯不仅使她在声乐技巧和演唱水平上有了更大的突破，更重要的是她有了和世界级大师零距离接触的机会。在俄罗斯成功举办的两场个人音乐会也使她站在了一个世界的大舞台上。

现在她主要负责讲授声乐和语言学的课程，并且正努力在俄罗斯的先进文化和中国的传统音乐间寻找一个合适的结合点，以达到“洋为中用”的目的，把学生培养成高素质的艺术人才。

王明华：教学科研管理，一个都不能少

王明华：现任数学与统计学院院长，在 2004 年 5 月至 2005 年 5 月参加了教育部“日元贷款培养高校教师”项目，在日本东京电机大学做了一年的访问学者。

王明华深有感触地说，访学日本不仅让他带回了国际最前沿的科研信息，还带回了新的管理理念。

王明华一直以来都在研究数学上的“边值问题的逆问题”，还承担着数学专业一个班的《数学分析》课程。在教学的同时，他也没有懈怠科研工作，回国后陆续在《数学研究与评论》等核心期刊上发表了《一类 Sierpinski 垫的 Hausdorff 测度》等多篇论文，并且仍担任着数学与统计学院的院长职务。

他说，访学日本的经历使他在工作中开始注重追求细节上的完美。他刚回国时就碰上了学校的本科教学评估工作，而当时学校广泛推行的过程管理理念正好与他注重细节的想法不谋而合。于是他趁着此时机在教学、人事制度的各个方面进行了颇有新意的改革，最后这些措施都被证实是切实可行的。而数学与统计学院学生参加全国性比赛获奖的次数明显增多，让王明华感到不小

的欣慰，也让他坚信自己长久以来的观点都是正确的，那就是教学、科研、管理，一个都不能少。

结　语

我校正值第三次创业的关键机遇期，人才强校是学校发展的重要战略，相信海归学者与本土学者的有机结合，能够为我们打开一条新思路，作出新的贡献。

（原载《重庆文理学院报》2008年10月25日第3版。作者：叶烽）

鱼和熊掌可以兼得

——记学业家庭两不误的“妈妈大学生”戴满鸿

序

我校红河校区兰苑 125 室，住着一对特殊的学生——外国语系英语教育专业 2002 级本科学生戴满鸿和她 6 岁的儿子、小学生潘立原。戴满鸿在亲人的支持和老师、同学的帮助下，通过自己坚持不懈的努力，创造了家庭（“鱼”）与学业（“熊掌”）兼得的奇迹。

今年 30 岁的戴满鸿出生在安徽省一个贫困农家。1994 年，戴满鸿高考失利，迫于生活压力，她到广西南宁当起了银行代办员。此后，她曾换过很多工作，但上大学一直是她心灵深处的一个梦。

2001 年，国家新的政策出台，高考不再限制考生年龄与婚否，已经结婚并有了一个 3 岁儿子的戴满鸿，在高中知识落下近 10 年的情况下向第二次高考发起冲刺。2002 年 8 月中旬，她收到了我校的录取通知书。9月，当时已 27 岁的她告别了儿子与丈夫，只身一人来到渝西，追寻自己的人生理想。

学业亲情难两全

我校星湖校区，颇具魅力的初秋景色格外宜人，而戴满鸿望着校园里美丽的花鸟虫草却百感交集，有喜悦、忧愁，也有憧憬。

校园绽放出来的五彩缤纷和生机活力使她有些振奋，而家中亲人的音容笑貌却总在脑海里游荡……但理性告诉她，上大学于她来说特别的不易。于是，她很快摒弃了一切杂念，集中精力全身心地投入到了忙碌而充实的学习中。

几堂课下来，戴满鸿觉得非常的吃力，专业课老师几乎全部用英文教学，而且语速远远超出她的想象，有时一个长句子下来，她只能勉强地听懂几个生活常用词汇，却不能对整个句子做整体的把握和理解。她意识到自己与班上其他同学存在着一定的差距，其症结在于英语听力。从此，她更加严格地要求自己，像小学生一样从头做起：切实做好课前预习、认真听讲、课后复习三个步骤。在此基础上，她还坚持每天早读、听英语磁带，有时为了弄清一个句子，常常反复地倒带、放带，录放机都因此弄坏了好几个。渐渐地，她的成绩有了很大起色，跟上了老师的教学进度。

戴满鸿在知识的海洋里如饥似渴地吸收着营养，可那心如止水的境界只有在课堂、自习或者拿起书本的时候才能达到，每当夜深人静，妻子和母亲的意识总会打败“大学生”，心海里总会荡起阵阵涟漪。望着窗外那轮格外明净的圆月，她的眼睛早已罩上如深秋夜雾般的愁绪，有些湿润，有些朦胧。因为，从月亮上她不仅看见了丈夫和儿子的身影与笑容，还听见了儿子呼喊着妈妈的声音。

一学期下来，日间学习的疲乏和着夜里魂牵梦萦的煎熬使得她清瘦了许多。

约法三章同上课

第一学期期末一考完，戴满鸿就迫不及待地“飞”回去了。做母亲的都心疼自己的孩子，可是自己苦苦追求的大学梦也不能放弃呀。这可怎么办呢？戴满鸿徘徊不定。第二学期临近开学时，儿子潘立原看见妈妈又在收拾行李了，竟然也动手整理自己的东西。“妈妈，我要跟你一起去读书……”望着懂事的儿子，戴满鸿再也忍不住了，眼泪像开闸的洪水一般滚了出来：“好，儿子，以后我们再也不分开了，我们永远在一起！”在得到丈夫的同意后，她毅然带着儿子来到了学校。

一个人带着几岁的儿子读大学，那困难非常人可以想象。正当戴满鸿无计可施时，学校的师长们向她伸出了援助之手。外国语系党总支书记李百榉立即上报学校相关领导，请学校专门为他们母子提供了一间宿舍，并为他们母子减免了两千多元学费，辅导员老师还特别批准她不出早操，周末点名也可以不到场。“学校对我的关心，我真的太感谢了，现在我的心情很好。”戴满鸿笑着说。是的，在这里，每逢周末都有她的同学带着她的儿子在校园里玩，小立原也特别喜欢这些叔叔阿姨们。趁着小立原与叔叔阿姨们欢声笑语，戴满鸿便赶快沉浸到书的海洋里。

儿子第一次跟着戴满鸿进大学课堂前，母子二人曾约法三章：“要一路上课就不许找妈妈说话，不许影响别人上课，不许乱跑。”儿子很是乖巧，大人上课时居然就静静地坐在妈妈的身旁，一个人写字、画画、看书……

相濡以沫共进步

2004 年 10 月，外国语系从星湖校区搬迁到红河校区，戴满鸿不得已只好把儿子留在了广西的家里。才到学校的那几晚，儿子一打电话就哭喊着要妈妈，她总是一搁下电话便趴在床上痛哭起来，同宿舍的几位同学因为感动也跟着哭泣。同学们说：“这样哭下去也不是办法呀，还是把你儿子接过来吧！”便筹集了五百多元钱交给戴满鸿，她第二天便请假回到广西，接着了儿子又马不停蹄地赶回学校。

有儿子在身边，戴满鸿的心情便豁然开朗，当然时间也就更紧了，“但再苦再累我也愿意。”她说。由于儿子新就读的汇龙小学离我校红河校区有几里路，为保证自己上课和照顾儿子两不误，戴满鸿专门买了辆自行车，每天早上先送儿子上小学，然后自己再返回学校上课。每日晚饭后，她便携着儿子的手外出散步。散步回来，通常是儿子做家庭作业，她做家务，待儿子完成作业，洗漱完毕躺到床上后，她讲着故事让儿子睡熟，然后才轻手轻脚地来到书桌前亮起台灯，开始学习自己的功课。

2005 年 6 月，英语专业等级考试那会儿，一面要照顾孩子，一面要准备参加等级考试，还要复习其他科目准备期末考试，巨大的压力，让戴满鸿在专业考试的那天病倒了。她走出考场，回到宿舍，因浑身无力一下就扑倒在床上，额头滚烫。儿子很懂事地走过来对她说：“妈妈，我送你去医院看病，好不好？”看着儿子这般懂事地关心自己，她勉强从床上爬起来，让儿子用小手拉着去了校医院。到了医院一量体温：38.5 °C，医生急忙给她输液。儿子像个大人似的在医院陪护了 5 个小时，晚上 11 点最后一瓶点滴输完，母子俩回到宿舍，儿子倒头便睡着了。

跋

2005 年 9 月，班上大部分同学都外出实习去了。为了照顾孩子，也为了争取自己更好的前程，戴满鸿决定就留在学校学习，准备报考重庆大学英语专业的硕士研究生。“是母校重庆文理学院良好的学风和校风给了我求索的勇气，是老师、同学们的关怀和帮助给了我奋进的力量，是儿子的孝顺与乖巧给了我信心，我一定会坚强地继续走下去！”她说。

（原载《重庆文理学院报》2005 年 10 月 25 日第 3 版。作者：夏明宇等）

第七章

好一片醉人的葱郁

春天，重庆文理学院的春天，春意盎然的校园里，桃红李白、翠柳成行，好一片醉人的葱郁！

我校第一个全国数学建模冠军的自述

吴朝平，重庆文理学院数学与统计学院2005届毕业生，一个身高不足1.5米的小巧女生，与她的同学高峰、徐小红一起为学校夺得第一个全国数学建模竞赛一等奖和“挑战杯”全国大学生课外学术科技作品竞赛三等奖……下面，是她回顾这段奋斗历程的自述。

对于我这样一个“专转本”的学生来说，能在大三参加数学建模竞赛并且得奖，我感到非常荣幸。学习数学可谓半路出家的我更没有想到，在2004年的全国大学生数学建模竞赛中，我与我的搭档高峰、徐小红能一举夺得全国一等奖的好战绩。然而更令我没有想到的是，我们的数学建模后续研究作品《酒精浓度衰退曲线的应用研究》在第九届“挑战杯”赛中又夺得重庆市特等奖、全国三等奖的好成绩。欣喜之余，随笔写下几句，希望把我走进数学建模的一些感受和经验与大家一起分享，愿更多的徘徊在数学建模门口的朋友勇敢地走进数学建模。

偶然的机会我走进了数学建模

说到数学建模，当初我一点也不知晓。我是在同寝室同学的再三动员乃至拉扯之下，才去参加学校组织的数学建模动员大会的。在动员大会上，只听老师这样解释："数学建模就是给你一张铁皮，要你把它做成一个铁盒，看你怎样去设计它的长、宽、高，才能使你设计的铁盒容积最大。总的来说，数学建模就是运用数学知识解决实际问题，这些实际问题来源于生活，通过数学建模作用于社会生活实践。数学建模与以往的任何纯数学竞赛都不相同，它远比纯数学更有趣味性。"听了建模总教练罗万成老师简单明了的介绍，我这个半路出家学习数学的人也对数学建模有了兴趣，觉得"查资料—建模型—写论文"的建模过程也不算复杂，再听说又是三个人一组，俗话说："三个臭皮匠顶个诸葛亮"，"反正我大一、大二是学计算机专业的，查资料、编程、文字录入都是我的强项，论文写作方面我也有过锻炼，何况还要对我们进行培训呢？"抱着试一试的态度，我到总教练处报了名，从此与数学建模结下了不解之缘。

数学建模路上我也曾徘徊过

7月，骄阳似火，肆意地炙烤着大地，屋子里闷热得让人几乎喘不过气来，汗水一个劲地往外冒，湿透了衣衫。虽是如此，但报名参加数学建模的师生们依旧聚精会神地进行着学习。通过培训，我清楚了什么是数学建模并掌握了数学建模中一些必备的知识，《MATLAB程序设计》、论文的写作等课程均让我受益匪浅，老师讲解数学模型中的优化问题，更是深深地吸引了我。于是我暗自对自己说："来参加数学建模是我正确的选择。"可是在接下来的课程中，我却渐渐地感到吃力起来。

因为纯数学知识的学习让我感到有些乏味，特别是还有许多我们课程中还未接触到的一些数学专业知识，让我感觉好像在听"天书"，又加之好些同学陆陆续续的放弃，我开始怀疑自己当初的选择的正确性。

“是放弃呢，还是留下来呢？”我犹豫不决。我想：“本科的好些同学都放弃了，何况我还是‘专转本’上来的，而且也没有什么参赛的经验。”我又想：“虽然我没有参赛经验，但我的计算机应用、写作功底都还不错，何不认真试一试呢？”正当我骑虎难下时，总教练老师进一步鼓励我：“既然选择了，就不要轻言放弃，困难是暂时的，但是只要努力坚持，我相信你会有很大的收获，哪怕你没有代表学校参赛，哪怕你参赛没有获得好的名次，但在数学建模中所学到的综合知识和历练将会对你的人生有很大的影响。”在总教练的鼓励下，我坚定了参加数学建模的信心，从此不再徘徊。在接下来的时间里，我一边学习论文写作，一边学习《MATLAB 程序设计》教程，一边学习数学建模知识，为了在模型建立阶段不落人后，除培训课程外，我自学了数学建模和运筹学等课程。经过努力，在培训结束时的两次选拔赛中，我和我的搭档以优异的成绩通过了选拔，顺利取得最后参赛的资格。

走进数学建模我不再犹豫

在前两次的选拔赛中，我和我的搭档配合默契，在老师给我们重新自由组队的机会时，我们三人毫不犹豫地又走到了一块儿。总教练看着我们会心地笑了。

接下来的三天我永生难忘，在拿到题目后，我们并不急着做题，而是我们三人一起选题，分析讨论出最适合我们的题目。因为选题的一致性将有利于后面遇到问题共同解决，而不至于产生较大的分歧。记得和我们一起参赛的其他组就有这种情况发生，从而影响比赛。

在比赛中，我们始终做到“既精诚协作，又各展所长”。建模比赛耗时三天三夜，对我们的精神和耐力都是极大的考验。这三天，是我们饱受压力的三天，我们相互鼓励，时而为找出最好的方法争论得面红耳赤；时而默默不语，独自思考着问题；时而取长补短，心往一处想，劲往一处使。因为有着内心的原动力，这三天里，居然没有感觉到究竟有多累多苦，只感觉时间一闪就过去了。当沉甸甸的一本论文终于交上去的时候，我们心中的欢畅真是无以言表。

数学建模的历练让我终生受益

正因为数学建模的历练培养了我各方面的能力，诸如论文写作、与人协作、吃苦耐劳、团结奋进、努力拼搏、思维拓展方面的能力等，同时还有了同甘共苦、配合默契的挚友，在参加完数学建模竞赛后，我们从 2004 年“高教社杯”全国大学生数学建模竞赛 C 题“饮酒驾车问题的数学模型”中得到启示，并根据有关信息了解到：私家车急剧增长，酒后驾车肇事持续升温，酒后驾车者已被视为公路的“第一杀手”等实际情况，于是觉得该赛题的后续研究具有较大的现实意义和社会意义，经过社会调查和文献查阅的结果分析，便顺势确立了“酒精浓度衰退曲线在酒后安全驾车问题上的应用”这一研究课题，最后在指导老师的帮助下完成，参加了第九届“挑战杯”全国大学生课外学术科技作品竞赛，获得重庆赛区特等奖、全国三等奖。其间，该作品曾经各级组织多次遴选，最后从全国五万余件作品中脱颖而出，成为第九届“挑战杯”全国终审决赛 701 件作品中的一件，是全国为数不多的、重庆市唯一参加全国终审决赛并获大奖的“数理类”作品。如今，数学建模后续研究已经成了我校一个富有特色性的项目。

通过数学建模的历练，在完成毕业论文的写作时，就明显要比没有参加数学建模的同学容易得多。这也是数学建模给我收益的直接体现。我感谢遇到困难时鼓励我的老师和同学，感谢上天给了我人生这么好的一次经历，更感谢在我徘徊不定时，让我坚定信心，勇敢走下去的师长。是的，结果或许并不是最重要的，重要的是通过比赛我结识了许多志同道合的朋友，丰富了自己的知识储备并锻炼了自己的意志，形成了自己一套系统的、有利于一生发展的思维模式。数学建模的历练将成为我一生的财富。

（原载《重庆文理学院报》2006 年 4 月 25 日第 3 版。作者：吴朝平）

2005 年 11 月，吴朝平（左二）与学校带队领导、老师在上海复旦大学全国大学生“挑战杯”总决赛赛场留影。

大运会赛场刮起的“十连冠”旋风

是的，这又是一个丰收的季节，这又是一个不败的神话！重庆文理学院田径代表队成了重庆市第二届大学生运动会田径赛场上最大的赢家，共获得全部 37 个赛项中的 18 个冠军，把整个比赛将近一半的金牌收入囊中，男队喜获团体“十连冠”，女队也已是第五次连获冠军。

在 2008 年 10 月 17 日到 19 日那三天时间里，西南大学田径场成了我校健将摘金夺银的福地。在面对来自西南大学、重庆大学、西南政法大学等兄弟院校的高水平运动员时，我校健儿不畏强敌，奋力拼搏，使得“文理学院第一名”的广播声在赛场上激越地回荡了整整三天。

刘瑜夺首金

17 日上午，在女子 100 米跨栏决赛中，刘瑜为我校田径代表队夺得了宝贵的首枚金牌。从检录开始后，刘瑜就专心地在赛场上做着准备活动，没有和旁边的队友说一句话，黑框眼镜后面的小眼睛里透出一股誓夺第一的坚定决心。“预备”，“砰”，发令枪响后，站在第 7 道的刘瑜迅速地迈出了第一步，接着以闪电般矫健的步伐轻松地跨过了第一个栏，把第二名甩在了身后。旁边的队友看见刘瑜处于领先的位置，兴奋得大喊：“刘瑜，加油！”第二个栏，第三个栏……她成功跨过了最后一个栏！10米，5米，3米，2米，1米，刘瑜以最快的速度冲过了终点线，以17秒64的成绩夺得了我校田径代表队的第一枚金牌，实现了开门红！

比赛结束后，记者在第一时间采访了刘瑜。在去年的市十届大学生田径锦标赛上，刘瑜由于缺乏经验，只取得了第四名，当时她心里就憋着一股拼劲儿，想着在下一次比赛时一定要拿到第一名，现在她终于如愿以偿，为我校代表队夺得了首金。这极大地鼓舞了全体队友，大家都摩拳擦掌，跃跃欲试。

罗丽又独夺四金

在接下来的女子400米项目中，曾经在去年勇夺400米、800米、4×100米、4×400米接力四块金牌的罗丽得知同组有两个西南大学实力强劲的对手后，心里就默默地下定了必胜的决心。比赛开始时，罗丽并没有猛冲到第一，而是紧紧地跟在她们身后，保持实力准备伺机超越。跑出200米以后，罗丽发现对手体力有些下降了，状态也不如之前了，于是趁机在第三个弯道处迅速发力，把对手成功地甩在了身后。最后50米，罗丽再次发力，第一个冲过了终点，以58秒63的成绩蝉联了该项目的冠军。

这个“比赛兴奋型”的女生，总是能在赛场上把自己调整到最佳状态，拿下她此次大运会的第一枚金牌后，在800米、4×100米、4×400米接力项目中她更是越战越勇，共夺得了四枚金牌，终于在西南大学田径场上将一人独得四金的辉煌再度重演。

母亲为唐怡加油

在参加800米比赛前，唐怡已经在400米栏中拿到了第二名。当天下午，他的母亲也来到现场为他加油。性格倔强的唐怡没有让母亲和学校失望，他硬是咬牙坚持了下来，并且一举夺得了第一名。

由于自身条件较好，唐怡刚入校时就被教练认定为好苗子，经过系统的培养后一定会在赛场上有所作为。但唐怡刚开始时练的是农运会项目，届来教练发现他并不适合农运会，就又让他回到了从小就熟悉的 800 米跑道上。果然，重新进行中长跑训练的唐怡在大运会赛场上大显身手，在夺得 400 米栏第二名后又不负众望摘得 800 米赛的金牌。

谭书绢打破竞走纪录

这也许是本届比赛上最精彩的一幕——女子 3 000 米竞走，在比赛前仅仅进行了半个月竞走训练的谭书绢以 16 分 41 秒 6 的成绩夺得了第一名，并且打破了重庆市大学生田径赛纪录。在 3 000 米竞走的第一圈，谭书绢紧紧地跟在几名西南大学高水平运动员的后面。到了第二圈时，谭书绢蓄足力量一口气连超了三人，并紧咬着走在第一的对手不放，到了第三圈弯道时，谭书绢趁对手放慢的几秒钟时间迅速地超越，并且把这种优势一直保持到了终点。

在几分钟后，广播里传来谭书绢打破了重庆市大学生田径比赛纪录的消息，全场观众一起鼓掌为她祝贺。然而，这个内向的女孩却只是淡然一笑，把所有的欢喜都放在了心里。赛后，西南大学新闻中心的记者采访她，听说她以前是练长跑的，改练 3 000 米竞走才半个月时，脸上露出了惊讶的表情。而在谭书绢和教练苏本磊看来，打破纪录是意料之中的事，稀松平常，“我就知道此次比赛肯定能够打破纪录，关键是看能够刷新纪录多少秒。”

金牌榜上还有很多我校健儿的名字。张元渝取得了女子 100 米第一名；唐贤锋继去年在男子 1 500 米赛中夺冠后，今年再次蝉联该项目的冠军；王洪在男子 5 000 米竞走中拿到金牌……

难能可贵的第二

男子撑竿跳高的赛场上一直惊喜不断，掌声、呐喊声此起彼伏。代表我校参加此项比赛的是罗乐。横杆高度升到 3 米后，赛场上只剩下罗乐和另外的四个对手了。

横杆升到 3.40 米的高度。前两次起跳时，罗乐由于跑动速度稍慢没有跳过，看台上的队友们高喊着“罗乐，加油”，罗乐回过头自信地向队友们笑了一下。第三次起跳时，罗乐深吸了一口气，然后一鼓作气向前跑去，猛地一撑杆，身体在空中画出一条优美的弧线，终于顺利地越过横杆，稳落在垫子上。罗乐抬起头，双手握拳，在空中猛挥了一下，自信地向队友微笑着。不过，横杆升至 3.50 米时，罗乐没有再跃过。但是大家依然对他报以热烈的掌声，的确，他这个第二名来得太不容易了——比赛的前一天晚上，队医刘琳老师还专门为他做了理疗，直到比赛结束他的手臂一直都不太灵活……

罗乐的带伤参赛，让我们看到了他的坚忍和毅力。还有一直受伤病困扰的彭利，一声不吭地坚持到了七项全能比赛的最后一项并夺得银牌，稍事休息后又和刘瑜、罗丽、张元渝联手拿下了女子 4 × 400 米接力的冠军。正是健儿们的刻苦训练和顽强拼搏，为我校创造了男子十连冠、女子五连冠的不败神话！

（原载《重庆文理学院报》2008 年 10 月 25 日第 2 版。作者：叶烽、文雯）

登上央视的大学生舞龙队

2008年11月1日，重庆市永川区人民广场上人头攒动，热闹非常，中央电视台正在这里录制“激情广场红歌大家唱”节目，在激昂的民族鼓乐中，一条金色长龙凌空腾起，领头引逗的龙珠闪闪发光，金龙晃动着鳞片，双目圆瞪，须发翕张，时而穿云入水，波开浪裂；时而闲庭信步，圆如太极。霎时，观众喝彩不断，掌声连连……

可谁知道，令这条巨龙栩栩如生的，竟只是12个生龙活虎般的我校大学生。

弘扬传统组建舞龙队

舞龙狮是中华民族的传统民俗，气势恢宏的“铜梁龙”不仅早已享誉海内外，腾跃北京奥运会，同时也是非物质文化遗产宝库中的明珠，光彩照人。然而在“铜梁龙”的故乡重庆，却没有一所大学有舞龙队，这让致力于探索非物质文化遗产保护的重庆文理学院既深感遗憾又备受启发。学校体育学院要弘扬民族传统文化，何不组建一支大学生舞龙队呢？

体育学院的想法一提出，就得到了学校领导的充分肯定和大力支持。组建工作随即展开。经过一番精心挑选，2005级15名学生幸运地成为我校大学生舞龙队首批队员。

继承与创新让蛟龙腾飞

队伍成立后，学校及时从铜梁请来有着精湛舞龙技艺的张继生和李波，手把手给队员传授动作要领。

舞龙不像其他文艺表演，演员要在六七分钟的时间里完成跑、跳、挥舞、拖举等大幅度连续的动作，对体能消耗很大，同时还需保持良好的协调性和应变力。往往一场训练下来，队员们都会累得瘫倒在地。但小伙子们却从不叫苦叫累，即使体力透支也依然一招一式舞到位、挥到家。就是靠着这样的韧劲，舞龙队的技艺提高很快，短短几个月就掌握了翻腾跨越等高难度动作。

然而，队员们并没有因此满足，他们深知，要让这门承载了千百年华夏龙文化的技艺发扬光大，继承是核心，创新则是关键。于是，他们在巩固"铜梁龙"技术的基础上琢磨起了让表演花样翻新的套路：把体操、武术、跆拳道中的一些动作融合到舞龙当中。家在海南的杨程福观看了三亚的舞龙舞狮节目后深有感触，回来就和队友们商量着改进和革新；队长胡光兵从小就是个"龙迷"，加入舞龙队后更是专门买了不少光碟反复学习，将其中精彩的部分引入自己的训练和表演……

正是在这样不断学习模仿又不断吸收融合的过程中，我校大学生舞龙队编排出了一种既不失"铜梁龙"传统特色，又流淌着现代元素的独特套路，让飞舞腾挪了千百年的蛟龙无论在什么舞台上都是姿态万千，令观众百看不厌。

秉承责任扬文理精神

今年 10 月，舞龙队接到了参加 11 月 1 日中央电视台到永川录制"激情广场红歌大家唱"节目的邀请。能够上央视，把重庆文理学院舞龙队的风采展现给全国观众，这个消息令全体队员和整个我校体育学院都兴奋不已！

然而，学院的领导立刻又犯了难：这批队员大都临近毕业，很多都在外地实习或复习考研，他们能牺牲自己宝贵的时间回来参加训练和表演吗？但当胡光兵拿起电话挨个通知队友时，无论考研的还是实习的，无论是在重庆的还是在市外的，都异口同声地回答："我回来！"

"这是我意料之中的。"胡光兵说，"参加舞龙队，大一时是因为好奇，大二时是因为兴趣，到大三就是因为一种责任，现在更正因为责任而坚持。能上央视，其实不仅是风采的展示，更是一种感恩的回报。"

令人欣喜的是，在老队员即将毕业离校时，我校新的一批"龙的传人"又聚集到了一起，他们承前启后，齐心协力，一起舞动这条金色的巨龙——腾跃华夏的巨龙！

（原载《重庆文理学院报》2008 年 12 月 10 日第 3 版。作者：陈挚）

科学征途不畏难

——“中国青少年科技创新奖”获得者谢小平小记

2008年12月5日，北京人民大会堂灯火辉煌，100名第五届“中国青少年科技创新奖”的获得者在这里接受中国青少年科技创新的至高荣誉。中共中央政治局委员、全国人大常委会副委员长王兆国，中共中央政治局委员、国务委员刘延东等党和国家领导人会见了获奖者并为他们亲切颁奖。全国政协副主席邓朴方还代表奖项创立者邓小平同志的亲属发表了热情洋溢的讲话。作为重庆的三名获奖者之一，被鲜花和掌声簇拥的谢小平感慨万千。因为，这座光彩夺目的奖杯，不仅对他个人来说是沉甸甸的，对母校重庆文理学院而言，同样也是沉甸甸的！

起航，数学建模点亮明灯

谢小平大一时，在学校举办的“应用数学竞赛”上竟然一举得到最高分，这对他来说是个莫大的鼓舞。“在我心里原本高深莫测的数学建模原来是那么有意思！而师兄师姐们获得的荣誉和成绩也令我心潮澎湃！”那一夜和辅导员的促膝长谈令谢小平十分难忘，他成为了进入大学后最早接触数学建模的新生。从那以后，数计系办公室也常彻夜灯火通明，那是他和建模组的其他同学正在聆听指导老师的教诲，精益求精地修改论文。不仅如此，整个暑假他们都没有休息过一天，查资料、做论证……功夫不负有心人，谢小平和另外两名同学合作完成的建模论文拿到了全国二等奖！

谢小平知道，如果没有学校长期以来高度重视学生科研，积极组织同学们参加这一系列高水平科技创新大赛，自己的才能何来展示的平台？如果没有老师们开阔的学术视野引领他走上了科学研究这条道路，又一路提点和鞭策他坚持到底，自己的潜力如何得到发掘？只有以更好的成绩才能回报学校和师长们的辛勤培养！谢小平爱思考的脑子一直没有停下，于是，他开始和同学一起尝试着运用数理逻辑解决实际生产和生活问题。

艰辛，科研路途布满荆棘

2006年，国内频发矿难，这让关心时事的谢小平很揪心。通过查阅专业资料，他发现，很多矿难都是由于对井下瓦斯浓度监测不准确引起的。“如果能通过数理统计得出瓦斯浓度的相关规律，是否可以避免更多的悲剧？”这个突如其来的推想，成为了他参加2007年“挑战杯”全国大学生课外科技学术作品竞赛的选题。

数据是进行统计研究的基础。谢小平和同学打算利用周末和课余时间到中梁山煤矿蹲点调研。然而，尽管他们向煤矿负责人详细说明了研究项目的意义，但煤矿的瓦斯数据，无疑是一个敏感的“雷区”，对方对几个“赤手空拳”的大学生缺乏信任，不肯提供帮助。为了不耽误学习，他们冒着严寒在学校和煤矿之间反复奔波，可真诚的态度却始终无法打动对方。难道就这么放弃如此有价值的课题吗？就这么眼看前期的所有准备化为泡影吗？

谢小平不甘心！他来到家乡垫江的煤矿，向亲属求助，突破层层阻碍，通过瓦斯检测员查阅到了半年来瓦斯涌出量数据。并且他还冒着生命危险，在两周多时间里自己下矿井采集实际瓦斯浓度，终于获得了十万多个宝贵数据！兴奋之余，他和另一个同学立即着手进行数据处理和实用性研究，选题终于得以顺利进行。在2007年“挑战杯”全国大学生课外科技学术作品竞赛中，这份内容充实、论证周密，对安全生产又颇具应用价值的《煤矿瓦斯和煤尘的监测与控制研究》一举拿下了重庆赛区特等奖和全国三等奖，并且是重庆唯一一件数理类获奖作品！

这段调研经历让谢小平刻骨铭心，“项目虽然做得很艰苦，但我在这个过程中收获了学术的态度：要勇于向‘不可能’挑战！只有当锲而不舍战胜挫折时，才能真正领悟到科研的乐趣。”这时，他稳重的个性中流露出少有的天真。不过他也没有忘记，“科研必须依靠团队的力量，还要感谢和我齐心协力的同学，没有他们的合作和老师的指导，我的设想也许至今还是个空想。”

恒心、毅力铸就闪亮奖杯

“科学研究的任何成果都来不得半点虚假和懈怠。”颁奖大会上一位专家的话让谢小平颇有感触：踏实与坚持，也正是他自己收获的源泉。在评选中，评委看重的是实实在在的成果和持之以恒的科研经历。尽管同时参选的很多选手都曾拿过全国最高奖，但都只是昙花一现。谢小平的最好成绩虽然只有全国第二，但他大学期间参加过专家公认的全国大学生四大科技赛事中的三项并都获奖；发表学术论文十多篇，其中核心期刊7篇，重要核心期刊1篇；连续两年被评为重庆市普通高校学生“科学技术创新先进个人”……这些日积月累的成果，让并非来自重点高校的谢小平脱颖而出，这座光彩夺目的奖杯对他来说实至名归！

接踵而来的荣誉并没有让谢小平懈怠。今年，他在查阅大量外文资料后，提出了“以房养老”这个崭新的学术概念。这个新名词一经提出就引起了业界人士高度关注，并先后成为了重庆和全国人大及政协提案，得到热议。以此为核心的建立“重庆以房养老有限责任公司”的创意还获得了第六届“挑战杯”全国大学生创业计划大赛重庆市铜奖。

谢小平有个小本子，对每天做的事情都有记录，过几天就盘点一下。计划和勤奋是他收获硕果的法宝。是的，谢小平的成功靠的不是天才的头脑和小聪明，而是孜孜不倦的探求和刻苦钻研的精神。

在创新的世界里欣赏初升的旭日，在科研的沃土上收获耕耘的快乐！这是一个80后大学生吟唱的一曲奋斗欢歌。探索和攻关的日夜也许艰苦而黯淡，但收获的青春必定光彩熠熠！

（原载《重庆文理学院报》2008年12月25日第3版。作者：陈挚）

老板校友张万明的一种状态和几样人生

从去年秋天开始，我校很多同学都在课堂上见过张总。张总在教室听课，吃食堂，泡图书馆，或者偶尔到博文馆咖啡书屋坐坐，几乎过着和普通大学生别无二致的生活。张总的身份还是张总，不过张总已经不太习惯别人称呼他“张总”，他主动要求同学和老师叫他“老张”。很多人对生意越来越红火、事业越做越大的张总回到母校，心甘情愿重新做起大学生的举动大惑不解，而从张总满面春风的状态里，我们不难感到他对于目前学习生活的怡然自得。带着几分好奇和尊敬，近日笔者在博文馆咖啡书屋约见了正在我校进修的原江津师专中文系 82 级校友、攀枝花市三强实业有限公司总经理张万明先生。

创业路——路起定位

说起创业，张总觉得与其说“创业”，不如说是“摸索”。1985 年从原江津师专毕业之前，他在重庆当过中学老师，毕业后和现在的妻子，也是原师专中文系 85 届毕业生的邹林红女士抱着支援边穷地区建设的热情，调往攀枝花的一家大型国企。其间，凭着师专中文系出身的出色文笔，他当过工会宣传干事，办过报纸，管理过企业的俱乐部。20 世纪 80 年代末，他和妻子毅然辞去国企的公职下海经商，成为了当地轰动一时的新闻。舍大城市、大企业，到小地方、从头做起。张万明夫妻二人总是在违背常理的选择中，创造机遇、寻求改变。而对他来说，下海经商并不是个一帆风顺的过程，凭着微薄资本打拼的张万明做过很多种生意，煤炭、钢材……到现在经营液化气公司，其中几起几落的艰难和辛酸，至今他也难以忘怀。如今三强实业公司不断扩大的规模和良好的经营运作，无疑缘于他多年不平凡的经验累积。“定位很重要。”这既是张总对自己多年商海沉浮的总结，同时也是对年轻气盛的同学们的启发和告诫。“总有同学问我，为什么原师专中文系82级出了那么多人才？”他笑笑说，“因为当时大家的定位很准确，从黄瓜山走出去，就是要当一名合格的中学老师。所以总是要多读书、多学习，靠这样的动力铸就了扎实的基础。”“不过后来同学中的很多人都从事了中学教师以外的工作，而且成就突出。这都是踏踏实实努力与探求的结果。”张总时时不忘当年师专对他的影响。给自己的人生准确定位，当面对转折的时候灵活敏锐，而在做一个决定以后认真坚持，这也许就是他的成功之道。

学习缘——缘系坚持

对商人来说，机遇和时间是很宝贵的。2006年下半年，在成功兼并一家比自己原来企业规模更大的公司后，张总把渐入佳境的生意交给妻子管理，只身来到重庆文理学院进行长达两学期的工商管理方面的进修学习。对于这又一个让人困惑的决定，张总坦言，20世纪80年代末下海经商，就像“摸着石头过河”，多年来走南闯北的他就算生意再忙，也一直都没有放弃学习，从基本的《经济法》到关于企业管理方面的知识都学。而即便如此，经济形势的瞬息万变，公司规模的逐渐扩大，却让他越来越明显地感觉到在经营管理方面存在的诸多困惑。对一个现代企业来说，要打造其核心文化，提高其核心竞争力。这样的理念有了，可用陈旧的管理方法实施起来，却难免有些捉襟见肘。再回到学校充电！这个决定其实也并非一时冲动。他相信大学校园良好的学习氛围和老师们丰富的专业知识、先进的理念可以给他带来启发和帮助，于是“一时冲动”似乎也变得顺理成章。离开校园二十多年的他又再度坐到了大学课堂上，从一个拥有上亿资产的公司老总到大学校园里的进修生，张总迅速转换了自己的身份和角色。和坐在他身旁与他儿女年纪一般大小的同学们一样，他认认真真地倾听经管系和法政系老师的讲解，仔仔细细地做好每堂课的笔记。不同的是，那些普通同学听完以后可能像过眼云烟一样轻易放过的管理理论，对他来说却有最深刻的体会，有的时候甚至会让他得到醍醐灌顶般的启发。最实际的收获就是：他去年曾收购的那家因为经营不善而濒临倒闭的企业，经过一段时间的调整，虽然运作已渐有起色，但始终没有最大限度地发挥资源和设备的利用效率。他却一直找不到最根本的原因。当他去年 9 月到我校进修，听了经管系一位老师关于企业资源整合的一节课以后，竟猛然醒悟：问题就出在原有企业管理人员身上！于是他果断清退了原来企业工作不力的员工，重新聘用新员工。几个月后，企业的生产和销售果然迅速走上了正轨。在去年 11 月我校庆祝升本建院五周年的“校友讲坛”上，张总面对充满好奇的同学们侃侃而谈，既谈他多年商海打拼的坎坷，又谈他回校学习以后的巨大收获。参加讲座的同学无不感慨万千，不仅因为受到了他充满曲折的创业历程的启发，同时也为他终身学习的精神而感动。

虽然从商多年，但学中文的他对书的热爱一如既往。当初把家搬到攀枝花，身边唯一的家当就是七大箱子书。“我感到人总要不断学习。”从中文学到经商，从企业管理学到液化气方面的专业知识，他在不断丰富自己的知识积累的同时，也在丰富自己的人生经历。

母校情——情牵一生

说到再回母校的缘由，张总显得很动情。原来，为了丰富自己的理论思维，提升企业的管理水平，他和妻子曾几次到国内一些重点院校研修，但总感觉收益甚微。而2005年一次回校参加原师专的校友聚会，竟然促成了他这次不寻常的学习经历。黄瓜山的幽静、桃花岛的怡人、卫星湖上泛舟垂钓、几天里与分别二十多年的老同学的畅谈，使他又重温了那段永生难忘的时光。“这里才真正是个可以静心学习的好地方啊！”二十多年了，这里的山水宁静未改，这里的人纯真未改。对于一个在商海历经了太多利害与诱惑的人，这样的环境是如此难能可贵。“去了那么多知名学府才发现，名不见经传的母校不正是我要找的地方吗？”当他把这个突发的奇想告诉昔日校友时，开始大家都大吃一惊，但很快又都拍手赞成。学校相关部门领导和院系得知了情况，更是热情欢迎他回来，并让他立即着手办理相关事宜。于是，回母校进修，从一个偶然的冲动的念头变成现实，只隔了短短几天。

“那样的兴奋，维持了相当长的一段时间。”他这样形容自己回到母校课堂上的感受。坐在课堂上的张总很显眼，也许很多人想问他，和这些朝气蓬勃的大学生坐在一起，是不是感觉有距离或者说代沟？“论年纪，我可以算是他们的父辈，但和他们在一起我只觉得自己更年轻，我们交流得很好。我把他们当师弟师妹，甚至学友。大学时代的美好，是很多人终身留恋的。而且，在知识面前，我们是平等的。”不同的思维相碰撞，总会产生耀眼的火花，这也是同学们都乐于与他交流甚至做朋友的原因。他常开玩笑：“商人重利。我回母校来学习，当然是有所图的。”一方面是充实提高自己的理论知识，另一方面他又常受任课老师的邀请，为同学们讲解自己在经商和管理当中遇到的实际案例。把自己的经验毫无保留地传授给同学们，枯燥乏味的理论顿时生动鲜活起来，这令大家都获益匪浅。和很多同学打成一片的张总，其实有一颗很年轻的心。而在那些热情沉淀的背后，我们更看到他一片对母校的赤子深情。不管什么时候再回来，以怎样的身份回来，他始终把自己当成一个彻彻底底的原江津师专学子。

离开母校的二十多年间，张万明做过中学教师、当过国企职工。后来下海创业当老板，现在又回到母校当起了学生。然而，经历几样人生的他，始终保持着一种状态，那就是：不断学习，然后不断挑战、不断改变。几十年阅历丰富的人生，欣慰与辛酸、收获与失去都已经慢慢沉淀。问到他的下一种人生，张总不假思索地说："读万卷书，行万里路。"是的，我明白，他一直在路上，母校却始终是他牵挂的地方。

（原载《重庆文理学院报》2007年6月10日第2版。作者：陈挚）

拥抱梦想，让心飞翔

——残疾学生王俪铮的故事

如丝般飘逸的长发，忽闪忽闪的大眼睛，薄薄的嘴唇配上骄傲的鼻子，如果她不说话，你一定认为她是一个内向的淑女；

热情的待人，真诚而又友善，不俗的谈吐加上富有感染力的肢体语言，如果她不出行，你一定不知道这个女孩早早地失去了像小白兔一样活蹦乱跳的乐趣；

她叫王俪铮，今年刚刚就读我校大一……

成长的烦恼

“从能够记事起，我就感觉到自己和别人不一样。看着邻居家的小孩都快乐地围着自己的父母又唱又跳，我就问妈妈为什么我的腿不能动……妈妈什么也不说，只是紧紧地抱住我，让眼泪悄悄地滑落……

“当我稍微明白一点事情，爸爸妈妈就告诉我．因为我出生的时候发高烧，脊椎的神经被破坏了，所以我的双腿是没有知觉的，也就是说，我的这一生从开始就注定了和别人不同。

“虽然我不能行走，在别人家孩子眼中我是一个不能动的‘洋娃娃’，甚至会无端遭到一些歧视和侮辱，但是我的爸爸妈妈和姐姐却从来都没有怠慢过我。从幼儿园开始，我就和姐姐一起去读书，说是读书，其实也就是玩。幼儿园的小孩都是活泼好动的，都喜欢跑来跑去地大喊大叫。显然，我是其中的另类，也显得特别的不合群。久而久之，大家对我都有些疏远。或许是姐姐懂事得早，抑或是爸妈对她有过叮嘱，姐姐总是在旁边陪伴着我，就算和小朋友们一起玩耍，她的视线也从来不离开我，我时刻能够感受到她关切的目光，但是我摸了摸双腿，心里只有一个感觉，那就是无力……

“双腿的无力让父母的爱承载着我幼小的身躯，经过了幼儿园、小学直到中学。伏在父母宽厚的背上，妈妈用一条旧皮带将我牢牢地固定，看着他们头上一滴滴辛苦的汗珠落下来打湿了衣襟，感受着他们默默不语的舐犊之情，心里虽有感触，却无法形容。毕竟那时候太小了。直到有一天翻开课本学到了朱自清先生的《背影》，才豁然明白这是怎样的一种付出……就这样，父母轮流背负着我，每天都定时地穿过一条条大街小巷，经过喧嚣的闹市和冷清的街口，日出而去，日落而回，风雨无阻地直到我上高中……

“由于我的特殊情况，在学校里属于是比较显眼的一类人。同学们对我总是充满了好奇、同情或者歧视。那时候的我比较内向，也不太爱开口说话，同学们也就渐渐地疏远了我。上课和下课我都是坐在自己的那个小角落里，安静地等待爸爸妈妈来接我。随着我的成长，爸爸妈妈渐渐背不动我了，他们便买了一辆自行车，好方便我上学放学。坐在车后座的我紧紧地抱住爸爸或者妈妈的腰，逃避着周围的人不同的目光，不想去领会那其中蕴含的意义，无论它是善意的还是恶意的。但是，树欲静而风不止，伏在爸爸妈妈背上的我总是在不经意间听到细碎的声音：‘瘸子……瘸子……瘸子……’‘残废！残废！残废！’听到这些，我只有把脸深深地埋进父母的背里面，拉紧他们的衣服使劲挡住自己的脸……

“但是逃避终究不能解决问题，往往越是逃避就越是容易受到伤害。父母的眼泪和姐姐的伤感，反复煎熬着我的心，让我常常在午夜梦回时哭泣。终于，我下定决心，既然不能逃避，那我就要勇敢地去面对！羔羊跪乳，乌鸦反哺，我要努力变强，让我的爸爸妈妈和姐姐不再因为我而流泪，我要用我的实际行动回报他们对我的付出，我要让所有人都知道我不比任何人差，我要让人们投向我家人的眼光由同情、怜悯、歧视变成羡慕、欣赏！

"2007 年 9 月，我以良好的成绩考入重庆文理学院就读工程造价专业，在旁人艳羡和惊叹的眼光里开始了一种崭新的生活……"

心镜的影像

"对于俪铮这孩子，我和孩子的爸爸都心里有愧，要是当初我们早点把她送到重庆的大医院去，现在也许就不是这样的情况……"王俪铮的妈妈每当说起女儿，总是禁不住叹息。俗话说："皇帝爱长子，百姓爱幺儿。"对俪铮这个小女儿，她的父母总是要偏爱一些，特别是俪铮还行走不便。但是由于那时候他们家里经济条件不好，俪铮的姐姐也要读书，家里就免不得让她受了很多委屈。看着别人家的孩子在院子里玩耍、嬉戏，骑着小自行车满街跑，俪铮的眼里总是带着希冀与失落。

"哎哟。那个——妹子啊！可爱动了呢……"俪铮的一位老邻居如此说，"别看她腿脚不方便，只要一看见有人从她面前跑过去，她就扭来扭去的想站起来一起去'疯'，可是又站不起来，可怜巴巴的，只好双手乱抓，那小手挥舞得那个欢噢——看得我啊，心里那个酸酸的哦——就莫提了……"

双腿虽然站不起来，但是王俪铮的思想却早早地"站"了起来，她凭借自己不懈的努力，终于让身边的人接受了自己，并改变了对她的看法。她让人们对她的感情由怜悯变成了欣赏。她用自身的勤奋和努力诠释着“自强不息”的含义。

“俪铮是我最要好的朋友，她善良、朴实、真诚、勤奋，具有天下所有好女孩所具有的好品德。虽然她行动不便，但是却很热心于帮助他人。一次在体育课上，很多人都在打篮球、踢足球或者打羽毛球、乒乓球，俪铮没有办法加入进去，只能一个人在树下眼睁睁看着同学们运动。这时候一个足球被人踢到了离她不远的地方，大概有七八米远的样子。”王俪铮的闺中密友小朱一边说一边比划了一下这个距离，“踢球的男生可能忘记了俪铮的特殊情况，顺口就喊‘同学，帮个忙，把球踢过来！’俪铮听到了，她拿起靠在石凳上的双拐，架在自己的双肩下，拖曳着向球挪去。俪铮的双腿是没有力量的，她前进的每一步都使尽了上肢的所有力气，同时还要忍受像针扎一样的痛楚。这七八米的距离，对我们来说没有什么，但是对她来说却是相当远了。看着她‘走’到足球的旁边，那坚毅的表情告诉我，她现在最想做的事情就是把球踢出去！我在她身后默默地收回了本来要去搀扶她的手，看着她用拐杖代替她的脚，用尽全身力气的一‘踢’——足球咕噜咕噜地滚了出去——球没有滚出去多远，俪铮却一下子失去重心，眼看就要跌倒了！我赶紧从后面抱住她，由于失去双拐的支持，她的身子显得很重，我只能让她靠在我的怀里暂时先休息一下，等同学们过来帮忙。下午的阳光很是灿烂，照在她脸上，让她白皙的皮肤又多了一层淡淡的金晕，她轻轻地喘着气，显得很辛苦，我看见她的脸上、手上都是汗水，但是与汗水相伴的是心满意足的微笑！虽然只是有限的帮助，虽然自己也因此而差点摔倒，但是那依然是以助人为乐之本性所带来的微笑啊！用自己有限的能力去帮助他人，这是多么可贵的品质，以至于我被俪铮感动得差点忘记了要去教育一下那个冒失的男生……”小朱说到这里，没有忘记使劲地挥舞了一下她的小拳头……

“王俪铮的好品质不只是乐于助人，她在学习上也是很刻苦的。”王俪铮的高中数学老师说起他的这个学生，总是很骄傲，“她属于心思很细密的那种女孩子，她也很要强。为了证明自己的能力，常常一个人放学后还在教室里埋头苦学，掌握当天所学到的各种知识。有一次，我下班后路过教室，看见她还一个人伏在课桌上手拿钢笔在写着什么。我悄悄从教室后门进去，从她背后偷偷一看，她面前的作业本上竟然写满了我下午教授的一道奥赛题的解法，上面不仅有我教的解法，从上到下还依次排列着她自己想出来的三四种解法，而且这些解题方法每一种都正确，解题思路也比我的要简单，这真是让我大吃一惊！后来我便常常有意地留一些有深度的课后作业给学生，想看看他们的水平特别是俪铮的程度到底如何。结果我发现，班上很大一部分同学都做不起的题，俪铮做起来却很轻松，就算有个别的题当天难以解答，第二天她也会交给我一份满意的答卷。当然，我也知道，要计算出如此有难度有深度的答案，她所耗费的精力和汗水难以数计。所以，当王俪铮以优异的成绩考入重庆文理学院的时候，我一点都没有惊奇，这都是她不懈努力的收获，所谓'天道酬勤'即是如此。"

梦想的续航

考上了大学的王俪铮并没有放松自己，虽然来到了一个新的环境，新的人和新的事物都让她倍感新奇，但是她本身的情况却依然没有改变。她依然把自己的求学之路形容为在荆棘丛中跳舞，必须要小心、谨慎、不懈地努力，否则一不小心就会让自己全身都是伤痕还一事无成。

为了让王俪铮在新的环境里不感到孤独，能够顺利地完成大学学业，在她入学的第一天，学校党委钟志奇书记便带领相关职能部门负责人对她进行慰问。在了解到她所居住的女生二舍地形不利于她出行的具体困难后，当即作出指示，要为王俪铮同学建一条绿色通道，保证其进出方便。同时按照王俪铮的特殊情况，把她的个人寝室和她所在全班的上课教室都调整到了方便她出入的一间，还同意王俪铮的本家阿姨在学校与她同住，以方便照顾她的生活。

不仅如此，学校还于9月24日上午，在我校星湖校区基础学院办公室举行了“帮助2007级残疾学生王俪铮”的专题讨论，学校李德全副校长、宣传部李天福部长、学生处白成良副处长、团委吴彪副书记以及基础学院的领导和辅导员都出席了此次会议，大家认真地讨论了如何帮助王俪铮顺利完成大学学业的相关事宜。

李德全副校长说：“王俪铮同学虽然从小失去了行走能力，但是她不愿向命运低头，一直努力排除各种困难顽强求学，这种精神值得广大在校学子共同学习；她身残志坚、奋进求学的事迹感动了很多同学和老师，学校应该帮助这种自强不息的学生！”

会议决定，立即着手为王俪铮改建一条专用通道，并以体育系学生为主组织成立了一个康复保健小组，定期为王俪铮做保健按摩，以期帮助她早日康复。同时还决定把帮助王俪铮同学的活动列入勤工俭学范畴，在帮助王俪铮的同时也帮助其他家庭条件较差的同学，在我校形成一项帮残助残的新办法，将帮助行为制度化，以此号召全校师生和社会各界对残疾大学生给予更多的关注。

当得知学校的领导、老师和同学为自己做了那么多实事的时候，王俪铮感动得掉泪了：“真的很感谢学校的领导、老师和同学，他们的关心和爱护让我感受到了和谐校园的真意。我真的很想下课后和大家一起享受美丽的校园风光，不用一个人待在寝室里面独自面对电视机，那多好啊！去游游碧波荡漾的卫星湖，看看松柏翠立的黄瓜山，哪怕是看着同学们在宿舍门口打乒乓球也是很享受的事情。而现在我的出行还要依靠同学们的帮助，下课后我还是只有回到寝室，在外面待久了会耽误同学们很多的时间，虽然大家都很热心，但是我觉得很不好意思。所以，真的希望那条通往外面的路能够早日修好，这条路不仅是我出行的马路，也是我与外界沟通的心路……”

善良、纯真、勤奋的王俪铮，带着自己的大学梦想来到了美丽而富有人文气息的重庆文理学院。她说，要在这里让她的梦想续航，要学会好多好多的知识，以便将来能和她姐姐一起开一家外贸公司，姐姐做老板，她当会计……她说，没有学校的录取和无私帮助，她的梦想永远没有实现的那一天，她会铭记呵护自己的学校和每一个对她伸出援助之手的人……

（原载《重庆文理学院报》2007 年 10 月 25 日第 3 版。作者：周独奇）

仙鹤的歌声在星湖碧波上升起

——音乐系学生黄利容获奖记

赛场里所有的灯光同时熄灭，留下一片漆黑。忽然，“刷”的一声，一道金光直落舞台正中。主持人从幕后缓步走到前台，灯光、目光都汇聚到了他的身上，他轻轻地将话筒放到嘴边：“现在我宣布，石油杯2007年中国职业教育校园歌手电视大赛决赛第一名的获奖选手是——”所有人都屏住了呼吸，每个人仿佛都听到了自己“咚咚”的心跳声，像赛场内的鼓点一样又快又密集。主持人刻意地停顿了一下，随后大声地宣布答案：“来自重庆文理学院音乐系的——黄利容同学！”

顿时，欢呼声，掌声，喝彩声响彻整个赛场，伴随着变幻的灯光，黄利容款款地走上了舞台，从容大方、波澜不惊，只是那金灿灿的获奖证书，让今晚的她显得格外妩媚。

从自卑的低谷起飞

黄利容从中师考进了大学，她说这是她的一个梦想。但是梦想的实现并不代表往后的道路就会一帆风顺，接触了一段时间的大学生活，她发现很多事情都和预想的不一样。在中师里她出类拔萃，是老师们的宠儿，但是大学里高人比比皆是，自己就像是大海里的一滴水，微不足道；与同学们相比，自己专业知识较欠缺，基本功较薄弱，缺少系统的训练……渐渐地，黄利容觉得自己掉队了。

摆脱了单调的中学生活后，一下子失去了原有生活和学习的规律，再加上在新环境里时常感到来自外界的刺激，所以刚刚进入大学的学生最容易产生自卑情绪，黄利容也不例外。在很长的一段时间里，她感到自己无所适从，仿佛从云端跌落到地面，心里空落落的。她常常一个人托着下巴发愣——到底应该怎么办呢？她不能不时刻思索着自己的前途。

璞玉在雕琢中闪亮

就在黄利容彷徨失措、迷失方向的时候，有一位老师却在众多学生之中看出了她所拥有的优秀天赋。“她音色甜美、情感真挚、风味浓郁，有鲜明的民族色彩，对各种民族歌曲的风格把握较为准确。”音乐系邹渊副教授就对她作出了这样的评价。原来，邹老师很早就发现这个学生虽然看上去似乎与优等生有不小的差距，但是其内在的潜力却十分巨大，就像一块璞玉一样。假如细细雕琢，保不定又是一个全国“十佳”歌手，或者还比学校以前出的全国“十佳”歌手更有发展潜力。

在黄利容大学二年级时，邹老师毅然将她收入麾下，开始对她进行全方位的培养。专业知识欠缺怎么办？补！基本功薄弱怎么办？补！缺少系统训练怎么办？补！邹渊老师耐心地和黄利容一起分析她的弱点和不足，免费为她开小课，有计划、有层次地因材施教，弥补她的缺陷，发挥她的长处，挖掘她的潜力。在学习过程中，邹老师对黄利容反复强调，不要一开始就把自己局限在某一种唱法里面，只要是科学的发声法就是正确的方法，先把基础打牢，集合各种唱法的长处，才能进步得更快、更好！在邹老师的指导下，黄利容渐渐地走出了自卑的阴影，她犹如一块海绵一样汲取着老师传授的知识，她每天都在进步，每天都在超越，其天赋也一点一点地显露出来，逐渐成为众人关注的焦点……

初试锋芒后的砥砺

2006年12月1日，黄利容带着几分忐忑、几分希望和几分自信站在了重庆文理学院音乐系第三届学生技能大赛声乐比赛的舞台上，一曲精心准备的《忘不了》技惊四座，一举拿下这个声乐比赛的一等奖，这是我校音乐比赛的最高奖项。全校师生的目光都汇聚在邹渊老师的这个新弟子身上，黄利容一时间成了全校师生共同关注的亮点。众人都在猜测，这个“亮点”，到底是昙花一现的美丽风景，还是邹老师继全国“十佳”歌手胡远莉之后带出来的第二个音乐天才？

就在众说纷纭之际，黄利容和邹老师却在教室里检讨着这次比赛的不足之处。在邹老师看来，黄利容虽然获得了第一名，但却没有完全把这首歌的感情唱出来，人与歌曲之间还没有产生最和谐的共鸣，要想取得更好的成绩，演唱者还必须更深地挖掘自身的情感，并将这种情感外放出来，通过音乐这个载体在演唱者和听众之间搭起一座桥梁，从而产生共鸣，打动听众。黄利容静静地听了老师的教导，回到寝室后开始一遍又一遍地听《忘不了》的原声带寻找感觉，喜怒哀乐的各种表情不时地在她脸上浮现。寝室里的其他同学一看她的样子就知道黄利容又“着魔”了，大家悄悄关上门，不去打扰她，让她完完全全地沉浸在自己的音乐世界中。时间一天天过去，黄利容和《忘不了》一层一层地更加紧密地结合在一起，她把歌中歌颂的党比作自己的父母，引发出子女对父母的爱；她把歌中歌颂的党比做老师，想起老师为了培养自己操劳累出的满头华发；她把歌中歌颂的党比作学校，是重庆文理学院成就了自己的大学梦……

2007年6月12日，黄利容再次带着《忘不了》参加由中共重庆市委宣传部、共青团重庆市委、重庆市教委、重庆市学联共同举办的第26届重庆市大学生“校园之春”活动校园歌手大赛。真挚的感情，熟练的唱法，近乎完美的演出打动了在场的所有观众，但是一个微小的失误却让她只获得了二等奖，抱憾而归……

从最后的出场跃上第一

宝剑锋从磨砺出，梅花香自苦寒来。刚从赛场归来的黄利容又再次毅然踏上征程。今年6月23日，黄利容一路过关斩将，杀进了由重庆市首届文化艺术节永川分会场暨第三届中国重庆永川国际茶竹文化旅游节组委会举办的“石油杯2007中国职业教育校园歌手电视大赛决赛”。也许是前两次大赛获得的好成绩给她带来充分的自信，赛前她对自己说：不要紧张，你能行，这次一定要获得第一！看着赛场内人山人海的观众，黄利容开始等待抽签的结果。运气似乎也站在了她这边，她抽中了12号，将作为最后一位出场选手上场比赛，这给了黄利容充分的缓冲时间。当比赛开始，前面11个选手依次上台表演，年轻的黄利容没有在后台焦急地等待，而是在舞台的侧后方倾听着其他选手的演唱。她灵敏的音乐感觉告诉自己，在这个高手竞技的舞台上，每一分钟都是宝贵的学习时间，对于自己来说，这是难得的提升技艺的机会。黄利容摒除了外界的干扰，沉浸在自己的世界里，她搜寻着对手的闪光点，并且努力将其吸收、转化成为自己的东西，她在享受一顿丰盛的音乐大餐！

时间流逝得飞快，终于轮到黄利容上场了，身着火红色长裙的她落落大方、从容典雅，一上场就给了在场每一个人一个强烈的信号——我来了！她的歌声时而婉转，时而低回；时而如情人间的倾诉，时而似母女间的叮咛；时而拔地而起，直冲云霄，如飞箭怒射浩瀚苍穹，时而顺流而下，润物无声，似银河倒悬黄河壶口……一曲《忘不了》勾起了无数人心底的希望，燃起了人们对党和人民的热爱，这完完全全是一曲发自灵魂深处的歌！

歌曲已终，人却未散，人们都陶醉在了歌曲的意境中，忘记了这还是在比赛场上。一阵长久的寂静过后，雷鸣般热烈的掌声轰然而起，经久不息，连绵不绝，仿佛要把阻止人们热情爆发的赛场屋顶都掀了开去！

这不是顶点

载誉归来的黄利容并没有放松自己，她正在抓紧从传统戏曲唱段、民族歌剧唱段、典型民歌、创作歌曲中吸收营养，希望尽快让自己的声音能够在“质”和“量”上有所突破。她和培养自己的老师已经制定下争取在明年重庆市的两大重要声乐比赛（重庆市首届大学生歌手赛、重庆市第二届青年歌手电视大奖赛）中获奖的目标！

获得第一名并不是黄利容艺术生命的顶点，更不会是终点，这只是她不懈努力所获得的回报之一。当我们每天看到一群群白鹭在卫星湖上翩飞的时候，我们将会看到一只引吭高歌的仙鹤在重庆文理学院这片沃土上，在如诗如画的卫星湖畔冲天而起！

（原载《重庆文理学院报》2007 年 12 月 10 日第 3 版。作者：周独奇）

他跳着残缺的绿茵之舞圆了奥运梦

2008 年 7 月下旬的一个上午，在北京顺义中国残疾人奥林匹克运动管理中心，和其他几百名聚集到这里的残疾人运动员一样，专注训练、满脸是汗的吴刚在这里开始朝着他的奥林匹克梦想作最后的冲刺。

能作为一名运动员，在祖国首都，代表国家队站在奥林匹克赛场上，和全国数千万残疾人相比，这是一种多么珍贵的荣耀。然而这荣耀的背后却凝聚了无限的艰辛和曲折，更有无数动人的画面和故事……

圆梦文理创造奇迹——
国家队唯一的本科生

对于残疾人或是健康人，梦想是没有区别的，但对于残疾人来说，哪怕是要实现一个极普通的梦想，都要付出较健康人数倍的努力。儿时的一场疾病导致了吴刚右手肌肉萎缩，右腿也因此受到了影响。但在父母和老师的帮助下，他从小就刻苦地练习用左手写字，而且一直没有放松练习脚力，努力把身体残疾对自己生活的影响降到最低程度。就是靠着这种毅力，从小学、中学一直到大学，他从没有落在同龄人之后。5 年前的夏天，他顺利考入重庆文理学院教育科学系应用心理学专业，开始了他梦寐以求的大学生涯。

也就是从那一年起，吴刚开始和重庆残疾人足球队的队友们南征北战，在全国大赛上不断地摘金夺银。最难能可贵的是，在自己钟爱的足球场上奋勇拼搏的同时，他从未忘记扎实地提高专业素质，积累就业资本：计算机二级证书、国家三级助理人力资源管理师资格证、心理咨询师资格证……这些连身体健全的同学都要付出很多努力才能拿到的资格证书，吴刚竟然也拿到了。很多人好奇，为什么由于比赛耽误了不少时间的吴刚却能一直跟上学校的课程进度？是教练发现了他的“秘诀”。原来，每次去外地比赛，他总是随身带着书本，紧张的比赛间隙，他就以读书来调节自己。不管训练还是比赛期间，他总是队里睡得最晚，起得最早的。残疾无法掩盖吴刚身上散发出来的魅力，学校“自立自强先进个人”“十佳青年”，重庆市高校“自强不息立志成才先进个人”……他坚韧的精神和坚持的故事一直是流传在我校师生中的佳话。

正是靠着对学业执著的坚持，吴刚不仅是重庆残疾人足球队里学历最高的队员，同时也是国家队里唯一的本科生。由于受教育程度高，思维敏捷，表达流利，吴刚担任国家队队长的同时还兼任了“非官方发言人”，常代表国家队发言或者接受记者访问。这一身份也使他成为了名副其实的明星。但每当记者向他问起对足球的理解时，他总是说：“足球让我感触最深的是团队精神，大家相互帮助，都希望为球队作出贡献。”而在赛场上，他仿佛就是这支残疾人足球队的大脑。虽然平时总是戴着一副眼镜的吴刚看起来文质彬彬，可一上了赛场就显得十分骁勇。教练李毅对他也是青睐有加：“因为文化教育程度较高，他头脑灵活，意识比较好，对皮球的落点、走位往往都要快别人一步。更难能可贵的是尽管属于‘用脑子踢球’的类型，他的作风还很硬朗，拼抢很积极……”学习和足球已经成为了吴刚的“左右手”，他能够很好地平衡二者。

他觉得自己的心理学专业对比赛大有裨益，“它能让我在赛场上不紧张，掌控好情绪。”

然而，他也曾遇到过学业和足球的两难选择，两年前他就因为学校课程和国家队集训时间冲突而放弃了参加远南残疾人运动会的机会。后来，看到自己的队友在飘扬着五星红旗的赛场上奔跑，他既自豪又遗憾。从那时候起他就给自己定下了一个目标：一定要参加2008年北京残奥会，代表祖国站在世界最高水平的赛场上！

圆梦奥运尽展风采——
用顽强诠释“受尊重的失利”

从1：46到0：6，从射门次数到比分，这无疑是一场实力悬殊的足球比赛。这也是中国七人制（脑瘫）足球队在残奥会上首次亮相。作为队长的吴刚和他的队友一样，对这场比赛早已是翘首企盼。遗憾的是由于在赛前的训练中受伤，吴刚没能首发，但他在下半场依然咬牙带伤上场。因为拼抢积极，他身披的6号球衣也显得格外醒目，颇有大将风范，不少球迷甚至在看台上高声喊着：“6号！好样的！”面对一支比己方平均年龄大近二十岁、已经娴熟配合十多年的队伍，在这场防守几乎成为唯一任务的比赛里，中国队的小伙子们并没有一丝松懈。有三个队员在场内拼到受伤，一度倒地不起，但经过短暂治疗又都重新回到场上。尽管奔跑不如一般运动员那样迅疾、扎实，甚至步伐有些踉跄，但顽强拼搏的精神却让他们显得格外英姿飒爽。这是一场特殊的足球比赛，一场没有失败者的比赛！比赛结束后，小伙子们在全场观众雷鸣般的掌声中离开球场，而观众也久久不愿离开，他们向走过混合区的中国队员高喊“好样的”，这时，作为队长，吴刚带领队友们一再向观众鞠躬。这些刚才在场上顽强拼搏的运动员们再也抑制不住自己的情绪，纷纷掩面而泣。记者们用这样的题目来描述这个感人的瞬间：这是一场受尊重的失利！这是吴刚在北京残奥会上的第一场比赛，也必定是身经百战的他绿茵生涯中一场难忘的比赛。

去年夏天，他从我校毕业的时候，恰逢国家队集训，为了圆自己的奥运梦想，他不得不暂时中断找工作的计划。对他来说，“残奥会当然是最重要的事，一生也没有多少机会，充其量当做晚毕业一年吧！”去年 11 月举行的世界残疾人（脑瘫）足球锦标赛，吴刚首次作为主力球员代表国家队出现在了国际赛场上，他优异的表现征服了教练组的所有成员。12 月中旬，吴刚接到了国家残疾人（脑瘫）足球队的征调通知，正式入选参加 2008 年残奥会的 16 人集训名单。不久，他又因为丰富的比赛经验被推选为国家队队长。虽然奥运会对他来说是梦寐以求的机会，可是对于自己究竟以什么样的身份参加残奥会，吴刚显得并不在意，“只要能出现在奥运会赛场上，我一定会向全世界人民展现出我们重庆残疾人自强不息、敢于拼搏的精神!”

在这个夏天的残奥会上，刚组建两年的中国残疾人（脑瘫）足球队在小组赛中接连遭遇世界强队，0∶6、0∶8、1∶4、2∶10——尽管都是这样大比分的失利，但与大比分的差距同时被“复制”的，还有吴刚这样一些连身体平衡都很难保持的小伙子挑战极限、超越自我的精神。他们的执著与坚强震撼了所有观众的心，他们残缺的肢体和不懈的拼搏更真切地诠释了奥林匹克永不言弃的精神！虽然这支特殊的国家队在奥运会以后将各奔东西，吴刚的国家队生涯也将告一段落，但对即将离开的赛场和因为残疾人足球而走到一起的队友，他恋恋不舍：“我会永远记着队友们，永远记住 2008 年。”可以肯定，这个已经过去的北京之夏将成为他人生中一个重要的里程碑。

感恩与责任——
在人生和奥运的赛场上一样奔跑不息

“今天是教师节，我要祝我母校的老师，以及中国七人制足球队的教练李毅节日快乐！谢谢他们对我们的教育，他们让我们意识到了奋斗的意义。”在 9 月 10 日结束了与巴西队的比赛后，吴刚代表全队通过媒体向自己的母校和教练送上了节日的祝福。而在千里之外的他的母校——重庆文理学院的每一位师生，此时此刻也同样感应着他的感激与祝福。得知吴刚将身披国家队战袍参加残奥会以后，本报记者不断收到老师和同学们发来的消息，大家都格外激动地关注残奥会的足球赛事。这个残疾小伙子无论走到哪里，都变成了全校师生心里一份特别的牵挂和骄傲。而吴刚也从未忘却师生们的关爱和母校的恩情。作为国家队唯一的大学生，他也总是把“重庆文理学院”自豪地挂在嘴边。

出生在沙坪坝一个普通工人家庭的吴刚，家里还有上学的妹妹，他深知自己肩负的责任。多年来，父母在并不宽裕的家境下一直支持他的学习和比赛，尽管大学的时候为了节约路费，他几乎一学期才回一次家，可是每次回去父母都会省吃俭用给他买上几盒“脑灵通”……这个在父母眼中“一直都最棒”的儿子也早就满心装着好好回报父母的念头了。9 月 21 日，带着奥运光环回到家乡的他即将开始人生新的征程。面对严峻的就业形势，他显得平静坦然而充满期待，他说，自己从没有停止过学习，所以并不畏惧竞争，“我会很努力，如果不挑剔，工作应该还是不难找的。不过如果有可能，我还是想找个心理学方面的工作，这是我的专业。现在国内在这方面的实践还太少，书本上的东西始终有些枯燥，我想在这方面有所成就。”身为残疾人，这个心怀感恩和责任的小伙子从没忘记社会、学校和家庭给他的关心和鼓舞，他也一直用自己的奋斗和努力回报着所有关爱他的人。

8 月 20 日，当中共中央总书记、国家主席、中央军委主席胡锦涛和习近平副主席来到集训中心看望正在积极备战残奥会的中国残疾人（脑瘫）足球队时，吴刚代表全体队员上前请总书记在足球上题词，总书记欣然在足球上写下了“顽强拼搏、奋勇争先”八个字。这八个字，是吴刚过去 23 年里坚韧拼搏的写照，也将是他未来人生里不懈奋斗的坐标。电视画面上的吴刚难掩心中的激动，这一刻一定会令他终生难忘。虽然身体的残疾无法医治，但在人生的道路上，他却迈着强劲有力的步伐，一直奔跑着，去迎接比大学梦、奥运梦更迤逦、更壮阔的风景！

（原载《重庆文理学院报》2008 年 9 月 10 日第 1 版和 9 月 25 日第 3 版。作者：陈挚）

我校师生“6·19”特大暴雨抢险侧记

天有不测风云。2010年6月18日，白天还是烈日炎炎，但到了夜晚，随着一声巨响，闪电划破了静寂夜空，继而狂风大作，大雨倾盆而降。我校星湖校区所在地遭受多年罕见特大暴雨。星湖校区的水、电、气、路等多方面遭到破坏……这一切，牵动着全校师生的心。灾情发生后，校园内处处演绎着感人肺腑的大爱之歌。

学校8号教工宿舍楼是此次受灾最为严重的地方，在这栋房子里住着好几家年老体弱的退休老教师。19日凌晨6点10分，住在8号楼的退休老教师黄德鹏听到屋后山上有巨大的水流倾泻下来的声音，瞬间意识到昨晚的暴雨可能引发了后山的泥石流。查明情况后，她当机立断，拨通了孙泽平校长的电话。接到电话后，孙校长马上安排保卫处保卫人员火速赶往8号楼。“我腿脚有些不太灵便，当时就有一个保安跑过来背我。因为我患有心肌梗塞，所以那位保安同志背着我走一段路，然后就让我歇歇，今天这条命是学校给我救回来的。”黄德鹏老师激动地说。老人回忆起当时狼狈不堪的样子——只穿了背心和衬衣，随便穿了条裤子，带上现金和银行卡匆匆离开，下到一楼的时候，地面的水已经没过了保安的脚踝——仍旧心有余悸。

6月25日是黄德鹏住在桃花山庄的第七天。按学校最初的计划，当天就可以搬回去住了。黄老师询问总务部陈老师，得知还要再等几天。虽然又要推迟几天回家，但黄老师表示“还是理解学校的，抗灾的工作量那么大”。黄老师还说，在这里的所有费用都是学校支付，吃的也不错。前两天体育学院邱国荣老师带着体育保健专业的两个学生来看她，还为她做了保健按摩。黄老师安详地坐在床边，笑盈盈地讲述着每个细节。

时过正午，记者走的时候刚好碰上黄老师要吃午饭，三菜一汤，她和一位姓陈的老年老师及自家保姆等四人围坐，似乎那里就是家。

灾难虽然毁坏了一扇门，但却为人间温情打开了一扇窗。星湖校区灾情发生后，我校师生纷纷通过电话、网络表达慰问，寄语关怀。有的同学得知消息后，一大早便从红河坐车奔赴星湖校区抢险救灾现场。我校体育学院的一位姓张的同学回忆："我6点多钟闻讯去8号楼时，整条马路都已经是汪洋一片，路太难走了，我只能从绿岛绕过去。但当我到现场时，看见孙校长和其他校领导正站在雨中指挥抢险，当时真的很感动！我自己都感到有些羞愧，我们宿舍离8号楼可比校领导家近多了。"

风雨兼程路，文理学院师生心手相连抢险救灾，共同唱响了那首老歌："只要人人都献出一点爱，世界就会变成美好的人间！"

（原载《重庆文理学院报》8月25日第2版。作者：王玉辉、姜斌等）

第八章 深秋时节的满目金黄

不觉又是金秋，又到了收获的季节，在那些沉甸甸的果实后头，满眼都是金色的希望……

向祖国报告：以文化传承的使命捧出教育创新的硕果

——我校荣获国家教学成果一等奖纪略

这个金秋，桃李格外芬芳，祖国六十华诞的喜庆携带着丰收的喜悦，从北京飘到重庆。

2009 年 9 月 9 日，人民大会堂灯火辉煌，在第二十五个教师节到来之际，党和国家领导人胡锦涛、温家宝、李长春、习近平等亲切会见了参加“庆祝教师节暨全国教育系统先进集体和先进个人表彰大会”的全体代表。

同时，四年一度的高等教育国家教学成果奖也在此表彰，我校申报的“中华民族非物质文化遗产教育传承体系在当代高校的构建与实践”荣获一等奖！项目主持人牟延林教授接受颁奖，并受到党和国家领导人的亲切接见，项目组成员谭宏教授等也随同领奖。

国家级教学成果奖——这份沉甸甸的荣耀，对我们这个地处渝西的重庆文理学院而言其实并不陌生，从第五届到第六届，从“高校‘三标一体’教育质量模型的探索与实践”荣获国家级教学成果奖二等奖到今天获得一等奖，山坳里又一次飞出了更闪亮的“金凤凰”！这在全国新建本科院校中是绝无仅有的。当然，这也从一个侧面诠释了重庆文理学院的办学实力！

中华文明薪火相传，当代高校责无旁贷

2003年10月，联合国教科文组织通过了《保护非物质文化遗产公约》，党和政府深刻意识到，非物质文化遗产是民族之根、文化之魂，加强了对她的整理和保护，但这几乎只是文化部门的职能行为。由于非物质文化是活态的，随着时间的流逝，我国一些源远流长的非物质文化遗产正面临逐渐消失的命运。正如一些专家疾呼的那样，中华文明的传承亟待唤起全民的参与和共识。2005年以来，国务院及中宣部、教育部、文化部等相继出台文件，明确要求将传统节日等非物质文化遗产教育纳入国民教育体系，但目前这一课程的教学体系在国内高校仍面临缺位的现实。而我校早在2003年就开始了这一探索与实践，因此可以说真正走在了时代的前列！

这种勇气，来源于“位卑未敢忘忧国”的文化使命感！虽然我校只是一所地处重庆西部的新建本科院校，但深受巴蜀文化传统滋养。以牟延林教授为首的教学团队深刻意识到，将非物质文化纳入高校文化素质教育体系，促进大学生中华民族优秀品格的养成，是中国当代高校必须承担的历史责任和重大使命。因此，在文明传承的危机意识的驱使下，我校开创了颇具前瞻性，同时又充满挑战性的探索，逐步构建起集课程、方法和资源为一体的中华民族非物质文化遗产教育传承体系。

体系构建独树一帜，路径探索扎实推进

以牟延林教授为首的科研团队，将“中华民族非物质文化遗产的背后是中国”的文化观凝练为“培育大学生中华民族优秀品格”的教学理念，确立了“大学生+传承者”的培养目标，使非物

质文化遗产教育得以从专业教育体系扩展到普通大学生文化素质教育体系。课题组依托重庆市首批重大教改项目“高校非物质文化遗产课程体系的构建与实践”，建设了目前国内非物质文化遗产类唯一的国家级精品课程“非物质文化遗产概论”，开发了中国高校第一部面向本科生的非物质文化遗产传承教材。

“由学生而家乡，由家乡而民族，由民族而国家”，沿着这样的传承路径，课题组创造性地提出“传承性学习”和“生活化实践”相结合的教学方式。与普通的历史文化知识的学习不同，非物质文化遗产需要传承人专业的演示和讲解，于是我校开“民间艺人走上大学讲台”的先河，将重庆市非物质文化遗产代表作项目，包括国家级非物质文化遗产代表作项目“刘氏针灸疗法”传承人、中国民间医药博物馆馆长刘光瑞，“梁平木版年画”传承人徐家辉等聘为传习课程专业师资，组建了一支“高校教师+传承人”的专业化教师队伍。同时指导学生以家乡非物质文化遗产为对象进行田野调查，形成了“一次调查、一个报告、一篇论文”的“三个一”传承效果评价方式，并绘制了国内第一张以师生田野调查成果为基础的“非物质文化遗产分布导航图”。

为了更好地宣传和扩展教学实践成果，学校建设了非物质文化遗产陈列馆、虚拟博物馆和教育传承实训中心，在校外广泛设立田野调查实践基地和教育传承实验学校，搭建了校内外结合的实践教学平台；整合“重庆市非物质文化遗产保护中心”“重庆市非物质文化遗产研究基地”“重庆文化遗产学院”力量，形成三位一体的非物质文化遗产教育传承的“重庆模式”……

逐渐丰满和完善的非物质文化遗产课程体系，涵盖了众多“国内首创”！它从实践上解决了非物质文化遗产“为什么传承”“传承什么”“谁来传承”“如何传承”等问题，促进了大学生中华民族品格养成与中华文明传承的相融共生。这一系列开创性的探索，为当代高校中华民族非物质文化遗产进校园、进课堂、进教材提供了鲜活范例。

成果推广屡获殊荣，五年实践光辉熠熠

五年多来，我校对非物质文化遗产教育传承体系的探索之路，既充满艰辛又令人欣慰，可谓“一年一大步，一步一重天”！

2004 年，我校申报国家社科基金项目《重庆非物质文化遗产保护对区域经济发展的作用研究》成功立项，这是国内首个以非物质文化遗产为内容的社科基金课题。

2005 年，我校应邀出席文化部主办的“中国首届非物质文化遗产保护·苏州论坛”，并在学校全面启动了“非物质文化遗产”课程群建设。

2006 年，“高校非物质文化遗产课程体系的构建与实践”获重庆市教委重大教改项目立项；全国第一个省级非物质文化遗产研究基地——重庆非物质文化遗产研究基地落户我校，同时，这一消息也入选世界文化遗产网“2006 年世界遗产十大新闻”。

2007 年，“非物质文化遗产概论”课程获国家精品课程立项。

2008 年对中国来说是不平凡的一年，对我校而言，同样意义深远。4 月 5 日，由我校发起并承办的“中国高校首届文化遗产学学科建设研讨会”成功召开，这表明我校在该学科教学体系建设中取得的成绩已经得到学术界和高等教育界的高度肯定。同时，将会议日期确定在 4 月 5 日清明节，也彰显了政府和学界对保护中华传统节日这一非物质文化遗产的决心。

“5·12”大地震发生后，我校师生考察队迅速奔赴灾区，完成 20 万余字的《四川地震灾区非物质文化遗产专项调查报告》，为灾区文化生态重建提出了建设性的意见，这是我校学生对活态文化的保护和传承意识大大增强的充分体现。近日，这一调查成果也从全国千余件作品中脱颖而出，顺利入围第十一届“挑战杯”大学生课外学术科技作品竞赛全国总决赛。2008 年 8 月初，北京奥运会开幕前夕，由我校参与承办的北京奥林匹克公园·中国故

事“重庆馆”活动，在参展期间获得国内外嘉宾的高度赞誉，被文化部和北京奥组委授予“最佳策划奖”和“最佳组织奖”。

五年多的探索，留下了一长串光辉的足迹。今年3月，“中华民族非物质文化遗产教育传承体系在当代高校的构建与实践”获重庆市第三届高等教育教学成果奖一等奖；6月14日，在“全国文化遗产日暨第二届重庆文化艺术节文化遗产汇展”上，市人大、市政府、市政协的领导为落户我校的“重庆文化遗产学院”授牌，并举行了隆重的授牌仪式。

从“最生动的爱国主义教育”到高等教育的最高荣誉

“这门课，让我的心灵第一次这么深入而仔细地贴近了自己的家乡”“这门课，让中华民族文化在我们心中活了起来，这就是最生动最具体的爱国主义教育”……学生的感受，是教学效果最直观的体现；学生的收获，让付出数载心血的课题组团队倍感欣慰。是啊，一个大学生的背后是他家乡的非物质文化遗产，千万个大学生家乡的背后就是中华民族的非物质文化遗产，中华民族非物质文化遗产的背后是中国！如果这一成果能在全国高校得到推广，千千万万大学生将成长为中国非物质文化遗产的传承者，中国当代高校对中华民族优秀传统文化的传承和更新将做出不可估量的贡献！

“这个探索很有价值，值得学习”“特色就是水平”“重庆文理学院专家在非物质文化遗产教育传承领域的努力，取得了很好的成绩，值得肯定”……近年来，莅临我校视察的全国政协领导、教育部领导以及国家非物质文化遗产保护工作专家无一不对我校这一教学实践成果大加赞赏。同时，我校还因此受到中央电视台、中国教育电视台、新华网、《光明日报》《中国教育报》《中国文化报》《中国民族报》等六十多家各级各类媒体的高度关注。

文化传承辟新径，教育创新结硕果！今年，我校“中华民族非物质文化遗产教育传承体系在当代高校的构建与实践”经过专家鉴定、网络评审、远程答辩等过程，一路披荆斩棘，从全国一千八百多项申报成果中脱颖而出，历史性地获得第六届国家高等教育教学成果一等奖！作为与国家自然科学三大奖比肩而立的国家级奖励，这一奖项被公认为当前我国高等教育教学工作的最高荣誉，我校也是迄今为止全国唯一获此殊荣的新建地方本科院校！在非物质文化遗产传承教育的探索上取得的显著成绩，是我们向祖国六十华诞献上的一份厚礼，更是学校坚持特色发展，扎实推进“顶天立地”发展战略征程中留下的浓重一笔，也必将鼓舞全校上下在建设区域性、应用型、多科性大学的过程中取得更辉煌的成绩！

（原载《重庆文理学院报》2009 年 9 月 30 日第 2 版。作者：陈挚）

国家级教学成果奖
获奖证书
获奖成果：中华民族非物质文化遗产教育传承体系在当代高校的构建与实践
获奖者：[illegible]
获奖等级：一等奖
证书号：2009061
中华人民共和国教育部部长 周济
二〇〇九年九月

国家级教学成果奖
获奖证书
获奖成果：高校“[illegible]”教育质量模型的探索与实践
获奖者：[illegible]
获奖等级：二等奖
证书号：2005551
中华人民共和国教育部部长 周济
二〇〇五年九月

重庆文理学院相继获得的国家级教学成果一等奖、二等奖证书

惊喜：我们有了院士的加盟

2008 年 11 月 19 日下午，我国德高望重的材料科学专家和材料学教育家，在海内外享有盛誉并深受学术界、教育界崇敬与爱戴的中国工程院院士、博士生导师涂铭旌教授欣然受聘为我校教授和学校发展战略顾问。

聘任仪式在我校恪勤楼 304 多功能会议厅举行，孙泽平校长为涂院士颁发聘书，对他为我校的发展、学科建设及科研传经送宝表示衷心感谢。涂铭旌院士欣然接受了聘书，并感谢学校对他的敬重。他高度赞扬了我校的办学理念、办学精神、办学模式以及文理交融的校训，并激动地表示，尽管自己已受聘为十余所大学的客座教授，但由于对家乡重庆的深厚感情，“重庆文理学院这份聘书分量最重”，愿为学校发展贡献自己最大的力量。随后，涂院士向我校赠送他的著作《材料创造发明学》，并郑重签名，孙泽平校长接受赠书并为涂老颁发了图书捐赠荣誉证书。

聘任仪式结束后，涂铭旌院士为我校师生作了一场题为《“效应”与智慧、谋略》的学术报告，他从当今社会流行的“巴纳姆效应”“木桶效应”“蝴蝶效应”等现象入手，结合自己研究的专业以及丰富的阅历，为师生们呈现了种种人生智慧和科学谋略。他风趣生动的报告令师生们充分领略到他严谨治学、淡泊名利的学者风范，宽阔的胸襟和练达的人生态度，更感受到了一位科学家深厚的人文素养。他睿智的眼光和清晰的思路让人钦佩，而他学无止境的精神更令师生们受感动和启发。近三个小时的讲座别开生面，立意深远，不仅是一场学术报告，更是一堂生动的人生哲理课。学校领导孙泽平、兰刚、刘灿国，学校老领导米祖旭及四百余名师生参加聘任仪式并聆听了报告，谭宏副校长主持了聘任仪式及报告会。

18 日上午，涂院士及夫人唐昭莼女士在全体在校校领导、学校老领导胡文良以及相关职能部门负责人的陪同下参观了红河校区。在校情展览馆、图书馆、非物质文化遗产展览厅及传媒实验室，涂院士兴致勃勃地听取了学校发展历程的介绍，对学校坚持艰苦创业，明确发展定位，勇于开拓创新，立足于为地方经济社会发展作贡献，走特色办学之路给予高度评价，同时他希望学校坚持发扬优良传统，进一步彰显文理特色，为国家培养更多的优秀人才。

20 日上午，学校在星湖校区励德楼 318 会议室举行“涂铭旌院士指导学校发展战略座谈会”，在校的全体学校领导出席了座谈会，座谈会由孙泽平校长主持。孙泽平校长感谢涂铭旌院士对学校发展的关心，并向涂院士介绍了学校最近几年发展的基本情况。兰刚副校长介绍了我校学科专业建设情况和今后的规划。涂铭旌院士一边认真听取校领导发言，一边阅读相关资料，并不时认真地作了记录。他对学校近些年来取得的办学成绩大加赞赏：“同类学校里面，你们铸造了辉煌！”随后，他结合自己的经验，就未来些年来我校学科专业建设提出了战略设想和富有可操作性的宝贵建议。涂院士对学校殷切的关心和中肯的建议，令与会人员深受感动。

接下来的几天里，涂院士还分别到化学与环境工程学院及生命科学学院开设讲座，与师生座谈，进行专业指导和交流，他高屋建瓴的学术指导令大家获益匪浅。另外，涂院士还在相关部门负责人陪同下参观了园林花卉工程中心和黄瓜山苗圃基地，并饶有兴趣地观看了星湖校区周末文化广场活动。

在几天时间里，涂铭旌院士不仅给我们带来了学科专业上的真知灼见，更为学校未来的发展提出了谋略思考。学校也给涂院士夫妇留下了美好的印象，临行时涂院士深情地说："我们还会见面的！"

（原载《重庆文理学院报》2008年11月25日第1版。作者：陈挚、任华）

我校孙泽平校长（左）向涂院士（右）颁发聘书

涂铭旌院士为师生讲学

“我是文理人，请给我安排工作”

一

一段时间以来，我时时处在一种深深的感动之中，这种感动源自下面讲述的两位大师对事业的无限热爱和高度的责任感。

重庆文理学院有幸，在两年之中先后聘请到我国材料学界最著名的学者、中国工程院涂铭旌院士和我国民俗学界最著名的学者、国家非物质文化遗产保护工作专家委员会副主任委员乌丙安先生为我校教授和学校发展战略顾问。无独有偶，两位大师在受聘之时，都动情地说了同样的话：“我现在是文理人了，请给我安排工作！”大师温暖的话语，对年轻的重庆文理学院，对年轻的文理人既是一种莫大的信任，更是一种最大的鞭策和鼓励！

我因工作关系，有幸多次聆听两位德高望重的长者的谆谆教诲，在多次的交往中，他们的人生经历就像一本让我们读不完的大书，他们在学术上的卓越成就让我等敬仰不已，他们对我们的鼓励褒扬和扶掖更让我们感佩！

二

涂铭旌院士生于1928年，先后在同济大学、上海交通大学、西安交通大学和四川大学任教授，著有《材料创造发明学》和《钢的热处理》等四本专著，自 1988 年以来在国内外发表学术论文五百余篇，先后获得过国家自然科学奖、国家科学进步奖等十余个重大奖项。他是我国德高望重的材料科学专家和材料学教育家，在学界享有盛誉并深受崇敬与爱戴。

涂老多次说:“我能够把自己生命中的第三次创业与重庆文理学院的第三次创业连在一起，为家乡的教育事业发展贡献力量，实现了我的夙愿。”对受聘于学校一事，他说自己不想当挂名的“教授和顾问”，要做就要扎扎实实地做一些工作。他还说：“我要知无不言，因为我们是一家人，这是我的责任。”

“腹有诗书气自华”，这，就是前辈风范！

乌丙安教授生于 1929 年，先后在沈阳师范大学、辽宁大学任教授。他是国际民俗学家协会（F. F. ）最高资格会员（我国仅 2 人），担任了中国民俗学会名誉理事长等多个学术职务，还是中国艺术研究院、中南民族大学等十余所高校的客座教授。乌先生一生治学严谨，成果丰富，早在 1957 年就著有新中国第一本民间文学论著《民间文学概论》，先后出版了《民俗学丛话》《中国民俗学》等十多本、约三百万字的学术专著，发表论文一百多篇，是我国当之无愧的民俗学泰斗级大师。有人说“乌先生是生活在我们同一个时代的文化巨人”。他长期亲临民族民间文化遗产抢救和保护工程项目的第一线，用渊博的学识和高度的责任感为保护中华民族的文化记忆呕心沥血，祖国的大江南北都留下了他辛勤奔忙的身影。

来校三天，乌先生全面考察了我校非物质文化遗产研究和教育传承工作，他高度评价学校在非物质文化遗产保护研究方面的可贵探索和可喜成就，他说:“在非物质文化遗产的保护传承教育方面，重庆文理学院为世界做出了典范！”前几天，与乌先生通电话时，老人家再一次说:“不要叫我乌老，我现在是文理人了，请给我安排工作！”他说，要和重庆文理学院一道，把非物质文化遗产的保护传承事业推向一个新的高度，“我要为中国民俗学的开拓发展多做一些事情，这是我一生的誓言！”

“才到高处重也轻”，这就是大师气度！

三

涂老和乌老，两位前辈都克服了人生道路上的种种艰难险阻，几十年如一日地从事艰苦细致的研究工作，均在学术上取得了卓越的成就，早就受到社会各界的由衷敬佩。

他们最受人爱戴的地方不仅是自身卓越的学术成就，更在于他们对后学者的不倦教诲和热心扶持，他们都是有大爱的大师。

他们两位都已是儿孙绕膝、早该安享含饴弄孙之乐的耄耋老人，却对新兴的重庆文理学院肩负起提携的责任，而且他们做得是那么认真，那么充满信心！

我还能说什么呢？我只想说，重庆文理学院何等幸运，我等幸运！有这样德高望重的大师引领我们前进，文理人能不在“第三次创业”中奋勇争先、披荆斩棘！

（原载《重庆文理学院报》2010年6月10日第3版。作者谭宏系重庆文理学院副校长、教授）

用我寸草心　报得三春晖

——涂铭旌院士的讲话（摘要）

一段时间以来，不断有关心我的人问我：“老涂啊，你为什么来到重庆文理学院工作？”

我为什么来重庆文理学院工作？第一个原因，我是为了回报家乡而来。因为我本人是重庆市九龙坡区出生的，我夫人是重庆市永川区人。我记得1946年，当我坐船离开重庆到上海同济大学求学，经过夔门的时候，一种感情油然而生：我应该怀有一颗报恩的心，就是有朝一日，我应该回报生我养我的故乡。因此，回报家乡是我六十多年来的一个夙愿。

第二个原因是我被重庆文理学院的办学精神所吸引和感染。这所年轻的大学在办学理念、办学精神、办学模式、办学效率等方面都有所创新。尤其是校领导班子团结、务实的作风深深感动着我。近一年多来，学校举全校之力，重点支持和创办新材料研究中心，这是不容易的！而且他们的作风雷厉风行，一个两千多平方米、投资几百万的实验室很快就诞生了。这就是重庆文理学院办学精神和办学速度的具体体现，也是学校实施“顶天立地”发展战略的一个实际例子，使我感受到一所年轻的大学展示出的生机勃勃的活力。我一辈子还有第二个夙愿，就是希望谁给我一片天地，让我按自己的思维去创办一个材料研究所。而这个夙愿在重庆文理学院实现了，重庆文理学院给予了我一片蓝天。

第三个原因，我是为科教服务重庆而来，是为了探索和实践几个办学理念而来。明年就是我从教60周年了，我有几个办学理念想探索和实践。一是有效地组织材料交叉学科研究的探索；二是有效地组织应用研究，植根重庆、服务重庆、面向全国的探索；三是探索政府、产学研联合办学的高校经验。因为目前这些问题在其他高校并没有得到很好的解决，然而它们又是理论突破、技术创新的源泉，又是一个研究单位和一所大学由弱到强、由小到大的法宝和必由之路。通过这一年多的实践，现在看来进展比较顺利。而且我在探索三个办学理念的过程中受益匪浅。

我两年回报家乡的实践如果说有所成效，那是来源于重庆文理学院的全力支持和市各级领导的关怀，鼓励我们团队勇敢向前。至于我本人，我的回报是真心的、是真诚的、是用心的！

重庆文理学院正在进行第三次创业，我也正在经历人生的第三次考验——第一次考验是在西安交通大学，花了30年，我参与了第一批国家重点实验室的筹备和建立；第二次创业时我刚好60岁，从西安交通大学调到四川大学，在四川大学，我和我的学生自力更生创建了“四川大学稀土及纳米材料研究所”；而2008年我刚好80岁，我非常乐意地接受重庆文理学院聘我做兼职教授，开始我的第三次考验。我要用我的寸草心报得三春晖！

有人问我为什么这样的执著，我回答说：因为我是重庆人，我骨子里就有重庆人吃苦耐劳、坚韧不拔的精神，无论做什么事都要拼命去干，“拼命”这种精神已经深入到我的骨髓，这就是我的原动力！

（原载《重庆文理学院报》2010年11月10日第2版。系任华等根据涂院士在2010年11月6日重庆新材料中心应用研究实验室、重庆市特色植物种苗工程技术研究中心揭牌仪式上的讲话录音整理）

金秋，沉甸甸的果实压满枝头

——校友、博士生导师杨楹返校讲学记

杨楹还很年轻，英俊、潇洒一类的褒义词，用在他身上都还很合适。并且，他仍然和二十多年前一样富有激情，在见过学校领导及一干人等后，居然还紧紧地拥抱了我。他说：

“想死我了，我的老哥！”

这天是 2006 年 11 月 3 日，虽说离我校建院挂牌五周年纪念日还有几天，但是作为系列活动的“校友讲坛”已经开始启动了，就等着他擂响开场锣鼓。因此，短暂的欢乐和寒暄之后，他就安静了，开始考虑上台要讲的问题。这个时候，他便恢复了他哲学家的本来面目：儒雅、睿智、深沉。

“老哥，你看我讲点什么好呢？”

“随便你讲什么，”我实在不好给“博导”出题，只是提醒他，“听众基本上就是些本科生，不要讲得太深了！”嘴里这么说，心中却想到了他去年才让社科文献出版社出版的《生活哲学》，那可是一部七十多万字的大书，学问高深却又寸步不离开生活……

或许就叫做“心有灵犀”吧，第二天他果然就讲起了他的《生活哲学》——《哲学的生命启动》。他说：

“哲学不在生活之外，而在生活之中。哲学若不能观照生活，生活必然将哲学边缘化，甚至抛弃哲学。什么样的生活需要什么样的哲学支撑，反过来，什么样的哲学将范导出什么样的生活……”

他又说："梦是普遍的生命的法则，生命因梦而存在。梦即是理想，生命的意义就在于发现自我，找到自己的理想……"

我知道，这些话语，既出自于哲学的基本原理，又来自于他自己的生活体验。二十多年前，他和当时的同学都还是"师专生"时，人们就因为生活态度的不同而客观上分成了三六九等。有的人信奉保命哲学，讲求吃得好玩得开心，生怕"傻钻"累坏了身体；有的人信奉实用主义，做事只看对当时是不是有利，学习也只是看当时是否用得上。而他，杨楹，却显得似乎有些"另类"，对当时有实用价值的东西不太关心，对看似茫远的哲学却满腔热情。现在看来，那就是因为他心中有梦吧！正是因为心中有梦，他经受住了接踵而来的许多挫折，几乎是九死而不悔地、义无反顾地追寻着自己的"梦"。师专生、中学代课教师、硕士研究生、博士研究生、副教授、教授、博士生导师——沿着他跋涉的路径探寻，看到的是一个接一个的深深的脚印。这些脚印都无一例外地装满了汗水，还掺和着殷红的血……

而今，作为校友的优秀代表，杨楹满怀深情地告诉后来人——满堂听讲的"师弟师妹"：

"我们现在是职业学生，没有资格对功课说'不'；我们现在的'不自由'，是为了换取以后的'自由'。总之，人生是一定要吃苦的。我在35岁以前，可以说是吃了大量的苦；即使是现在过的日子，在一些人看来仍然不一定就快乐……"

倒也是的，上课、讲学、带研究生、著书立说——我虽未与杨楹朝夕相处，但想来教授的日子总不过如此，一年到头都忙忙碌碌的，莫说没法与那些经常在灯红酒绿中打发日子的"款"们"腕"们比，就是比那些成天牵着哈巴狗儿去遛马路的老街坊们，也少了几分悠闲与自在——有什么快乐呢？

但不管怎么说，看起来还很年轻的杨楹，经过二十多年的奋斗与拼搏，已经提前进入人生的收获季节了：出版了六部以上的学术著作、主研了六项以上的国家级课题，在权威核心期刊上发表论文四十多篇，是国务院侨办的学科带头人和跨世纪中青年骨干教师……

“生的果实因破碎而成熟”，如果杨楹当初在师专时就是个“乖乖幺儿”，顺顺当当地就近分配了工作，和别人一样早早地娶妻生子，说不定现在还连个中学校长也没有混上，哪有如今的许多辉煌！当然，或者也不是这样，所谓“置之死地而后生”，既有必然也有偶然，杨楹当初如果能够顺顺畅畅地去追寻他的梦，不破碎而成熟，说不定而今会更加辉煌也未可知……看着杨楹在讲台上神采飞扬地讲着，我心中不断地生发奇想。一会儿，觉得杨楹这家伙，倒像是这金秋时节的一棵树，沉甸甸的果实挂满了他的“枝头”；一会儿，又觉得学校才是一棵真正的大树，杨楹、何刚、梁显政、桑天华和许宁、唐川、何建平等，所有被请回来举办“校友论坛”的校友和其他许多杰出的校友，才像是许许多多丰硕的果实，沉甸甸地压满了“树”的枝头……

（原载《重庆文理学院报》2006 年 11 月 25 日第 3 版。作者：韩青）

后发制胜创佳绩

——本科生徐毅文全市创业大赛夺魁记

“千年第二”就是“老二”哲学，也就是不做第一，不做第三，只是紧跟第一的后面做“老二”，瞄准机会再冲刺第一，也就是通常所说的后发制胜。

2009 年 12 月 16 日下午，重庆市首届大学生创业大赛在重庆师范大学虎溪校区落下帷幕，我校的“土家苗韵特色食品”“速生桉树组培”两个创业项目以总分第一名和第三名的优异成绩获得一等奖。重庆市人大常委会副主任陈雅棠、市人大教科文卫主任高进进、市政府副秘书长涂经平、市教委主任彭智勇等领导出席颁奖典礼，并为获奖团队颁发奖金和证书。其中，冠军获得者——以我校教育科学学院学生为主的“土家苗韵特色食品”创业团队成为本次大赛最大的“黑马”，重庆市各大媒体竞相报道，《时代信报》形容他们为“创业奇兵后发制胜”。

小荷才露尖尖角

当我们走进教育科学学院办公室，采访“土家苗韵”项目的领队徐毅文时，如果不是老师的介绍，我们很难相信面前这个个子不高，其貌不扬的男生会带领“土家苗韵”创业团队战胜有着两位博士和三名硕士阵容的重庆大学“领客康健”团队。然而，又的确是他，我校大二学生徐毅文。

正就读于我校教科学院应用心理学专业的徐毅文是个地道的土家族人，来自重庆市秀山县雅江镇，那里是土家族和苗族的聚居地，从小受到家乡民族文化熏陶的他对家乡有着深深的眷恋之情，选择“土家苗韵”这个创业项目也体现着这份感情。

“在外人眼中，土家族和苗族的一切都是神秘的，包括民族文化中的饮食文化。而我想要做的就是尽我的努力将我们家乡的文化推广出来，让别人能够了解。”一丝严肃的神态极不相称地出现在这张还带着几分稚气的娃娃脸上，他郑重其事地说，“重要的是，我想为家乡找到新的经济增长点。”

2009年10月12日，重庆市首届大学生创业文化节创业宣讲会走进重庆文理学院，有心人徐毅文来到会场，聆听了有关专家和成功人士的宣讲，其中有关个人创业经历等方面的内容让他心动不已。他立即动身赴湖南凤凰、吉首，贵州铜仁及重庆秀山县等地考察，决定要参加这次比赛。

因为是组队进行比赛，徐毅文经过深思熟虑，从志趣相投的同学中选择了数统学院2008级数学与金融专业周振宇、犹伟和文传学院广电专业李玉清等同学作为自己的团队成员。“我们都有创业的欲望，彼此之间比较熟悉。犹伟、周振宇人际关系很好，负责市场营销方面；李玉清比较细心，就做财务。”徐毅文解释道。

创业计划书交上去之后，徐毅文和他的团队开始了“漫长”的等待，“其实也没有很长时间，可能是心理因素吧，就觉得过了很久了。后来，到了11月2日左右吧，终于在创业大赛网页上查到了我们团队的名字，进五十强了，第二十四名。”徐毅文的笑容传递着当时的兴奋，这意味着他们迈出了走向成功的第一步。

宝剑锋从磨砺出

徐毅文对自己团队取得成功的原因总结为后发制胜，从初赛第二十四名到逐步晋级为决赛总冠军，他们经历着一次次的考验。11月12日，徐毅文带着他的“土家苗韵”团队来到重庆市创业商务培训职业学院参加创业培训会。“培训会是按名次排座位的，我们的名次很靠后，看黑板都不是很清楚。”徐毅文说，尽管如此，他还是认为参加这次培训会让他获益良多，“培训老师教我们怎样获取有效的创业资讯，怎样进行市场营销管理，可以说是‘听此一堂课，胜读十年书’啊！”

在两天后的综合考评中，他们的团队以第十五名的成绩位列二十强，晋级半决赛——实战销售阶段。在这个过程中，团队成员做了调整，增加了经管学院2007级学生张瑶和教科学院2006级学生马磊，“因为我们团队成员都是大二学生，缺乏实践经验，所以找到高年级的师兄师姐来指导我们的实践环节。”

销售阶段的成绩让徐毅文很是得意，“我们团队一共卖了十二张联通3G卡，并且拉到三百八十多位顾客参加我们的体验服务，数量远远高于其他团队……”经过一天的比赛，“土家苗韵”团队以小组第一的成绩晋级十强，挺进决赛。

12月16日下午，决赛的时刻来临了。徐毅文的团队以“土家苗韵民族风味食品集团股份有限责任公司”项目进行了答辩。该项目是采用民族传统工艺，开发和经营苗族、土家族的酸萝卜、米豆腐等民族传统特色食品，并通过专卖、连锁和礼品生产等形式，逐步扩大规模，力争打造民族小吃饮食文化品牌。为了证明项目的可行性，徐毅文还将厨师带到了比赛现场。结果，重庆文理学院“土家苗韵特色食品”项目、重庆大学“领客康健在线健康管理服务”项目、重庆文理学院“速生桉树组培”项目获得大赛一等奖，分别获得了整整3万元的创业奖金。其中，徐毅文的团队更是以高出第二名团队 0.4 分的成绩获得了总冠军。此前，全由博士和硕士组成的重庆大学“领客康健”团队一直是媒体所关注和看好的对象，殊不知最后爆出了冷门！

一切才刚刚开始

比赛结束后是纷至沓来的媒体报道，荣誉和赞美一齐涌来，徐毅文并未被冲昏头脑，他觉得自己的成功除了团队成员的精诚协作之外，也离不开学校领导及教科学院领导、老师的关心指导和大力支持。特别是教科学院领导和参赛时的带队老师，在他们参赛的整个过程中都给予了精心的指导和无微不至的关怀。

正是在师长们的关心和教导下，徐毅文认识到，自己的这一切才刚刚开始，真正把项目发展成为学校第一个学生自主创业并且能够盈利的实体公司，才是他真正的奋斗目标。带着推广家乡饮食文化的崇高理想，他的路还很长。

（原载《重庆文理学院报》2009 年 12 月 25 日第 4 版。作者：曹培培、尹丛丛）

展望：深秋时节的满目金黄

——孙泽平校长谈学校发展

重庆文理学院迄今已经走过了三十多年的风雨历程。值此升本建院十周年暨校庆三十五周年纪念日即将到来之际，2011 年 5 月 30 日，我们特意拜访孙泽平校长，请他谈谈学校近些年来取得的成就和对今后发展的规划。

十年十大步，一步一重天

记者：孙校长，今年是我校建校三十五周年，同时也是升本建院十周年，您能谈谈学校升本以来发生的变化吗？

孙泽平：自 2001 年原两校合并升本以来，我们全校师生员工始终秉承着重庆师专人艰苦创业的“瓜山精神”和渝州教育学院人勤勉好学的优良作风，这种精神的传递从来没有因为时空的改变而改变，学校“十年十大步，一步一重天”。第一，学校办学条件走在了全国新建本科学院前列。我们有两个功能齐全的校区，一个是有山有水、风景秀丽的自然生态型的星湖校区，另一个是布局合理，美丽大气的城市社区型红河校区。值得一提的是目前正在紧张施工建设中的红河校区 B 区，明年 9 月份一期工程将投入使用，届时新生即可入住。第二，我们的师资队伍建设水平走在全国同类院校前列。我们成功地引进了中国工程院院士，这在全国新建本科院校中是独一无二的。涂铭旌院士在我校化学化工、材料等学科专业集群建设和重庆市重点实验室建设等领域发挥了重要带动作用。我校现有教授92名，在重庆市同类院校中位列前茅。第三，我校取得了四大标志性办学成果：国家教学成果一等奖；国家教学成果二等奖；国家级精品课程；国家级特色专业。这在全国二百多所新建院校中是独一无二的。第四，学校生源水平逐年提高。从2008年开始，我们告别了“补录”的历史。2010年，考生第一志愿录取率超过了95%。这表明学校的办学成就得到了社会各界的广泛认可。第五，学校领导班子在重庆市委组织部组织的针对全市所有高校、区县和部委局办领导班子的年度考核中连续四年被评为优秀，而且2007年、2008年、2010年三年在全市高校领导班子考核中排名第一。这表明学校各方面工作得到了上级主管部门的充分认可和高度评价。第六，国际合作办学有实质性突破，实现了几代重庆文理学院人的国际办学梦想。我校与美国西北理工大学开办学分互认的“2+2”国际班；每年组织大批教师分别赴美国和英国接受培训，选送学生到马来西亚泰莱大学交流学习，并且招收国外留学生。下学期留学生公寓将正式投入使用，届时将有更多的外国留学生到校学习。学校正在积极帮助留学生申请重庆市人民政府的外国留学生奖学金。第七，正在进行的应用型人才培养体系构建，无论是理念层面还是操作层面，都在全国新建本科院校中处于领先地位。

打造学校特色，走创建“应用型大学”的发展道路

记者： 学校提出构建应用型人才培养体系，走创建“应用型大学”的发展道路，这是基于何种考虑？

孙泽平： 自学校升本建院伊始，我们就在思考，如果学校走“跟随型”的老路，亦步亦趋地跟在别人后面走，那就永远不可能

超越老牌院校；只有走一条全新的特色创新之路，才能在夹缝中求得生存和发展。从1999年全国高校扩招后，高校规模有了较大发展。但是很多高校管理者没有对高等教育的内涵做深入的研究，导致一大批新建本科院校培养人才与实际需求脱轨，许多新建本科院校人才培养方案同老牌大学几乎一致，课程设置严重雷同，似乎都是为了培养研究型人才、提倡精英化教育，因此严重不适应地方经济社会发展的需要。在传统与现实的双重压力下，学校急需在教育的实践中作出新的回应。在继承办学传统优势的前提下，根据现有的校史、校情，我们传承学校传统精粹，打造现代特色教育品牌，提出了走"应用型大学"发展道路的办学理念，力求以此引领学校教育走向卓越。

记者：学校确定走创建"应用型大学"的发展道路，对今后的远景目标有些什么规划呢？

孙泽平：首先，创建应用型大学的方向必须明确，它的主要任务还是为地方培养各类建设人才：一方面为地方经济建设和社会发展服务，另一方面要以地方为依托，不断拓展学校自身的生存和发展空间。我们未来应用型大学的学科专业定位，要深入分析地方经济、社会发展对人才的需求，调整专业结构和专业方向，及时增设地方经济发展和社会需求的应用型专业，培养高素质的应用型人才；同时以灵活、实用的课程设置来培养具有多种技能的学生。我们要把教师队伍建设放在突出位置，大力加强"双师型"师资队伍建设；同时通过聘请校外具有丰富生产实践经验的人员作为兼职教师，逐步形成一支相对稳定、既具有较高学术水平又具有较强应用能力的教师队伍。应用型本科高校的科学研究主要是应用型开发研究，科研的目的是为了促进技术的改进和提升，学校的本科教育和研究生教育都要贯穿"应用"两个字。因此，我们将来要搞的研究生教育也应该是应用型的研究生教育。

记者：在硬件设施建设上，学校又有哪些相应举措呢？

孙泽平：因为我校红河校区修建时，还没有建设应用型大学这一概念，建设的很多实验室都是验证性实验室，没有培养学生动手能力的实训中心、工程中心。所以今后要着重在这一块上下大功夫。一是通过争取中央与地方共建实验室项目、国家提高生均拨款定额和银行贷款等途径筹措建设资金。二是通过红河 B 区建设调整实验实训场地的布局结构——在红河 B 区建设以理工为主的实验实训中心，红河 B 区建成后将有四个学院迁入，这就为留在星湖校区和红河 A 区的其他各学院学生腾出了相对充裕的实验实训场地，为学校应用型人才培养目标的实现进一步提供了有力保证。在红河 B 区建设中，我们按照现代高校的国际化标准建设，学生明年即可入住。其中我校将与永川区共建一座耗资一亿多元的高水平体育馆，建成后建筑面积将达两万多平方米，可承办国家级室内赛事，并可容纳近五千名观众同时观看比赛。

抓住发展机遇，创造美好未来

记者：升格为大学已经是我校师生十分关注的话题，您能介绍一下学校在这方面的打算和举措吗？

孙泽平：我校正遵循着学校 2020 年远景目标规划，朝着创建全国知名的区域性、应用型、多科性大学奋进；正按照国家教育部学院更名大学的要求，脚踏实地地走好每一步。我也相信，在不久的将来，重庆文理学院定会以一个更加美好的姿态面向大家。举几个很现实的例子：教育部规定学院更名大学，教授数量最低要达到 100 名，而我校目前已有 92 名，预计明年即可完成此项指标。硕士点申报工作也在精心准备和积极推进中，目前我校已有 31 位硕士生导师，通过近些年与其他高校联合培养研究生所获得的经验，我校已经具备了培养硕士研究生的能力，预计在“十二五”期间我校即可完成专业硕士学位点的申报和审批工作。

记者： 学校在办学规模上还有没有一些长远规划呢？

孙泽平： 机遇往往偏爱有心人。重庆文理学院红河校区的建设就很好地证明了这一点。当年学校规划新校区建设曾经存在是进城办学还是留在星湖跨湖办学的分歧，最终通过民主投票决定进城办学，应该算是抓住了一个机遇。从红河校区最初预征 400 亩到最后实际征得 800 亩，近十年房价的激增，也有力地证明我校又抓住了一个机遇。目前国家大力发展教育文化事业，党和政府无论从政策还是资金上都大力支持学校建设发展，我们重庆文理学院又遇到了一个千载难逢的好机会，因此我们要审时度势，具有前瞻性。重庆文理学院作为重庆（永川）职教城内唯一的一所本科高校，有责任和义务引领兄弟院校改善教育质量，促进学科发展。目前，在重庆市领导的关爱和永川区党委政府的大力支持下，我们正积极与同在永川地区的部分职业院校商讨共同的长远发展大计，争取进一步整合院校资源，实现优势互补，共同提高，最终形成互利共赢的美好局面。

（夏明宇、王玉辉根据 2011 年 5 月 30 日访谈录音整理）

后 记

这本小书，是我校（重庆文理学院）“文化文理”系列丛书中的一本，全书共辑录通讯、特写、人物专访、调查报告等共81篇，分作“文理前身的久远记忆”和“文理现世的深切回眸”两个部分，或以景带人，或以史言事，本欲以一种不太显山露水的从容与淡定，演绎重庆文理学院几乎与改革开放同步的35年艰苦卓绝办学史，惜乎心有余而力不足——由于编著者的能力和水平都极为有限，小书恐尚未达到预期效果。至于书中的人物与故事，也是局限于编著者视野，耳遇之成声，目遇之成色，遗漏和缺失在所难免，还望领导、同事及广大校友等读者诸君，在不吝批评指正的同时，给予多多的包涵和谅解。

小书能够及时、顺利地出版，多承学校领导、相关师友和出版社方面的通力合作与大力支持。书中辑录的81篇作品，有50%以上是由编著者（夏明宇、陈挚）自行采写的，有30%左右是夏明宇指导学生做毕业设计时采写的，另有20%左右则是根据本书需要采录的师友同仁发表在校报等处的相关作品，亦均已在篇末注明了作者姓名和文章出处；至于书中插入的十多幅图片，则出自校报、学校原有画册及夏明宇指导新闻专业学生做毕业设计时拍摄等三个方面，也是大家辛勤劳动的结果——特在此一并深表谢忱：谢谢大家，谢谢大家为本书倾注的心血和汗水！

夏明宇

2011年9月28日